中国社会学学科自信

景天魁荣休讨论会文集

DISCIPLINARY CONFIDENCE IN
CHINESE SOCIOLOGY:
PAPERS OF THE CONFERENCE FOR
EMERITUS PROFESSOR JING TIANKUI

马　援 主编
刁鹏飞 苑仲达 执行主编

中国社会科学出版社

图书在版编目(CIP)数据

中国社会学学科自信：景天魁荣休讨论会文集/马援主编. —北京：中国社会科学出版社，2020.12
ISBN 978-7-5203-6928-2

Ⅰ.①中… Ⅱ.①马… Ⅲ.①社会学—文集 Ⅳ.①C91

中国版本图书馆 CIP 数据核字（2020）第 248986 号

出 版 人	赵剑英
责任编辑	姜阿平
责任校对	韩海超
责任印制	张雪娇

出　　版	中国社会科学出版社
社　　址	北京鼓楼西大街甲 158 号
邮　　编	100720
网　　址	http://www.csspw.cn
发 行 部	010-84083685
门 市 部	010-84029450
经　　销	新华书店及其他书店

印刷装订	北京君升印刷有限公司
版　　次	2020 年 12 月第 1 版
印　　次	2020 年 12 月第 1 次印刷

开　　本	710×1000　1/16
印　　张	19.5
插　　页	2
字　　数	289 千字
定　　价	118.00 元

凡购买中国社会科学出版社图书，如有质量问题请与本社营销中心联系调换
电话：010-84083683
版权所有　侵权必究

目 录

Ⅰ 致辞

景天魁教授荣休致语 …………………………………… 李培林（3）
韩国社会福利学会会长致电 …………………………… 郑茂成（5）
在"学科自信：走进世界的中国社会学"研讨会上的
　致辞 …………………………………………………… 马　援（6）
景天魁教授的学术思想特色 …………………………… 赵剑英（10）

Ⅱ 学科自信界说

中国社会学的学科自信：概念的提出、含义与实质…… 景天魁（17）
人格塑造与成人之道
　——重拾文明对学科自信的意义 …………………… 冯　时（32）
中国社会学学科自信之源 ……………………… 洪大用　曲天词（47）
追根溯源：中国社会学的自信追求 …………………… 刘少杰（51）
"群学"的归属："社会思想"还是"社会学" ……… 谢立中（54）
中国社会学的学科自信："行高于知"
　——以景天魁先生对群学元典的学术探索为例…… 冯　波（57）
试论景天魁中国社会学源流问题之研究……… 杨善民　唐约垒（67）
在中国发现古典社会学 ………………………………… 吴怀连（77）

Ⅲ 学科自信与话语体系构建

中国社会学话语体系构建的基本范畴创新问题………… 王雅林（93）

"本土社会学"的构建与新时代中国社会学的志向 … 田毅鹏（101）
中国社会学话语体系建设的历史路径 …………… 景天魁（106）
学科创新与学科自信
　　——以海洋社会学的产生与发展为例 ………… 崔　凤（117）
新时代中国社会学学科自信的使命担当 ………… 苑仲达（128）
从文化自觉到学科自信：浅谈社会学学科的
　　本土构建 ……………………………………… 郝彩虹（144）
晚清群学的再度兴起 ……………………………… 夏世哲（155）
杨开道与梁漱溟乡约改造思想比较研究 ………… 徐其龙（164）
中国社会学学科自信的基础与实现路径
　　——以时空社会学为例 ………………………… 林聚任（177）
独辟时空读中国
　　——景天魁的时空社会学研究 ………………… 宋国恺（193）
从时空压缩概念到时空社会学框架
　　——景天魁的时空社会学研究 ………………… 邓万春（206）
超越进化的发展逻辑
　　——景天魁的发展社会学研究 …………………… 何健（225）
作为公正的发展·底线公平
　　——景天魁的社会政策研究 …………………… 苑仲达（239）
普遍整合·福利中道
　　——景天魁的福利社会学研究 ………………… 杨建海（270）

Ⅳ 总结

增强中国社会学的学科自信
　　——"学科自信：走进世界的中国社会学"学术
　　　研讨会综述 …………………………………… 苑仲达（295）
在"学科自信：走进世界的中国社会学"讨论会上的
　　答谢词…………………………………………… 景天魁（306）

I

致辞

景天魁教授荣休致语

李培林[*]

景天魁教授荣休举办座谈会，不巧我出访在外不能参加，写几句话表达心意。

景天魁教授在所里大家都叫他老景，这也是社会学所的传统，大家很少叫职务。老景和我都是山东人，身上有山东人的朴实。他从哲学所转到社会学所之前，我们并不认识。是陆学艺教授慧眼识人，也是根据他的研究志向，把他从我院哲学所调到社会学所，那时我担任副所长。他担任书记时，我担任副所长，他担任所长时，我担任书记，他卸任社会学所第四任所长时，我继任第五任所长。我们共事多年，他长我十多岁，我从他身上学到很多东西，也很尊敬他。

他给我的印象，我可以简单地刻画一二。

一是他有深厚的理论功底。他也是学哲学出身，在历史唯物主义研究领域很有建树，这方面在哲学界有很好的口碑。这对他后来从事社会学研究很有帮助，他提出的底线公平的社会保障基础理论框架以及中国社会学的概念体系和历史源流等，都显示了他的理论功底。

二是他有浓厚的人文关怀和学术情怀。他到社会学所后主攻社会政策、社会保障、社会福利领域的研究，特别关注底层的社会生活，希望人们都能过上好日子。他潜心于学术研究，他的学术情怀与人文情怀相得益彰。

三是他为人正直、光明磊落。他秉承传统知识分子的道德文章兼

---

[*] 李培林，中国社会科学院学部委员、社会政法学部主任、原副院长。

修品行,遵行"立德立功立言"三不朽准则,心怀为天地立心、为生民立命的学者志向。

他在担任社会学所和中国社会学会领导期间,为研究所和学会的建设做出卓越贡献。他在学术上的造诣,使他被选为中国社会科学院首批学部委员。

最后想说的是,其实对于学者来说,无所谓荣休,因为学术是毕生追求,只不过可以更自由、更轻松、更愉悦地进行选择,这也是一种生活的升华,我们都盼着这一天。

祝健康长寿!

韩国社会福利学会会长致电

郑茂成[*]

衷心祝贺景天魁教授荣休。教授为中国社会发展而做出的业绩，在韩国广为流传，韩国很多学者高度评价教授的业绩。教授多次访问韩国，促进中韩学术交流，并建立深厚的友谊。

虽然荣休，希望身体更加健康，为指导中韩社会福利的发展提供坚实的基础。

礼仪上，应拜访祝贺，但得到消息较晚，只能以信传达，敬请谅解。有机会郑重拜访向您表示祝贺。祝愿您健康幸福！

2019 年 9 月 6 日

---

[*] 郑茂成，韩国社会福利学会会长，崇实网络大学校长。

在"学科自信：走进世界的中国社会学"研讨会上的致辞

马 援[*]

尊敬的景先生，各位专家、老师、同学：

非常荣幸参加今天的研讨会！在此，我代表学部工作局，也谨以我本人名义，向景天魁先生荣休、向他留给中国社会学界的丰厚财产、所做出的巨大贡献表示最诚挚的敬意！

因为今天的会议主题内容非常丰富，而我忝为社会学专业的毕业生，久疏学业，久离学界，是没有能力对中国社会学发展建设提出多少真知灼见的。因为与景先生相处有整整25年的时间，在很长时间里向景先生求学问教，对景先生的治学为人有很多直观的了解和感受，可以谈一点看法；另外，我长期做科研管理工作，对我院的学科建设、学科比较有一些个人体会，与今天的社会学学科自信问题有一些相关，因此，想借此机会，与大家分享。

首先，谈到景先生的治学为人，给我最深刻的印象和感受，主要有以下三点。

一是在景先生身上体现出强烈的问题意识。与景先生交往很多，交流也很多，一个最深切的体会是："景先生问题真多。"他不但关注社会学问题，也关注经济问题、政治问题和文化问题；不但关注当下问题，也关注历史和未来问题；不但自己问问题，还提出看法，提出答案。所以与景先生交流是一个令人获益良多的思想交流过程，令

---

[*] 马援，中国社会科学院科研局、学部工作局局长。

人深受启发，脑洞大开。从景先生学术事业所涉及的领域来看，跨度很大，涉猎很广，几乎涵盖了社会学研究从理论问题到现实问题的各个方面。景先生研究问题的一个重要特色，还表现在，他的研究对象和问题，都是大问题、真问题，是紧紧扎根在中国历史和现实、扎根在中国土地上的问题，是国家和时代迫切需要社会学学者研究解答的重要问题。景先生的许多研究成果不但在学界，在政策实践层面也发挥了重要影响。中国社会学重建四十年，恰恰是中国改革开放社会变革最剧烈的四十年，这为社会学发展提供了最宝贵的土壤，也提出了最丰富的课题和最深刻的挑战。跟上时代发展的步伐，解决时代提出的问题，体现社会学的经世致用功能，是中国社会学恢复重建四十年来最鲜明的特点，这一点，在景先生身上体现得特别突出。

二是景先生的学术创新勇气和创见精神。按照长期以来流行的说法，社会学是一门有一百多年历史的学科，有本学科特色的理论概念、方法体系、话语体系，究其本源来讲，还是一门"西学"。诚如习近平总书记在哲学社会科学工作座谈会上所指出的，当代中国哲学社会科学繁荣发展要突出体现"六个性"的要求，社会学也不例外，也面临时代性、民族性和创新性的挑战，面临"社会学中国化"的课题。能否实现学科的中国化，一个检验标志，就是看这门学科中的中国成分，中国问题、中国理论、中国话语、中国方案有多少，说到底，就是能否将学科基础理论与中国实际相结合，实现学科理论的再创新。回顾景先生的学问人生，最令人感佩的是，他在探索问题、发展理论过程中体现的历史视野、人文关怀、创新勇气和探索精神。他提出的群学概念体系、底线公平论、时空压缩论、福利社会论等，许多是带有引领性的理论创见，是深深扎根中国土壤又有坚实社会学学科基础的成果。他两年前牵头完成的《中国社会学：起源与绵延》，就是把社会学的西方学科属性，与中国悠久的社会思想和文化、历史传承紧紧结合在一起的创见的成果，这部成果被评为当年中国社科院创新工程重大成果，对于构建中国的社会学思想史体系具有非常重要的价值。当前，我们正在大力倡导理论创新，倡导话语创新，我想，景先生就是一个很好的例子，他的经验和示范值得我们认真学习。

三是景先生一丝不苟的治学态度和严谨学风。我有幸在 25 年前陪同景先生、陆学艺先生、张雨林先生、宋家鼎先生等几位社会学前辈做了持续 3 年的社会学基层调研，他们这一代人给我一个共同的印象，就是认真、较真、负责。当时为了了解苏南农民收入的真实状况，为了核实一个数据，我们蹲点在典型村里几个月，一家一户去访谈，一只鸡、一只鸭去核实。景先生考察苏南企业发展，是跟着企业的产业链，从进货到生产到销售，一环一环去调研考察。这样的一种治学态度，体现在他们的科研成果中，就是论据很扎实，立论很充分，不讲没有根据的话，不提没有把握的建议，这种精神，对于我们社会学这样一门以实证研究为方法特色的学科来说，尤为可贵。

当然，景先生值得总结学习的地方很多，我总结提炼出以上三点，是想用景先生的例子，来表达我自己对社会学的一点观察。我认为，这三个方面的启发，对于当代社会学的学科发展都是非常有价值的。一是社会学学科还要加强对当代问题的关注，要研究真问题、大问题。当代中国发展需要社会学学科做出贡献的领域非常多，社会学研究有最广阔的天地、最丰厚的土壤，但实际上我们也不讳言，社会学这样一门经世致用的学科，在很多事关国家社会发展的重要领域，是失语失声的，在国家决策层面，社会学的学科贡献、学术声音还比较弱，我们的学科布局在一定程度上是存在研究的碎片化、边缘化、小众化问题。与经济学相比，社会学学科在很大程度上还是一门软学问。二是我们观察发现，虽然当今时代，学科门类越来越细分，专门化的趋势也越来越强，但是，社会学门槛却变得越来越低，社会学家满天飞，所有关于社会问题的研究都可以称作社会学研究，实际上反映了社会学这门学科的独特性、独立性还不强，学科自身建设还要加强。如果没有自己的独特的体系、方法、模式，形成对别的学科的依附关系，在很多问题上人云亦云，那么这门学科的发展前景就堪忧了。为此，我们应该大力倡导理论创新，要建设当代中国的社会学学科体系、学术体系和话语体系。三是还要大力倡导老老实实做学问。记得十多年以前，我同景先生去延安，在毛主席枣园的窑洞里，景先生感慨地说，当年毛主席写《湖南农民运动考察报告》，写《论持久战》，条件何其艰辛，但这些著作成了经典，现在做学问，条件比当年要好得多，做不出好成果是说不过去的。的确，我们在看到时代和科技进步的同时，做学问的条件比从前不知好了多少，但是，也有的学者不做调研就从网上扒数据，不做调研就敢提对策建议，这种现象令人忧虑。景先生做学问下功夫是出了名的。从先生的治学态度和治学精神反映出，要写出好成果，出经典之作，还要用笨办法，下苦功夫，轻轻松松、舒舒服服是出不了大成果、好成果的。他是真热爱这项事业。

因为时间关系，我只能讲这么多，也不一定对，仅供各位参考。社会学所主办这样的一个会议，非常有价值，体现了对学者的尊重，也对我们的学科传承发展创新有非常重要的作用。我代表学部工作局向社会学所学习。

最后，祝景天魁先生学术之树长青！祝研讨会圆满成功！

景天魁教授的学术思想特色

赵剑英[*]

尊敬的景天魁先生，各位专家，大家好！

很高兴受邀参加"学科自信：走进世界的中国社会学"暨景天魁老师荣休会，首先向景老师表示热烈的祝贺！景老师是我非常尊敬的一位前辈学者。最早知道景老师的大名是我在大学时读到他的《打开社会奥秘的钥匙》一书，那时我刚进入中国人民大学哲学系学习，我当时为这本书精深的观点和严密的逻辑所折服。真正见到景老师应该是1991年在北戴河召开的第一届有关社会发展的研讨会，记得邬正校长也参加了这个会。后来景老师在哲学所成立社会发展研究中心，我还非常荣幸地受聘为副秘书长。可以说，景老师是我的哲学启蒙老师，在与景老师长期的交往中，他对我多有指导，我获益良多。景老师兼容贯通，善于创新，著作等身，是一位学术视野宽广、学术造诣精深的学术大家。借此机会，就景老师的学术思想特色谈几点自己的认识。

第一个特色是将理论研究、实证研究和学术史研究相结合，集理论的深度、现实的高度和历史的厚度于一体。景老师的研究领域从哲学跨越到社会学，再到社会政策研究，走出了一条"社会哲学—社会学—社会政策"的道路。他在其硕士学位论文《打开社会奥秘的钥匙——历史唯物主义逻辑结构初探》中提出"劳动起点论"，从劳动出发具体探讨了历史唯物主义的基本范畴以及它们之间的相互关系，

---

[*] 赵剑英，中国社会科学出版社社长。

诸如构成生产方式的生产力和生产关系、构成社会形态的经济基础和上层建筑等，为社会学研究奠定历史唯物主义的方法论基础；他在博士学位论文《社会认识的结构和悖论》中，创造性地构建了社会认识系统体系，探讨了科学研究的方法论基础；他在《时空社会学：理论与方法》等著作中，主张采用时空社会学的框架梳理中国社会发展中的鲜活的经验事实和我国改革开放特殊经验的概念和命题，建立具有我国改革开放新时空特征的理论框架，以"超越进化的发展"为核心概念阐释了一种以东亚现代化和中国改革开放实践经验为基础的"新发展社会学"；在《底线公平的福利模式》等著作中，他以底线公平为社会保障制度的基本理念，对社会保障等公共政策进行实证研究；在《中国社会学：起源与绵延》等著作中，他提出以群学命题演进史的形式书写中国社会学史，论证了中国社会学史绝不是"西方社会学在中国的传播史"，中国社会学有自己的"根"，有自己的起源和演进脉络，为建构中国特色的社会学体系奠定坚实的史学基础。因此，景老师的研究既有深邃的历史视野，又坚持理论建构和注重调查研究、抽象思辨与实证研究相结合，真可谓兼容贯通、纵横捭阖，彰显出学术大家的格局与气象。

第二个特色是努力构建中国特色的社会学学科体系，体现了高度的理论自觉和强烈的学术担当。建构中国特色哲学社会科学是新时代坚持和发展中国特色社会主义、实现中华民族伟大复兴的内在要求，对这一重大课题，习近平总书记在"5·17"重要讲话中作了十分全面、深刻的阐述，提出了新的要求。景老师学术志向高远，其学术研究有一条主线或者说是最终旨归，那就是努力推动和实现中国社会学的崛起，创建中国特色的社会学学科体系。景老师主张在坚持中西会通的基础上创建区别于西方社会学的中国社会学，他担任中央马克思主义理论研究和建设工程项目——社会学教材编写课题组首席专家组织编写了《社会学概论》一书，该书稿阐述了马克思主义社会发展理论与西方社会学的社会发展理论的区别，从学术上论证了中国特色的发展道路和模式的特点，初步构建起具有中国时空特征的社会学理论框架。他针对英国社会学家吉登斯的"时空延伸"的概念提出

"时空压缩理论",指出全球化对于西方发达国家来说在时空结构上是延伸性的,但对于发展中国家而言却是压缩性的,这一思想打破了西方理论在这一问题上的话语权。探寻和弘扬中国社会学自己的传统是开展中国社会学学术创新的基础和前提,景老师坚持古今贯通的原则,深入挖掘荀子的"群"的思想,带领自己的研究团队建构群学概念体系和群学命题体系,为构建使用中国本土概念,充分体现中国鲜活实践的中国社会学奠定学术史基础。群学作为科学性与人文性相统一的社会学,区别于西方社会学,是能够在21世纪参与塑造人类命运共同体的新型社会学。这将是21世纪世界社会学的制高点,是世界性的百家争鸣必将铸就的学术高峰,因此为实现中华民族伟大复兴提供了社会学的学理支撑。可以说,景老师在构建中国特色哲学社会科学方面为我们做出了表率,这种学术担当非常值得我们学习。

第三个特色是其专精的治学态度和严谨的学风。景老师能出这么多的原创性学术成果,关键在于其认真扎实严谨的治学态度。比如,景老师的博士学位论文《社会认识的结构和悖论》写了近五年,该文入选"中国社会科学博士论文文库",由中国社会科学出版社出版。当时,无论是博士学位论文答辩委员会还是中国社会科学出版社都并未提出修改建议,但当准备付梓时,他却把书稿要回去修改加工,这一修改就持续了两年多,到1990年该书才与读者见面。这种精益求精的严谨治学态度实在令人钦佩。景老师古稀之年还笔耕不辍,每年的成果比很多年轻人还多。景老师这么专注于学术,这么痴迷于学术,这种敬业与执着源于他崇高的学术情怀,源于他那份对学术的热爱,源于他对自己总结的中国社会科学院精神即严谨、严肃、严格、严守的信仰。我认为"四严"精神概括得特别好,而且,景老师一直严格地践行"四严"精神。这种良好的学风和高尚的学术人格是大师风范的重要体现,作为一把标尺激励着后学。

总之,景老师在哲学、社会学和社会政策的研究上成就卓著,提出了许多原创性和开创性的观点,为我国哲学社会科学特别是社会学的学科体系、学术体系和话语体系建设做出了突出贡献,称之为学术大家毫不为过。

中国社会科学出版社与景老师有着长久和深厚的渊源。我们不仅出版了景老师的博士学位论文,还出版了《发展社会学概论》《普遍整合的福利体系》《建设中国特色福利社会》等,正在出版的还有《景天魁文集》(8卷本),目前已出版第1卷;《中国社会学史·第一卷:群学的形成》正在编辑出版。感谢景老师长期以来对中国社会科学出版社的支持和关心。我们将秉持良好的学术出版传统,竭尽全力服务于我国哲学社会科学的发展,出版更多体现中国特色、中国风格、中国气派的学术精品,为建构中国特色哲学社会科学学科体系、学术体系和话语体系做出新的贡献。

最后,再次对景老师表示祝贺!祝景老师身体健康,学术之树长青!

谢谢大家!

II

学科自信界说

半胱氨酸系统

中国社会学的学科自信：概念的
提出、含义与实质

景天魁[*]

中国社会学欲要实现崛起，就必须建构自己的学科体系、学术体系、话语体系，为此，就必须解决学科自信问题。而学科自信既是一个紧迫的现实问题，更是100多年来未能解决的历史问题，原因复杂，牵涉甚广。本文简略谈谈学科自信概念的提出、含义和实质，希望得到学界同仁的指正。

一 "学科自信"概念的提出

1997年，费孝通先生在北京大学第二届社会文化人类学高级研讨班的讲话中首次提出"文化自觉"的概念，讲话录音整理稿以"反思·对话·文化自觉"为题收录在1998年6月出版的《从实求知录》一书中。1999年春节，我到费老家拜年，先生把这本出版不久的书题赠给我。在这本反思社会学恢复重建18年历程、回答建设什么样的中国社会学这个重大问题的著作中，费老为什么要提出"文化自觉"？为什么正是在提出"文化自觉"的时候，费老一再地提到拉德克利夫·布朗教授早在20世纪30年代在燕京大学讲学时的重要论断——"中国在战国时代已由荀子开创了（社会学）这门学科"[①]？

---

[*] 景天魁，山东大学兼职讲席教授，中国社会科学院学部委员、社会学研究所研究员。
① 费孝通：《从实求知录》，北京大学出版社1998年版，第244页。

费老的话对我好似醍醐灌顶。我毕业于北京大学哲学系，过去都说荀子是位哲学家，这在我脑子里已是很深的成见。就荀子而言，他当然可以既是一位哲学家，也是"第一位社会学家"①，但布朗说荀子是"社会学的老祖"②，并未见到他的论证。我在哲学与社会学两个学科先后从事过多年的专业研究，对哲学与社会学的界限有切身体会。转入社会学研究领域以后，也完全是按照西方社会学的学科界定，来理解社会学这个学科的。那么，能够证明荀子群学是社会学吗？我陷入苦苦思索之中。

这个问题我一直萦绕于心。也是在1999年，在南开大学成立中国社会学会中国社会思想史专业委员会，陆学艺担任理事长，我和王处辉担任副理事长。我在发言中讲的就是中国社会思想史与社会学学科之间的关系。我对学界有的人讲中国社会思想史只是社会学这个学科的"史前史"深表质疑，但我当时对这个问题也没有讲清楚。

2009年7月20日，郑杭生先生在中国社会学学术年会上，首次提出"理论自觉"概念。2011年，郑先生提出要立足于中国的传统和实践建设"神州气派、本土风格、中国特质、华夏品位"的中国社会学，要"破除边陲思维"，开展与西方社会学的平等对话。③ 在2013年的中国社会学学术年会上，郑先生进一步提出，社会学研究对中西关系要"再评判"，对古今关系要"再认识"，对理实关系要"再提炼"，称此为"理论自觉"的"基本功"。④ 郑先生的话也令我深深思索，到底什么是"华夏品位"的社会学呢？联想到费老的话，我感到既有必要、经过长期研究也有底气向"中国本无社会学"这一流行了100多年的旧说正式提出挑战了。

2014年，南开大学和武汉科技大学先后召开总结反思社会学恢复重建历程的讨论会，我在这两次会议上都应邀做了主旨发言，提出

---

① 卫惠林：《社会学》，台北：正中书局1980年版，第17页。
② 费孝通：《从实求知录》，北京大学出版社1998年版，第347页。
③ 郑杭生：《学术话语权与中国社会学发展》，《中国社会科学》2011年第2期。
④ 见洪大用、黄家亮《理论自觉与社会运行学派的发展》，《社会学研究》2015年第5期。

了中国社会学不可回避的根本问题是中西古今问题。① 2015 年，我又把这个问题称为"中国社会学的源流问题"，论证了荀子群学就是中国社会学之源。② 从 2014 年开始我就组织课题组写作《中国社会学：起源与绵延》一书，该书于 2017 年出版，第一次梳理出群学概念体系，由以证明群学就是中国古典社会学。2018 年我们申请到国家社会科学基金重大项目"中国社会学的起源、演进与复兴"，目的是进一步梳理群学命题体系及其命题演进史，从而第一次从战国末期开始书写中国社会学迄今 2300 多年的历史。令我深受鼓舞的是，这项研究得到了学界同仁的积极支持，课题组成员由原来的 28 人增加到 50 多人，来自中国社会科学院 5 个研究所、北京和全国的 10 多所高校和科研机构。

经过足足 20 年的思索和研究，到 2019 年 5 月 29 日，我在接受中国社会科学院学部主席团组织的专访时，谈的题目就正式确定为"重建学科自信"。2019 年 9 月 7 日，中国社会科学院社会政法学部和社会学研究所召开了"学科自信：走进世界的中国社会学"讨论会，这是第一次全国性的专门以"学科自信"为主题的讨论会，是对费孝通提出"文化自觉"、郑杭生提出"理论自觉"的积极而郑重的响应。

以上叙述的 20 多年的思路历程表明，"学科自信"概念是在费孝通、郑杭生先生的启发下，将他们二位讲的"文化""理论"进一步聚焦到"学科"上，将"自觉"进一步地锁定到"自信"上，认定对于中国社会学而言，"学科自信"是提高"文化自觉"的必然要求，是增强"理论自觉"的中心议题；有了"学科自信"，"文化自觉"和"理论自觉"就可以落到中国社会学研究的实处。由此强调，要建设中国社会学的学科体系、学术体系、话语体系，关键就在于解决学科自信问题。

---

① 景天魁：《中国社会学不可回避的根本问题——从"社会学的春天"谈起》，《学术界》2014 年第 9 期。
② 景天魁：《中国社会学源流辨》，《中国社会科学评价》2015 年第 2 期。

二　学科自信的五方面含义

在笔者看来，中国社会学"学科自信"的含义包含：学科起源和历史、学科性质和道路以及学科使命五个方面。

（一）明确中国社会学的起源：确认中国社会学有自己的"元典"——荀子群学

西方社会学家们是非常重视学科起源问题的。尽管早在涂尔干就实际上认为学科名称并不是学科创立的根本标志，他根据孟德斯鸠提出了社会学的基本原则、对社会生活进行了分类这两个标准，认定孟德斯鸠尽管并未提出"社会学"之名却可以看作社会学的创始人。[①]但是，现在流行的西方社会学教科书，还是愿意以提出学科名称为学科创立的标志，异口同声地肯定提出了"社会学"之名的孔德创立了社会学。何以如此？因为他们把学科创立看作一个注册问题，"注册"是要有名字的，不论实际内容如何，这是西方式形式化思维的表现。而对于一个学科尤其是对于不仅具有科学性还具有人文性的社会学这个学科而言，"祖述"亦即"起源"，确实是学科发明权问题，这是话语权的根本。对此，西方社会学家是有强烈的自觉意识的。

然而，至今未见有一个人能够摆出哪怕是一条理由，证明在不同的、各自独立的学术传统中，以社会为研究对象的学科（"社会学"）只能有一个起源。因为这等于要求古人必须遵从现代的注册制度。而在学科起源问题上，我们坚信悠悠五千年灿烂的中华文明不可能在学科上一片空白，全世界最庞大繁盛、复杂而有序的中国社会完全能够诞生属于自己的社会学。战国末期，中华学术达到了历史上的第一个高峰，中国社会发生了长达500年的空前剧变，形成了极富活力和创造

[①] 孟德斯鸠认为社会生活有不以人的意志为转移的客观法则。社会法则把握的是社会生活的普遍性和必然性。由此，他对社会生活做出了总体性思考。涂尔干据此将孟德斯鸠看作社会学的创始人，尽管孟德斯鸠没有提出"社会学"的名称。

性的士阶层，出现了像稷下学宫那样的人才荟萃的高等学府，展开了世界学术史上无与伦比的百家争鸣。而荀子作为儒学的集大成者，兼容综合了儒、墨、道、法、名、阴阳等"百家"之长，作为学术争鸣的公认领袖，具备了得天独厚的创立"群学"这一中国古典社会学的主客观条件。群学作为合群、能群、善群、乐群之学，与西方社会学在学科内容上"暗合"（严复语），在学科结构上"正同"（梁启超语）。如此灿烂的群学"元典"，足以与诞生晚得多的孔德、斯宾塞所代表的西方社会学相媲美，这给了我们增强学科自信渊源深厚的底气。

（二）认清中国社会学的历史：中国社会学有独立的绵延不断的学科史

中华文明是世界上唯一绵延不绝的文明，中国学术有自己独立的演进史。群学创立至今的2300年来，经历了经济和社会制度的深刻变化，经受了儒道释从对话到融合的漫长过程，面对了西方科学尤其是社会学的巨大冲击，蒙受了所谓"荀学衰微""乡愿"之说等种种误解，更不用说对传统学术一次又一次的批判和讨伐，其自身也发生了被迫和主动的转型。但是，群学仍然始终如一地紧随时代步伐，贴近社会生活，关心民众疾苦，发出正义呼声。群学本身也经历了从秦汉时期的制度化到隋唐宋时期的民间化，再到元明清时期的内向化，以及清末民国时期的深刻转型，在这个漫长而连续的演进过程中，群学形成了极为丰富的概念体系和命题体系，为打开中国社会历史发展奥秘提供了钥匙，为我们今天建立中国社会学话语体系奠定了历史基础。如果说到学术发展规律，最重要的就是积累律。群学如此悠远绵长的学科史，是祖先留给我们的无价珍宝，据此，我们就有了否定"中国本无社会学"之说、挑战欧洲中心主义并重新书写中国社会学史的巨大无比的勇气。

（三）明确学科性质：中国社会学应是坚持科学性与人文性相统一的学科

社会学是一个"多种范式"的学科，这是它的特点，也是一大优点。事实上，社会学既有"实证"的，也有"理解"的，又有"解释"的，人们还称马克思的社会学是"辩证"的，以及结构的、结构化的、解构的等。因此，我既反对将任何"社会思想"、任何"学术"都称为"社会学"，致力于明确区别"社会思想"与"社会学"，也确实不赞成"将'社会学'一词中'学'字含义仅仅限定在西方实证科学的意涵上"。① 这是因为社会既然是复杂的、多面向、多层次的研究对象，社会学就应该展开多视角、多范式、多样化的综合研究，实际的学科发展情况也是这样。因此，对社会学的学科性质不宜做单一化的限定，那对社会学这样的学科只能是有害无益的自我窄化。

费孝通对社会学学科性质有一个重要论断，就是认为它既有科学性，又有人文性。而西方社会学基于占主导地位的二元对立思维定式，基本上是将科学性与人文性相分立的。然而，如果要在中外社会学史上寻找科学性与人文性相统一的典范，荀子群学当之无愧是最早的范本。哈佛大学本杰明·史华兹教授认为，不论是说"科学的人文主义"，还是"人文的科学主义"，② 荀子没有把科学性和人文性割裂开来，而是坚持二者相统一。我们并不否认主体与客体分立、行动和结构分裂、理性与非理性对立对于细分的研究具有积极意义，但是，分析的另一面就是综合，个体归根结底不能孤立于整体；社会不论多么"客观"，它都是有意志、有价值取向的人们的行动及其结果；"分析的时代"总要走向"综合的时代"。尤其是对社会学这一坚持从整体性上综合地把握研究对象的学科来说，实现科学性与人文性的统一是永恒的主题，在社会学发展的未来阶段就更是如此。我们有荀子群学这样的范本，有几千年的优秀传统，就可以极大地鼓舞我们实现科学性与人文性相统一的一往无前的志气。

---

① 谢立中：《"群学"的归属："社会思想"还是"社会学"》，《中国社会科学报》2019年12月18日"社会学"版。

② [美]本杰明·史华兹：《古代中国的思想世界》，程钢译，江苏人民出版社2008年版，第405、421页。

（四）选择正确道路：现代中国社会学不应是西方社会学在中国的传播和应用，而应走古今贯通、中西会通的综合创新之路

世界几大文明本无高低贵贱之分，学科发展在一定意义上可有先后之别。在中外学术史上，中华学术长期雄踞领先位置。正如梁启超所言，在上古和中古，"我中华学术第一也"。① 我们不以"第一"自居，但也不能自我矮化、自我贬抑，不能甘落人后。平等对话、取长补短、包容互鉴，是不同学术之间的相待之道。不能因为我们在一个短时间内落后了，整个学术传统就都一无是处了；不能因为要虚心学习西方，中国学术传统就只能被抛到脑后，或者以为尊重中国学术传统就是"自傲"。西方社会学传入以来120多年的历史证明，中西会通必须以古今贯通为前提和基础，否则就只能是"西方化"。中国社会学史绝对不是西方社会学在中国的传播和应用史，我们的学科发展应该走古今贯通、中西会通的综合创新之路。梁启超曾经满怀期望地相信："安见此伟大国民，不能恢复乃祖乃宗所处最高尚最荣誉之位置，而更执牛耳于全世界之学术思想界者！""生此国，为此民，享此学术思想之恩泽，则歌之舞之，发挥之光大之，继长而增高之，吾辈之责也。"② 身为中国学术的传人，应该有这样的学术创新的锐气。

（五）承担历史使命：现代中国社会学应是能够回答21世纪乃至其后时代的重大课题，平等参与创造"人类道义新秩序"（费孝通语）的社会学

当今世界处于新的剧烈变动期，这是百年未有之大变局。人类的命运取决于选择什么样的发展道路。1993年费孝通先生在《略谈中国社会学》一文中说："21世纪，……这个世界还要经过一个战国时期，全世界的战国时期。""我们社会学要在第三个秩序的建立上有所作为。这第三个秩序，即道义的秩序，是要形成这样一种局面：人

---

① 梁启超：《论中国学术思想变迁之大势》，上海世纪出版集团2006年版，第13页。
② 同上书，第2页。

同人相处，能彼此安心，安全，遂生，乐业，大家对自己的一生感到满意，对于别人也能乐于相处。我们必须要造就这样一个天下，这个天下要看在 21 世纪里造得出来还是造不出来了。我们的任务就是要以这个作为主要的轴心问题进行研究。"① 在这场关乎人类未来命运的新的百家争鸣中，中国社会学应该发出强劲的声音，贡献中国智慧，提出中国方案。反映 14 亿人意志的中国学术应该有这样敢于担当的豪气。

综上所述，中国社会学学科起源上的底气，学科历史上的勇气，学科性质上的志气，学科道路上的锐气，学科使命上的豪气，共同构成了增强中国社会学学科自信的正气。

三 学科自信的实质

"学科自信"的五方面含义归结起来，其实质就是解决建设什么样的中国社会学、怎样建设中国社会学的问题。这与费孝通提出"文化自觉"、郑杭生提出"理论自觉"的宗旨是一脉相承的。显然，如果把中国社会学看作西方社会学在中国的传播和应用，那就根本用不着提出"学科自信"的问题，只要"信"西方社会学就足够了。可见，对于"中国社会学学科自信"的实质，还需要做一些辨识。

（一）学科自信不仅是一个认知问题，也是一个心态问题

树立"学科自信"，必须破除西方社会学在学科起源上的唯一性、话语权的独占性。为此必须解决的认知问题，主要是辨识"学术"与"学科"的异同，"社会思想"与"社会学"的区别。我从来不认为任何"社会思想"、任何"学术"都可以称为"社会学"。学科者，分科之学也。可以称为"学科"的主要条件是：其一，它是专门针对某一确定对象的，或者专门关于某一方法的。前者如"昆虫学""电学""原子物理学"等；后者如"微分学""积分学"等。其二，

---

① 费孝通：《从实求知录》，北京大学出版社 1998 年版，第 230 页。

它是成体系的知识，是自成一体的。如果只是个别的、零散的知识，就称不上"学科"。具有专门性和体系性的"学术"才可以称为"学科"。群学当然是专门研究"群"的，而中国古代的"群"就相当于清末民初从日本转译过来并沿用至今的"社会"；群学既形成了概念体系，也形成了命题体系，当然就不仅具有专门性，而且具有体系性。[①] 梁启超明确指出群学与西方社会学"分类正同"。就是说从学科（"分类"即分科）意义上二者是同一个学科。1905 年刘师培（曾任北京大学教授）论证了即使采用西方近现代划分学科的标准，也可以从战国末期（"周末"）诸子之学中至少划分出 16 个学科，"中国社会学"位列第四。[②] 这个可能是在中国文献中第一次出现的概念，很显然，其含义不是"社会学在中国"（Sociology in China），而是"中国的社会学"（Chinese Sociology）。为了明确区分，我们称之为"中国古典社会学"或"中国本土社会学"。

但是，梁、刘等人之洞见在清末民初不仅未受重视，反而被湮没了。中国本来是否就有可以称为"社会学"的学问，"群学"是否就是中国古典社会学，竟然未做任何讨论就被"中国本无社会学"之说取代了。这一学术旧案的造成，显然不是靠的理性的力量，而是在甲午惨败后，国运衰颓、自信丧失之时，由心态痼疾而累积起来的偏见。自此以后，社会学只能是舶来品，就成为无须论证的成说。既已认定社会学是舶来品，那么，群学并没有"高卢雄鸡"的声调，不过是中国的"土鸡"，即便有"一唱天下白"的本领，尽管也是"鸡"，可就是不能被称作"鸡"。这或许就是群学不能算是社会学的"理由"！

我们反对将"西方社会学"等同于"社会学"，用占得"公认理论"地位的"社会学"掩盖和消解"中国社会学"。这个等式的根本

[①] 参见景天魁等《中国社会学：起源与绵延》（上、下册），社会科学文献出版社 2017 年版；景天魁《论群学复兴——从严复"心结"说起》，《社会学研究》2018 年第 5 期。

[②] 刘师培著，李妙根编，朱维铮校：《刘师培辛亥前文选》，上海文艺出版（集团）有限公司中西书局 2012 年版，第 189 页。

性错误，是不承认中国古代本有"社会学"，不承认群学就是中国古典社会学；而承认"西方社会学"具有唯一的独占的垄断权。究其根源则是早已被学术界否定了的"欧洲中心主义"。将"西方社会学"等同于"社会学"，用"社会学"掩盖和消解"中国社会学"，必然的推论，就只能是承认"中国社会学"不过是"西方社会学"在中国的推广和运用，那就完全谈不上什么"中国社会学的话语权"，根本不可能建设具有中国特色、中国风格、中国气派的社会学。

我们认为中国社会学的话语体系、学术体系、学科体系，只有在古今贯通、中西会通的基础上才能建立起来。我们的祖先创造了群学这一既体现中华文明精髓，又与西方社会学"暗合"和"正同"的伟大精神财富，如果我们不予承认、不予继承，对得起列祖列宗吗？群学的概念体系和命题体系包含着解释中国社会之所以繁盛兴旺的密码，包含着理解中华文明之所以绵延不绝的基因，如此宝贵的历史资源，如果我们不珍惜、不利用，能是发展中国社会学的正确路径吗？如果说西方社会学在清末民初传入中国以及以后的很长时期内，中国陷入民族危难，中国人在世人面前抬不起头来，在缺乏文化自信、学术自信的情况下，无奈跟着在中国的教会学校首先创办社会学系的西方基督教传教士以及"全盘西化"的鼓噪者，牙牙学语地讲什么"中国本无社会学"，社会学只是"舶来品"，虽然是违背历史事实的，但无知者不为过，也还可以宽恕的话，那么，到了今天，经过中国几代志士仁人的顽强奋斗，中华民族比以往任何时候都更接近实现伟大复兴，我们再不研究群学，不梳理中国古典社会学的历史，如何尽到自己的职分，如何向后人交代？

历史证明，心态问题不解决，认知问题也就难以解决。中国社会学不要自我矮化。这不是自傲，而是学科发展阶段的要求。中国社会学已经走过了恢复重建阶段，不能耽于模仿，而要努力形成学科特性即中国特色、中国风格、中国气派。这就必须与西方社会学平等对话，才能取长补短、共同发展。

在新的发展阶段，增强"学科自信"就是不能认为只要是西方的，就是正宗的，而中国的就不够格，中国社会思想史只能算是社学的"史前史";不能盲目认为中国社会学并没有自己的本土起源,无"史"可言,所谓"中国社会学史"就是"西方社会学在中国的传播史"。同时,不能再认为只有西方的,才是真学问,只要是中国的,就不能登临大雅之堂;研究前者就是大学问,礼敬有加,研究后者就低人一等,鲜有问津。增强"学科自信"就是要坚持中西之学各有自己的起源,各有自己的历史,各有独立的价值,应该相互尊重、互学互鉴。

增强"学科自信"就是不能把某一国内的社会学的"规范",当作整个社会学学科的"规范";不能把某一国内社会学论文通行的写法,当作全部社会学写法的样本。更不能把这种"规范"和"样本"当作评判水平高低、质量优劣的"标准"。在学术上可以成为标准的,虽然可以列出一些形式性的条文,但是归根结底,只能看对社会现象和过程是否具有解释力,对社会价值和意义的理解是否具有说服力,对社会发展和社会建设是否具有正向的影响力。总之,就是中国自古以来所遵循的"经世致用"。

相信在文化自信、学术自信日益增强的今天,随着中华民族越来越接近实现伟大复兴,中国人不可能相信悠悠五千年灿烂的中华文明竟然在学科上一片空白;全世界最庞大繁盛、复杂而有序的中国社会却诞生不了属于自己的社会学。

(二)学科自信不仅是一个心态问题,也是一个现实任务

学科自信不只是自卑或自傲的问题,而是一种历史责任——英国的拉德克里夫·布朗早就承认"社会学的老祖是中国的荀子",美国哈佛大学的本杰明·史华兹早就说过荀子是"最具有社会学色彩的",我们作为中国学术的传人,总不应该连研究也不研究,连讨论也不讨论,连荀子群学到底有些什么内容都不关心、不了解,非要跟在对中国学术一无所知的西方基督教传教士后面,继续相信"中国本无社会学"吧?

我们的现实任务,第一是开展"大讨论"。"社会学是舶来品""中国社会学史是西方社会学在中国的传播史、应用史"一类的说

法，在中国已经流行了120多年。习惯成自然，现在要纠正它，肯定不能奢望一蹴而就。但也不能对这种说法不加辨识，不辨明是非，继续将其当作不易之论任其流传。

我从来没有"将'社会学'一词中'学'的含义""泛指一切'学术''学问'"，不赞成"将'学'笼统地、泛泛地界定为'学术''学问'"。而是赞成展开关于"群学"性质的大讨论。

其实，提出"群学"是"社会思想"还是"社会学"这一追问本身，就是二元对立思维模式的表现。诚然，"社会思想"与"社会学"是有区别的，但这一区别不是"非此即彼"的。在"社会思想"中，所包含的那个具有确定对象并且成体系的知识体系（"群学"）就是"社会学"。说"群学"只是"社会思想"不是"社会学"，实质上是说，凡是不像"西方社会学"的，怎么看，它都不是"社会学"，都只能算是"社会思想"。这一认识，显然是以承认只有西方社会学是"社会学"，具有起源上的"唯一性"、话语权的独占性为前提的。可是，这样的理论预设站得住脚吗？显然，既然我们想要建立中国特色、中国风格、中国气派的社会学学科体系、学术体系、话语体系，那就不能把自己的"理论预设"隐藏起来，当作不言自明、无须论证的逻辑基础，而是要摆出来，开展心平气和的讨论，有理由拿出理由，有道理讲明道理，这是不可回避的也是很有意义的学术讨论。那个无须论证就必须接受"中国本无社会学"之说的历史条件已经消失了，现在应该开展理性对话、认真讨论了。这是第一件必做之事。

第二是展开"大梳理"。创立于战国末期的群学与19世纪中期孔德的西方社会学在表现形式上不同，是再正常不过的了。而它具有与西方社会学不同的至今长达2300年的演进史，当然也是再正常不过的了。如果我们对中国社会学的漫长历史了解不多，那就应该向费孝通先生学习，赶紧"补课"。我们课题组只是梳理了群学概念史和命题演进史，将来还要研究断代史，如汉代群学史、唐代群学史乃至一个朝代、一个时期、一个地方的群学史，作为一个侧面的家训史、族规史、乡约史、礼仪史、风俗史、生活史、县治史、制度史、会社史、交往史、睦邻史……再进一步，就是一个一个人物、一本一本著作、一个一个概念、一个一个命题的专题研究。这将拓展中国社会学史的广阔研究领域，涌现一批又一批杰出的学科史专家；必将造成中国社会学史蔚为壮观的宏大局面，使之成为群星灿烂的社会学分支学科。

第三是进行"大探索"。西方社会学在理性化一途占得了先机，在非理性研究方面也有不少成果，但是，在理性与非理性的统一、科学性与人文性的统一上，因其固有而擅长的二元对立思维模式而陷入困境。费孝通先生在20多年前就指出，西方思维主导的19—20世纪，人类建立了利害上的联系却缺少道义上的认同。而"我们中国历代思想家思考的中心一直没有离开过人群中的道义关系。如果目前的世界新秩序正好缺乏这个要件，我们中国世代累积的经验宝库里是否正保留着一些对症的药方呢？""找到这问题的答案也许正是我们中国社会学者值得认真思考并去追求的目标。"①

这个目标落实到社会学理论研究本身，就与解决科学性与人文性的统一相关联了。我们既然确认群学是科学性与人文性相统一的典范，那么，就可以推断，实现中西会通的途径就应该是探索群学与西方社会学在概念和命题层次上的融通。尽管这在目前还是一个假设，但应该是一个值得探索的方向。我们从2014年开始，梳理了群学概念体系和命题体系，论证了群学就是中国古典社会学；我们以命题演进史的方式重新书写中国社会学史。这就使实现中西会通不再是一个理念、一个愿望，而是一项可以具体着手的实实在在的工作。当然，这只是为艰巨而长期的探索过程做了必要的准备，即使是迈出了第一步，也不过是千里之行的一小跬步。这一浩大工程的完成，就寄厚望于年青一代了。

第四是要有"大担当"。当今中国乃至世界进入"百年未有之大变局"，势必展开"新的百家争鸣"。② 中国社会学要发出自己的最强

---

① 费孝通：《从实求知录》，北京大学出版社1998年版，第244页。
② 同上书，第230页。原文为"新的战国时代"，"世界范围的大众对话"。

音。这就要对社会发展和人类命运有大担当。在经济学界，已经有以中国社会科学院蔡昉学部委员为代表的一批经济学家在探讨"中国经济发展的世界意义"①，实际上这是基于中国经济发展创建中国自己的经济理论。这与20年前甚至10年前还热衷于讨论西方经济理论对中国的意义相比，"风水"已经转过来了。这一转变在社会学界也已经开始。陆学艺先生生前完成的最后一部著作《社会建设论》，就是结合中国当代社会发展所重新构建的"社会建设理论"，而"社会建设"完全是中国特色的概念。② 在2020年1月18日中国社会科学院社会学研究所庆祝建所40周年大会上，美国杜克大学林南教授在演讲中也基于1978年以来的中国发展，重新构建了"社会大转型"理论。哈尔滨工业大学王雅林教授沿着他几十年来领衔的"生活方式"研究，将"生活"概念引入社会学概念体系，构建"生活本体论"的基本理论。还在2006年，笔者应邀到英国剑桥大学三一学院作了题为"理解中国发展"的演讲，其中就提出了与剑桥大学老校友达尔文的进化论不同的"超越进化"概念，重新定义并阐述了与剑桥大学现校友吉登斯的"时空延伸"概念相左的"时空压缩"概念，③这也算是一个理论上的尝试。2019年10月27日，在中国社会科学院社会学研究所主办的"全面建成小康社会后中国社会建设与社会学发展高端研讨会"上，中国人民大学刘少杰教授、中山大学蔡禾教授等对加强基础理论创新提出了卓越见解。上述例证表明，中国社会学研究已经进入"大担当"——回答中国和世界重大理论和实践问题的新阶段。

"大讨论""大梳理""大探索""大担当"，接连说这四个"大"，对于至少有5000年文明史的14亿中国人而言，其实并不"大"，并不过分，而是应该承担的使命和任务。我相信新一代的社会学人，一定会有"舍我其谁"的气概。现在提"学科自信"可能

---

① 蔡昉：《中国经济发展的世界意义》，中国社会科学出版社2019年版。
② 陆学艺：《社会建设论》，社会科学文献出版社2012年版。
③ 景天魁：《底线公平：和谐社会的基础》，北京师范大学出版社2009年版，第1—18页。

还会引起质疑，而对新一代中国社会学人来说，"学科自信"就是常态——既是正常心态，也是日常工作状态。

参考文献

费孝通：《从实求知录》，北京大学出版社 1998 年版。

费孝通：《试谈扩展社会学的传统界限》，《从马林诺斯基到费孝通：另类的功能主义》，社会科学文献出版社 2010 年版。

景天魁：《中国社会学源流辨》，《中国社会科学评价》2015 年第 2 期。

景天魁：《论群学复兴——从严复"心结"说起》，《社会学研究》2018 年第 5 期。

景天魁：《论群学元典——探寻中国社会学话语体系的第一个版本》，《探索与争鸣》2019 年第 6 期。

景天魁等：《中国社会学：起源与绵延》，社会科学文献出版社 2017 年版。

梁启超：《论中国学术思想变迁之大势》，上海世纪出版集团 2006 年版。

刘少杰：《中国社会学的发端与扩展》，中国人民大学出版社 2007 年版。

［美］本杰明·史华兹：《古代中国的思想世界》，程刚译，江苏人民出版社 2008 年版。

严复：《原强修订稿》，载《严复集》（第一册），中华书局 1986 年版。

郑杭生：《学术话语权与中国社会学发展》，《中国社会科学》2011 年第 2 期。

（原载《哈尔滨工业大学学报（社会科学版）》2020 年第 3 期）

人格塑造与成人之道

——重拾文明对学科自信的意义

冯 时[*]

学科自信的问题非常重要，这几乎是当今中国学术界每个学科必须面对的问题。自19世纪末一批日式西学译名传入中国之后，中国传统的学术传承就逐渐被割断了。不仅社会学割裂了传统的群学，而且像宗教学、经济学等一批学科定名[①]，也同样割断了中国传统学术的学脉，使学术偏入歧途，造成了不必要的混乱。

走进世界的中国社会学这样一种提法在今天看来与重建学科的自信同样重要，这体现了中学西渐的思考，破除了人们习惯上片面强调的西学东渐。将中国社会学回归于中国传统的荀子群学，这意味着中国社会学在学理上已经有了两千多年的历史。很明显，这一工作不仅体现了学科自信，更体现了对己身文明的自信，然而在今天，这一重建文化自信与学科自信的工作仍任重而道远。

一个具有数千年文明的民族，今天不得不面对文化自信的问题，这确实使人感到诧异。对于一个文化贵族，自信是不言而喻的。晚明以来，西学东渐，当时还只是对西方文明的某种借鉴而已。但在1840年我们的国门被西方列强用炮舰打开之后，国人开始怀疑甚至否定自己的文化了，而且这种怀疑和否定之风是从所谓的文化精英们

---

[*] 冯时，中国社会科学院学部委员、考古研究所研究员。
[①] 姚新忠：《"Religion"和宗教——中国与犹太—基督教有关宗教概念理解的比较研究》，赵艳霞译，《学海》2004年第1期；曾传辉：《宗教概念之迻译与格义》，《世界宗教研究》2015年第5期。

开始的，甚至承载中华文明的汉字都面临着遭到废除的厄运，这从根本上动摇了国人对己身文明的信心。从西风东渐到全面西化，潜移默化地割裂着我们和祖先的联系，使后人逐渐失去了对己身文明的记忆。如果说晚清张之洞提出的"中学为体，西学为用"还尊奉中学为主体的话，那么今天在很多人的心里已经是西学为体、中学无用了。并不是民族的灭亡才会导致文明的失落，国人失去了对己身文明的记忆与传承，文明的失落就已经开始了。显然，在丧失了民族自信与文化自信的当下，重拾己身文明对于重塑这种自信具有非常重要的意义。

我们为什么要有对己身文明的自信？考古学证据显示，中华文明至少绵延了八千年未曾中断[1]，这在人类文明的历史上是绝无仅有的，这表明这种文明一定有着其他文明不可比拟的优秀成分。总结其文化特点，可以概括为三方面内涵，这就是格物致知的认识论、天人合一的宇宙观、中和守一的哲学观[2]，这些内涵最终构筑了博大精深的中华文明。

八千年文明史不仅为绵密的中国古代社会奠定了丰硕的物质基础，更奠定了支撑这一物质文明的不可或缺的知识基础、思想基础和制度基础。由于中华文明的核心追求在于重视对人格的塑造，从社会学的角度讲，这一思考从本质上解决了何以为人的根本问题，很明显，有了健全的人格才可能建立起和谐稳定的社会关系。本文旨在通过对文献的梳理，勾画传统成人之道的完整脉络。

一 何以为人与成人之道

中国古代的"冠礼"是为成人礼，所谓成人，意思就是通过人格的塑造成就人[3]，而不是成就禽兽，所以成人的意思并不是仅关注人

---

[1] 拙作：《中国天文考古学》，社会科学文献出版社2001年版；《文明以止——上古的天文、思想与制度》，中国社会科学出版社2018年版。
[2] 拙作：《探寻中华文明核心价值》，《中国社会科学报》2019年7月15日历史学版。
[3] 《说文·戊部》："成，就也。"

肌体器官的成长变化，而更注重的是心智的成熟和道德的涵养，这意味着何以为人实际成为古代先贤必须首先思考的问题。

从进化论的观点看，人是从猿演变而来的。然而从四肢行走进化到直立行走是否就可以放心地称之为人？这个问题在不同文明背景下的人们看来有着完全不同的理解。换句话说，人之所以为人而不是禽兽，人与动物区分的标准是什么，人类社会与动物世界又有怎样的区别，这些问题直接关系到中国古人对"文明"的理解，也直接关系到对社会的认识。

《尚书·舜典》："濬哲文明，温恭允塞。"《易·乾·文言》："见龙在田，天下文明。"这里所说的"文明"都是强调以德修心，正像商周金文的"文"字所呈现的心斋形象一样，文明则是内心德养之后所呈现的礼容[①]。《礼记·曲礼上》："鹦鹉能言，不离飞鸟，猩猩能言，不离禽兽。今人而无礼，虽能言，不亦禽兽之心乎。"《诗·鄘风·相鼠》："相鼠有皮，人而无仪！人而无仪，不死何为！相鼠有齿，人而无止！人而无止，不死何俟！相鼠有体，人而无礼！人而无礼，胡不遄死！"显然，心的修养其实是成就人最关键的活动。事实上，对于何以为人的标准，人类学家和中国古代的思想家有着完全不同的认识，人类学家习惯从体质的变化和脑容量的大小来决定人，譬如能否直立行走，手脚是否分工，脑容量达到了怎样的指标，是否有能力制造工具等，而中国古代的思想家则不然，他们并不以为上述指标足以区别人与禽兽，而更注重人的社会意义，更强调人的内心修养，因此这一思考也更为深刻。他们以身心的修养为人兽之分的唯一标准，只有心怀道德的人才能成就人，从而与动物相区别，而人类社会的形成则更强调道德体系、知识体系和典章制度的建立，只有使相关的制度完善，人类社会才可能与动物世界相区别。以德养心，以德润身，才能造就真正的人。所以古人以"人"读为"仁"[②]，体

[①] 拙作：《文明以止——上古的天文、思想与制度》第一章，中国社会科学出版社2018年版。

[②] 《说文·儿部》："儿，仁人也。"古文字"人"与"儿"同为一字，隶变而分作两形。

现的正是通过语音传达怀仁者为人的道德诉求,这当然是一种非常优秀的思想。显然,社会的文明首先就是人的文明,这是中国古人对文明的基本认知。

人是社会的基本分子,因此,人具有怎样的人格直接决定了将会建立怎样的社会关系。《礼记·冠义》:"凡人之所以为人者,礼义也。礼义之始,在于正容体,齐颜色,顺辞令。容体正,颜色齐,辞令顺,而后礼义备。以正君臣,亲父子,和长幼。君臣正,父子亲,长幼和,而后礼义立。"事实很清楚,成就人的活动也就是建构社会秩序的活动,礼仪有所措,则社会关系便可井然有序。

二 从胎教开始的人格塑造

传统认为,成就人的过程其实就是对人性与人格的塑造过程,这个工作必须从胎教开始有步骤地进行,通过各种具有实质内涵的教育,塑造童蒙的心智与人格,使之成长为有道德的人。《大戴礼记·保傅》记古之胎教制度云:

《青史氏之记》曰:古者胎教,王后腹之七月,而就宴室。太师持铜而御户左①,太宰持斗而御户右。比及三月者,王后所求声音非礼乐,则太师缊瑟而称不习。所求滋味者非正味,则太宰倚斗而言曰:"不敢以待王太子。"太子生而泣,太师吹铜曰:"声中某律。"太宰曰:"滋味上某。"然后卜名,上无取于天,下无取于墬,中无取于名山通谷,无拂于乡俗,是故君子名难知而易讳也。此所以养恩之道。

在中国的传统文化中,对于培养塑造一个人性健全的人,从坐胎开始就已纳入完善的制度之中,故胎教之制古已有之。胎教即家庭教

---

① 经文"太师"本作"太史",卢辩《注》:"太史,瞽者,宗伯之属,下大夫。"王聘珍《解诂》:"'史'当为'师'。"

育的开始，当然也直接关系到受教者社会化性格的形成，故审慎严格，一丝不苟。王后妊娠七月必居侧室，女史皆以金环止御，闭房而处。太师持律管侍之于左，太宰掌食侍之于右。至生子之月辰，王后有求淫声或反时之食，必不应给。新生儿降生而泣，太师据以定阴阳之律，太宰据以定四时之味，然后依制而名之，其谨严如此。

《保傅》又云："周后妃任成王于身，立而不跂，坐而不差，独处而不倨，虽怒而不詈，胎教之谓也。"卢辩《注》："大任孕文王，目不视恶色，耳不听淫声，口不起恶言，故君子谓大任为能胎教也。古者妇人孕子之礼，寝不侧，坐不边，立不跸，不食邪味，割不正不食，席不正不坐，目不视邪色，耳不听淫声，诵声，道正事，如此则生子形容端，心平正，才过人矣。任子之时必慎所感，感于善则善，感于恶则恶也。"坐胎是人生的开始，故端正人伦性情也必始于此。

三　幼仪培养

新生命降临后遂知男女之别，由于男女生理条件的差异，以及父权社会的基本要求，社会对于男女未来成就的期许也自有分别，必须通过相应的形式加以表现。《礼记·内则》所记者可举其例如：

> 子生，男子设弧于门左，女子设帨于门右。三日，始负子，男射，女否。……射人以桑弧蓬矢六，射天地四方。
> 三月之末，择日剪发为鬌，男角女羁，否则男左女右。
> 能言，男唯女俞。男鞶革，女鞶丝。

郑玄《注》："表男女也。弧者，示有事于武也。帨，事人之佩巾也。桑弧蓬矢，本大吉也。天地四方，男子所有事也。鬌，所遗发也。夹囟曰角，午达曰羁也。"朱彬《训纂》："《说文》：'鞶，大带也。《易》曰："或锡之鞶带。"男子带鞶，妇人带丝。'陈用之曰：'古者革带、大带皆谓之鞶。'《内则》所谓'男鞶'，革带也。《春秋传》所谓'鞶厉'，大带也。扬子言'鞶帨'，许慎、服虔、杜预皆以鞶为带。"古以男儿志在四方，有保家卫国之责，故接子而以桑弧蓬矢射天地四方；① 女儿于他日将具柔顺事人之天职，故悬佩巾于门右，以象阴柔之道。三月之后，择吉日为孩子理发，留下部分胎发，男儿留下头顶两旁的头发，好似牛角，女儿头顶上纵横各留一条头发，十字相交。或男儿于头顶左边留发，女儿在头顶右边留发。及长能言，教以应答大人的叮嘱和教导，男儿以"唯"恭敬应答，女儿以"俞"婉顺应诺。身所系带，男儿系革以显武事刚毅，女儿系丝以见女红婉柔。凡此皆在强调两性的分别。

对儿女的教育既是家庭伦理的培养，也是社会秩序的规范。父母对儿女的期望从其为儿女的命名开始。《礼记·内则》云：

> 三月之末，……父执子之右手，咳而名之。……凡名子，不以日月，不以国，不以隐疾。大夫士之子，不敢与世子同名。

《说文·口部》："咳，小儿笑也。从口，亥声。孩，古文咳，从子。"故知古之命名制度，于儿女出生三月，父执其右手，待小儿笑时命之，以完成父子之间的交流，并以所命之名寄托父母对儿女的期许。

对儿女的教育巨细靡遗，《内则》又云：

> 子能食食，教以右手。
>
> 六年，教之数与方名。七年，男女不同席，不共食。八年，出入门户及即席饮食，必后长者，始教之让。九年，教之数日。十年，出就外傅，居宿于外，学书计。衣不帛襦袴。礼帅初，朝夕学幼仪，请肄简谅。十有三年，学乐，诵《诗》，舞《勺》。成童，舞《象》，学射御。
>
> 女子十年不出。姆教婉、娩、听从，执麻、枲、治丝、茧、织纴、组、紃，学女事，以共衣服。观于祭祀，纳酒浆、笾豆、

---

① 何以必用桑弧蓬矢，参见拙作《丧、噩考——丧礼的形成及其意义》，《中原文物》2018 年第 1 期。

菹醢，礼相助奠。①

据此可知，儿女六年通识以一十百千万之数与四方之名，七年始示以男女之别，八年明让以知廉耻，九年教以朔望与六十甲子。至十年男女异教，男儿日居夜宿于外，就师而习六书九数之学，是即"书计"。俭素衣着，以防奢侈，不忘初学之长幼之礼，学习务求扎实，不尚滥多，是谓"简"；不尚虚浮，是谓"谅"。十三年而学乐、射、御，乐在明德，射既在健体，也重养德，御则培养处事之驾驭能力。《周礼·地官·保氏》："保氏掌谏王恶，而养国子以道，乃教之六艺，一曰五礼，二曰六乐，三曰五射，四曰五驭，五曰六书，六曰九数。乃教之六仪，一曰祭祀之容，二曰宾客之容，三曰朝廷之容，四曰丧纪之容，五曰军旅之容，六曰车马之容。"明古之孩童教育，重在德养，全面而具体。

男女之别体现于男女之教，男儿于十岁后外出就学，习六艺之事，为其后成就社会责任而准备。女子则养在深闺，专习妇德妇功，并观摩学习祭祀礼仪，以备将来参与助祭之事。这些不同的教育内容因男女而异，自然为社会的分工奠定了基础。

四　榜样的感化

社会是人类得以生活的环境，人自出生开始，就置身社会组织之中，难以脱离社会而独居，这意味着社会自有规定其成员行为方式和价值观念的作用。人类必须通过不同程度的社会化教育，才能逐渐培养而形成社会所赞许的行为模式和价值判断[2]。所以在人类社会化教育的过程中，榜样的作用是至关重要的，其不仅可以为他人树立范式标准，甚至可以借此建立特殊的自我形象[3]。《大戴礼记·保傅》云：

---

① （元）陈澔注，金晓东点校：《礼记》，上海古籍出版社2016年版，第334页。
② 沙依仁：《人类行为与社会环境》，台湾五南图书股份有限公司1983年版，第381页。
③ 林素英：《古代生命礼仪中的生死观》，文津出版社1997年版，第20页。

昔者周成王幼，在襁褓之中，召公为太保，周公为太傅，太公为太师。保，保其身体，傅，傅之德义，师，导之教训，此三公之职也。于是为置三少，皆上大夫也，曰少保，少傅，少师。是与太子宴者也。故孩提，三公三少固明孝仁礼义，以导习之也。遂去邪人，不使见恶行。于是比选天下端士、孝悌闲博有道术者，以辅翼之，使之与太子居处出入，故太子乃目见正事，闻正言，行正道，左视右视，前后皆正人。夫习与正人居，不能不正也，犹生长于楚，不能不楚言也。故择其所嗜，必先受业，乃得尝之；择其所乐，必先有习，乃得为之。孔子曰："少成若天性，习贯之为常。"此殷周之所以长有道也。

三公以孝仁礼义教导成王而化之成俗，天下端士及孝悌闲博有道者辅翼成王而纯化其德，目的皆在强化成王的行为标准，使其从对仁孝礼义的被动遵循，到认同仁孝礼义行为的社会意义，并最终内化为自己的行为特质，完成个人行为标准和价值观的塑造。显然，这种人格塑造的过程也即体现着人格社会化的完善过程，其思想之深邃于此可见一斑。

五　冠礼成人与三加弥尊

幼仪初成，身体健硕，心智也逐渐稳定，方可成人而行冠礼。然而必须强调的是，礼仪社会中的冠礼与早期部落社会的成年礼根本不同，成年与成人虽仅一字之差，意义却有天壤之别，成年礼着重强调体格的成熟，而成人礼则注重精神意义和社会价值的认定和赋予[①]。

冠礼作为成人礼，标志着人从家庭步入社会的重要转折，这种转变需要通过相应的仪式加以表现，以求明确自己在这一重新确立的社会关系中的位置以及其所必须承担的社会责任。《礼记·曲礼上》云：

---

① 徐福全：《成年礼的渊源与时代意义》，《台北文献》1991 年第 95 期。

> 人生十年幼，学；二十曰弱，冠。

又《礼记·冠义》云：

> 冠者，礼之始也。是故古者圣王重冠。

冠礼为礼之始，实际讲的是人生新阶段的开始，经行冠礼之后，人才能正式参加家庭以外的各种社会活动，从一名家庭成员变为社会成员，其重要性不言而喻，所以对于行礼的日期及加冠的人选，都要经卜筮决定，以求慎重。《礼记·冠义》："古者冠礼筮日筮宾，所以敬冠事。敬冠事，所以重礼。重礼，所以为国本也。"足可见冠礼于家于国的重要。

成人作为社会的成员，肩负着不同的社会责任，也就自应有着不同的服装，而有别于童子随意所着的"采衣"。成人之服以衣裳加冠配合成套，且以冠为至尊。《礼记·问丧》："冠，至尊也。"因此冠礼需请所卜之宾担任最后的加冠仪式。冠礼仪程，三加弥重，每次加冠之前，宾有祝词，表达劝勉及祝福之意。因三次冠服各异，故祝词也各具含义。《仪礼·士冠礼》云：

> 始加，祝曰：令月吉日，始而元服，弃尔幼志，顺尔成德，寿考惟祺，介尔景福。

《礼记·玉藻》云：

> 始加缁布冠，自诸侯下达，冠而敝之可也。

首加缁布冠，并告诫受冠者捐除童稚之心，遵循社会道德和标准行事，并将在家庭教育中所培养的人格和道德运用于社会。遂加冠以明其士的身份及享有治人的权力，自此便有资格领导群伦，管理众人，在社会中扮演相应的角色。

《仪礼·士冠礼》云：

> 再加，曰：吉日令辰，乃申尔服，敬尔威仪，淑慎尔德，眉寿万年，永受胡福。

《白虎通义·绋冕》云：

> 皮弁者，……上古之时质，先加服皮，以鹿皮者，取其文章也。……战伐田猎，此皆服之。

再加皮弁，是为戎装。祝词告诫受冠者"敬尔威仪，淑慎尔德"，以威仪德性相期勉，然后加以象征武德的皮弁，目的在于彰著受冠者肩负有保家卫国的责任，故更尊于缁布冠。

《仪礼·士冠礼》云：

> 三加，曰：以岁之正，以月之令，咸加尔服，兄弟具在，以成厥德，黄耇无疆，受天之庆。

《白虎通义·绋冕》云：

> 爵弁者，周人宗庙，士之冠也。

《礼记·杂记上》云：

> 大夫冕而祭于公，弁而祭于己；士弁而祭于公，冠而祭于己。

三加爵弁，实为祭服，受冠者自此便具有了上可助祭天子、诸侯，下主宗族祭事的资格，其体现之思想相当深刻。事实上，人类社会之所以成为社会，关键原因即在于人的存在，那么家之所以为家，族之所以为族,也当然都是因为人的存在,因此无论家庭、宗族和社会,都以人的繁盛为最终的目的,这使人成为天地之间最尊贵者。《说文·人部》"人,天地之性最尊贵也"就是这种思想的反映。"兄弟具在"代表着家族的繁盛和亲睦,这当然是对生命的期许;而成就德性与终享天寿息息相关,《韩非子·解老》:"行端直则无祸害,无祸害则尽天年,……尽天年则全而寿。"德全者而寿终,故可升天为神,周人称之为"前文人"。因此,"受天之庆"既言天神降赐福祚,也在强调升天之文德祖先对子孙的保佑,这体现了对生命延续的冀盼,更有对祖先的虔敬奉祀。故古礼祭天以祖相配,皆主生养。《礼记·郊特牲》:"万物本乎天,人本乎祖,此所以配上帝也。"所以,祭天敬祖成为于国于家最重大的事情。显然,三加爵弁彰著受冠者具有主祭的资格,并将承担起无可推卸的家国重任。

于此可以发现,冠礼之三加所体现的社会意义与人生价值一次重于一次,首加缁布冠,以明其从家庭走向社会而具有的治人治事之责;次加皮弁,以明其保家卫国之责;终加爵弁,以明其祭祀之责。古以"国之大事,在祀与戎"①,知祀、戎为大事,而祀更重于戎。《礼记·冠义》:"三加弥尊,加有成也。"《礼记·郊特牲》:"三加弥尊,喻其志也。"俱道此理。

六 命字的社会意义

加冠仪式之后,行冠之嘉宾还得为受冠者取命表字,以作为受冠者步入社会后的称名。人落生三月乃由父亲为儿女取名,故名只能为家人所称。而当其成人后步入社会,他人不可以直呼其名,所以必须重新为其取一个供社会交往时相称的称谓,这就是字。字既然由家庭成员之外的人来称呼,因此也就必须由家庭成员之外的人来命取,这便是在行冠之后由嘉宾为受冠者取字的原因。《礼记·曲礼上》云:

---

① 《左传·成公十三年》。

男子二十冠而字。父前子名，君前臣名。女子许嫁笄而字。

《礼记·冠义》云：

己冠而字之，成人之道也。

《仪礼·士冠礼·记》云：

冠而字之，敬其名也。

很明显，古人取字是一项既特殊又重要的仪节，目的在于敬其名而便于他人相称，这既体现着成人之道，当然更是相应的社会关系得以建立的表征。

《白虎通义·姓名》云："人所以有字何？所以冠德明功，敬成人也。"古人以自我称名，旨在敬父母以真实，而他人称字，意则在敬重其名。这种关系一旦确立，人的社会化特征也即随之而形成。古人取字以代替名，目的是为满足社会交往的需要。而字与名的意义多相关联，使人闻字即可知名，从而提升了彼此礼敬的诚意，加重了自我自重自爱的要求。

七　成人与治人

成童在十五岁以上，虽开始学习舞《象》和射、御，但仍然不能算作一个合格的人。至二十始系统学礼，方为成人。《礼记·内则》云：

二十而冠，始学礼，可以衣裘帛，舞《大夏》，惇行孝弟，博学不教，内而不出。三十而有室，始理男事，博学无方，孙友视志。四十始仕，方物出谋发虑，道合则服从，不可则去。五十命为大夫，服官政，七十致事。

自冠礼成人之后，学习并没有终止，人步入社会，服务社会，学习也便有了更切实的要求。人于行冠之前后，身份大有转变，冠前仅为家庭成员，冠后则为社会之分子；冠前但学幼仪，冠后则遍学乡国之通礼；冠前不帛襦袴，冠后则有裘帛之盛服；冠前但学小舞，冠后则学《大夏》之大舞；冠前已知孝弟，冠后则益惇笃而行之，而责以为人子、为人弟之全行。盖成人之礼与大学之教，自二十而始。其虽为学，广见博闻以穷理，而善未可以及人，此即"博学不教"。多识前言往行以畜德，而才未可以经世，此即"内而不出"。盖初进乎大学之事，但其德其术犹未成也。至其成家有室，始服务社会，敬业而博学，乐群而谦逊。四十为官任事，是非利害，轻重缓急，皆辨析分明，道同则谋，不同则去。如此才可能加官晋爵，至七十而致事。

古人对于人格的培养并非仅关注智力的开发，而主张智商与情商的共同塑造，这是对健全人格的起码要求，也是健康社会的根本保证。《礼记·学记》云：

> 古之教者，家有塾，党有庠，术有序，国有学。比年入学，中年考校。一年视离经辨志，三年视敬业乐群，五年视博习亲师，七年视论学取友，谓之小成。九年知类通达，强立而不反，谓之大成。夫然后足以化民易俗，近者说服而远者怀之，此大学之道也。

很明显，对于社会化意义的乐群、亲师、取友乃是人格塑造的关键内容。至于学习方法和学习步骤，《学记》也有详细的阐释。这些描述对于培养健全的人格极有成效，从而最终实现化民易俗的社会化目标。

从胎教开始的所有教育，目的当然只有一个，那就是为了培养社会的人，使人成就为人而更好地融入社会。正因如此，人的培养必须着重其社会道德、社会意识与社会公认的行为准则的塑造，原因很简单，中国文化一贯主张群体的和谐，合群必须乐群，这意味着群体的和谐实际也就是社会的和谐，所以人只有被群体所接受，被社会所认可，才可能实现个人的价值，这是要求每个人都必须遵守社会规范的重要原因。

冠礼卜宾而行，加冠取字皆出于宾，正是借此强调其社会化意义。名由父母称之，为家庭内部的称谓，而字为社会交际的称谓，也在彰显人的社会化意义。《礼记·冠义》云：

> 见于母，母拜之，见于兄弟，兄弟拜之，成人而与为礼也。玄冠玄端，奠挚于君，遂以挚见于乡大夫、乡先生，以成人见也。成人之者，将责成人礼焉也。责成人礼焉者，将责为人子、为人弟、为人臣、为人少者之礼行焉。将责四者之行于人，其礼可不重与？故孝、弟、忠、顺之行立，而后可以为人，可以为人，而后可以治人也。故圣王重礼。故曰："冠者，礼之始也，嘉事之重者也。"是故古者重冠。重冠故行之于庙，行之于庙者，所以尊重事。尊重事而不敢擅重事，不擅重事，所以自卑而尊先祖也。

此于冠礼所具有的社会意义阐述得非常明白。人性人格塑造的完成便是成人的标志，而成就为人才有资格治人。成人者必须融洽家庭与社会的各种关系，而融洽这些关系意味着其有能力协调这些关系。显然，中国传统社会对人的培养与人格的塑造，其目的实际在于健全治人者的人格，意义自非浅显。

八 结语

民族的自信和文化的自信不是靠口号就可以建立起来的，民族的自信源于文化的自信，而文化的自信则源于我们对己身文明的系统了解与正确认识，没有对自己文化的了解，文化的自信与自觉是不可能产生的，因此，重拾己身文明对于重建文化自信具有至关重要的意义，而重拾学科的自信也必须从重拾自己的文化开始。

中国社会学的学科自信当然也必须从对中国古代社会的研究开

始，没有对古代社会详确而微的认识，学科自信就只能是一句空话。格物致知的认识论告诉我们，中国社会学是建立在中国古今社会上的学科，研究者应该抛弃成见，客观地研究传统史料和现实社会的问题，最终形成中国社会学独立的学术理论和学科体系。

附记：2019年9月7—9日，中国社会科学院社会政法学部举办"学科自信：走进世界的中国社会学"学术研讨会，这也是景天魁先生的荣休庆典，在此我谨向景先生对中国社会学的贡献表示由衷的钦佩和崇高的敬意。古制七十为老，故七十而致事。今人天享九十已不为稀，所以致事的年龄适当延后应是今日中国社会学研究的问题。而就致事制度的内涵而论，以古为鉴也很有意义。西周的致事制度有一项重要内容，就是必须明确致事者的官事或衣钵传人，并通过燕私礼来实现这种传承，由于燕私礼主要是饮酒，所以致事者要亲自制作一件酒器，并将其亲授传人。这虽是西周社会的制度，但也可以成为今日中国社会学研究的内容。事实上，对中国文化这些基本问题的关注和研究无疑直接关系到重建中国社会学的学科自信。

2019年12月19日写于尚朴堂

中国社会学学科自信之源

洪大用　曲天词[*]

社会学作为对中国哲学社会科学发展起着重要支撑作用的一个学科，在中国已经有一百多年的发展历程。特别是自 1979 年恢复重建以来，中国社会学在学科建设、科学研究、人才培养和社会服务等方面取得了显著进展，已经成为影响广泛并日益制度化的学科。在此发展过程中，我们的学科自信日益增强，形成了持续创建中国特色社会学并扩大其国际影响力的重要心理基础。具体来讲，社会学的学科自信之源有以下几个方面。

第一，学科自信源于我们对于西方社会学的"去魅"，这是长期文化和学术交流的一个客观结果。近代中国，在西方列强坚船利炮打击之下，西学东渐，我们经历了深刻的文化震惊，对西方学术思想抱有某种新奇和敬畏，对自身学术传统则产生某种程度的自卑，以西学为师甚至全盘西化的学术风气盛行。现代社会学在中国的发展最初就是翻译和移植西方社会学，甚至这样一种潮流在改革开放恢复重建社会学的过程中也曾有过突出表现。但是，随着对外开放日益扩大、国际交流日益深入，在数代学人的不懈努力下，我们对西方社会学的了解日益全面深入，不再有简单的迷信和崇拜，更多地表现为越来越理性的对话交流。我们已经非常明确社会学的本质就是关于社会的一种学说，是用科学的方法来探究社会现象规律性

---

[*] 洪大用，中国人民大学社会学理论与方法研究中心教授；曲天词，中国人民大学社会与人口学院博士研究生。

的一门经验性学科。对于这样一种学科的建设，我们有自己的文化资源和实践基础，我们可以做到有自信的"平视"，而无须仰视和盲目崇拜西方社会学。

第二，学科自信源于我们对西方社会学自身不足的不断认识。随着对西方社会学学习研究的不断深入，我们不仅越来越多地认识到其所谓价值中立的理论原则、西方中心论的理论立场、要么强调个人要么强调社会的两极化理论思维、对西方社会本质上的非批判理论态度、过分强调实证主义的方法论、关于社会发展和现代化的线性对立思维等内在局限，而且对其在密切联系并有效回应当代全球变化、解释和指导发展中国家的发展等方面的不足也有了更加深入的认识。现有的西方社会学，不仅在解释包括中国在内的发展中国家的崛起方面显得捉襟见肘，其对技术进步、环境变化、全球社会和全球挑战的回应也是比较老套、苍白的。西方社会学不是包治百病的万能药，知其优势、析其不足，是我们更加自信地发展中国社会学的又一依据。

第三，学科自信源于中国社会学的不断积累和快速发展。中国社会学自身取得的显著进步是我们增强学科自信的重要源泉。一百多年来，一代代学者持续跟踪西方社会学的发展进程，研究和翻译西方社会学的理论与知识，开阔我们的学术视野。一些有识之士不断推动社会学的中国化，面向中国实践，扎根中国大地，创造以人民为中心的社会学，取得了显著成果。其中，李景汉、潘光旦、吴文藻、吴景超、费孝通、雷洁琼、陆学艺、郑杭生等先生，都做出了杰出贡献。差序格局、皇权与绅权、小城镇发展、"三农"问题、社会运行、社会转型、社会建设、社会治理等，已经成为中国社会研究的重要概念和理论工具。中国特色社会学正在开放包容的基础上走向成熟。与此同时，我们对中国社会学史、中国社会思想史的研究也在不断加强，特别是景天魁先生团队基于中国学术思想对中国社会学发展历程的自觉整理具有开创性意义。这些研究促进了社会学与中国文化的融合，夯实了中国社会学持续发展的根基。

第四，学科自信源于中华优秀传统文化的博大精深和持续坚韧的生命力。社会科学总是植根于特定的文化传统，并受这种传统的滋润和影响。优秀的文化能够提供丰富的智慧和深厚的价值，支撑并引领社会科学持续发展。当今世界上，中华文化是唯一连续发展不曾间断的活文化。自强不息、厚德载物、民胞物与、实事求是、与时俱进、开放包容等，都是中华文化的核心精神。正是在这些精神的指引下，中华文化总是在社会与环境的发展变化中不断丰富自己、发展自己，形成了独具特色的关于个人、家庭、社会、组织、制度、福利、国家、发展等方面的丰富思想。对于中华优秀传统文化的深入发掘和传承弘扬，实现创新性发展和创造性转化，必将焕发中国社会学的勃勃生机，彰显中国社会学的鲜明特色。

第五，学科自信源于中国人民在社会变革实践中的伟大创造。一百多年来，我国从一个备受欺凌、积贫积弱的国家，日益发展为世界第二大经济体，深刻改变了世界格局。这是党尊重人民首创精神，领导广大人民努力奋斗，在实践中创新，在创新中发展的结果。中国发展所创造出的道路与模式，既不是简单延续中华历史文化的母版、套用马克思主义经典作家设想的模板、其他国家社会主义实践的再版，也不是国外现代化发展的翻版，而是具有鲜明中国特色的实践创造。实践是理论创新的源泉，伟大实践呼唤和催生伟大理论。只要我们不断强化实践自觉，直面中国社会巨变，在中国变革自身的逻辑中寻找理论灵感，我们一定能够创造出更加成熟的新时代的中国社会学，并为世界社会学发展作出贡献。

第六，学科自信源于我们始终坚持马克思主义指导，特别是坚持以马克思主义中国化最新成果为指导。马克思主义深刻揭示了社会的起源、结构、运行和发展演变规律，并体现了鲜明的以人民为中心的立场，正是马克思主义的指导使得社会学成为一门真正的科学，并彰显出其实践性、辩证性、批判性和开放性。习近平新时代中国特色社会主义思想从理论和实践结合上系统回答了新时代坚持和发展什么样的中国特色社会主义、怎样坚持和发展中国特色社会主义这个重大时代课题，内涵丰富，博大精深，是马克思主义中国化最新成果。只要我们在学术实践中坚持以习近平新时代中国特色社会主义思想为指导，增强"四个意识"，坚定"四个自信"，我们就会更加坚定学科自信，更有成效地推动中国社会学取得兼具中国特色与世界影响的新发展。

（原载《中国社会科学报》2019年12月18日第A05版）

追根溯源：中国社会学的自信追求[*]

刘少杰[**]

追根溯源是各个学科确立学科自信的基本学术行为，在文、史、哲和政、经、法等学科中都能看到这样的学术研究与学术追求。"西方学术言必称古希腊，中国学术言必谈先秦"，说的就是这种承继传统、追溯根源的学术风格。令人遗憾的是，这种学术风格在当代中国社会学研究中却日益淡薄。

中国社会学对学术源头也有追问，且有一些关于中国社会学史、西方社会学史的研究，但其局限性是十分明显的。谈西方社会学，中国学者大多从孔德开始；而谈中国社会学，通常从20世纪二三十年代开始，把从西方留学回来的一些青年学者的社会调查或社会学研究看作中国社会学形成和发展的起点。

无论是对西方社会学的认识，还是对中国社会学自身的认识，中国社会学都表现了一种明显的自我限制。正是这样的认识，使中国社会学的学术视野、学术研究和理论自觉都形成了严重的局限。并且，中国社会学既未能对实证社会学传统之外的其他社会学传统或流派做深入研究，也没有在悠久的中国学术史中发掘中国社会学自己的学术传统或学科源流。中国社会学在学术史或学科史上的这种自我限制，是学科不自信的突出表现。

---

[*] 本文系教育部人文社会科学重点研究基地重大项目"中国网络社会的现实基础、本土特色与运行模式研究"（19JJD840003）阶段性成果。

[**] 刘少杰，安徽大学讲席教授，教育部人文社会科学重点研究基地中国人民大学社会学理论与方法研究中心主任。

▶▶▶ 中国社会学学科自信

虽然中国社会学者这些年不断讲学科自信、理论自觉、学术创新，但如果不对中国社会学的历史演化、来龙去脉，以及对西方各种学术传统或学术流派做深刻的反思和清楚的梳理，学科自信和理论自觉就可能流于空谈。因为对西方社会学短视而片面的认识，不仅间隔了古希腊、中世纪和近现代西方社会思想史对西方社会学深远而直接的影响，并且也忽视了孟德斯鸠、卢梭、马克思等人在西方社会学中的地位和贡献，淡化了对流派众多、内容十分丰富的非实证社会学思想理论和方法原则的研究。

在社会学的大学课堂上，以孔德、涂尔干等人为代表的实证社会学是西方社会学理论课的主要内容。其实，如果放开视野看西方社会学，我们看到的西方社会学，不仅仅是孔德、涂尔干、帕森斯等人的我们熟悉的社会学理论，还有大量非实证社会学思想理论在我们的视野之外，很多大学的课堂上不介绍马尔库塞、哈贝马斯、列斐伏尔、福柯、鲍德里亚等人的思想观点，而他们都是在20世纪产生了广泛影响的社会学家。因此，我们对于西方社会学的研究和介绍是明显有限的。

关于中国社会学的认识则具有更加明显的近视性或狭隘性。仅仅关注从西方社会学移植而来的思想理论，这在关于中国社会学百年历史的研究中，是一个普遍表现。前几年国内出版了一些关于中国社会学史的著作，但这些著作通常以西方社会学思想理论在中国的传播和应用为主要内容，轻视了中国学术传统在社会学研究中的承继与发扬。中国社会学研究缺少深厚的历史感，缺乏关于中国学术传统对社会学重要影响和深远意义的研究与认识。离开本民族的思想源流和学术底蕴讨论学科自信和理论自觉，通常会流于空谈，至多不过是表达了一种理想意愿，没有真正触及学科自信和理论自觉的根基。

景天魁把中国社会学的源头追溯到先秦，具有重要的理论意义和学术价值。社会学与其他学科一样，就学科化而言都是在近现代实现的，但大部分学科没有把自己的历史局限在近现代。无论是关于中国学术史还是关于外国学术史的研究，都可以看到关于古代哲学、古代文学、古代法学、古代经济学和古代政治学等方面的大量著述，而唯独关于中国社会学学术史的研究，看不到古代社会学，这是中国社会学对自身发展演化史的缩减与切割。

中国近现代社会学家对中国古代学术已经给予了高度重视，严复、康有为、梁启超等人都论述了具有悠久历史的中国古代群学。在他们看来，群学就是中国的社会学。严复的合群进化论、梁启超的群术治群论，都明确地从群学的角度展示了中国社会学的传统和风格。梁漱溟和费孝通等人也充分论述了儒学对中国社会结构、生活方式、行为方式和思维方式的影响。事实上，群学或儒学对中国社会的教化作用，已经深深印记和蕴含在中国社会之中。置先秦以来的中国群学和儒学思想于不顾而去理解中国社会，难免会走向浅薄、趋近平庸。而把以荀子为代表的先秦群学作为中国社会学的最初形态，有充分的学术史根据。景天魁和他的研究团队对中国古代社会学开展了艰苦的学术探索，深入论述了群学的历史演化，对合群、能群、善群、乐群等一系列群学思想理论做出了充分阐述。

景天魁推进的群学研究的宏阔视野和深远意义在于：第一，勇开当代中国社会学学术新风，坚定地突破了社会学研究的传统局限，以充分的文献根据和深入的理论分析，向国内外展示了先秦群学是中国社会学的第一形态；第二，系统梳理了先秦以来中国社会学的历史变迁、学派分化和思想发展，中国社会学没有这样的功夫就难以达到学术自信和理论自觉；第三，为当代中国社会学承继传统、形成特色作出了重要贡献，从学术底蕴和思想理论等方面增强了学术自信和理论自觉；第四，对在传统与现实，理论与经验的复杂关系中，清楚认识和理解中国社会的历史变迁，具有重要的学术价值和现实意义。不知古，则必俗。只有对中国历史有从概念、理论上的明确认识，才能清楚揭示中国社会矛盾、回答社会发展的重大现实问题。

（原载《中国社会科学报》2020年3月10日第A03版）

"群学"的归属:"社会思想"还是"社会学"

谢立中[*]

近年来,景天魁明确提出中国古代存在一种完全源自本土思想、后来被严复等人称为"群学"的社会学系统,并将这一社会学系统称为"中国本土社会学"。在《中国社会学:起源与绵延》等著述中,他从基本概念、基本命题和基本特征等方面对这一"中国本土社会学"进行了系统论述,指出它在研究对象、研究方法、研究视角和研究目的方面都与西方社会学形成了鲜明对照。由此,可以预期,在未来参与塑造世界新文明的过程中,中国社会学必将凸显出独特的学术优势。毋庸置疑,景天魁对中国古代"群学"思想系统所做的归纳,对于我们理解中国古代学者关于"群"或"社会"的思想或学说显然具有很高的启发性和参考价值。但也正如他所担忧的那样,可能引发争议的问题在于,中国古代学者提出的这一套关于"群"或"社会"的思想或学说,到底应该称为"中国(本土)社会学"呢,还是应该称为"中国(古代)社会思想"?

对于这个问题,当今中国社会学界流行的观点认为,中国古代学者提出的上述关于"群"或"社会"的思想、学说只能称为"中国古代社会思想",而不能称为"中国本土社会学"。而景天魁等人则明确认为,中国古代学者提出的上述关于"群"或"社会"的思想、学说不能只称为"中国古代社会思想",只放在中国古代社会思想史

---

[*] 谢立中,北京大学社会学系教授、教育部"长江学者"特聘教授。

的课程中加以叙述，而应该称为"中国本土社会学"。其主要理由是：第一，严复、梁启超等人都已经明确肯定"群学"是一种历史性的存在。第二，不能单纯以西方现代科学的标准来界定"学"的含义。"学科标准"是相对的，不具有唯一性，只要是关于社会的学说都可以称为"社会学"。第三，只有立足于自己的历史基础，才能真正实现中国社会学的崛起。

在笔者看来，这里的关键乃在于对"社会学"一词中"学"字含义的不同解读上。对于认为中国古代学者提出的关于"群"或"社会"的思想、学说只能称为"中国古代社会思想"的许多人来说，"社会学"一词中的"学"字指的是现代西方实证科学意义上的学说，其核心特征是以所谓确定无疑的客观经验事实来对知识的可靠性进行检验，凡不符合该核心特征的知识就不属于现代"科学"。而景天魁指出，不能将"社会学"一词中"学"字含义仅仅限定在西方实证科学的意涵上，而应该泛指一切"学术""学问"。笔者认为，对于这两种不同的"社会学"概念，我们可能没有一种公认的办法或理由来断定它们之间的是非对错。我们既没有什么公认的理由来说明为什么不能把所有形式（而非现代西方实证科学形式）的有关"社会"的思想、学说都称为"社会学"，也没有什么公认的理由来说明为什么不可以只把"社会学"一词限定用于那些现代西方实证科学形式的有关"社会"的知识上。这两种"社会学"概念不仅各有自己存在的理由，而且各有自己的价值和意义。第一种"社会学"概念将"社会学"的"学"界定为一种与神学和形而上学知识不同的知识体系（实证科学），有利于我们意识到作为现代实证科学的社会学与以往神学、形而上学体系中关于社会的那些知识之间的区别，从而自觉地去追求这种被认为具有高度客观性的实证科学知识。如果我们将"学"笼统地、泛泛地界定为"学术""学问"，就难以发现这些区别。第二种"社会学"概念则让我们把眼界扩展到更为长远的时间段和更为宽阔的思想领域中去，把神学、形而上学等各种不同形式的知识系统中有关"社会"的内容囊括到"社会学"中来，使我们可以更为全面地打量不同地区、不同文明世界里形成的"社会学"知识之间的同和异。例如，以这种"社会学"概念为基础，我们不仅可以将"中国社会学"的源头延伸到荀子的"群学"和其他古代思想家那里（而非只从西方"社会学"的引进开始算起），而且同样也可以将"西方社会学"的历史从孔德向前延伸到更为古老的年代，例如苏格拉底、柏拉图、亚里士多德的时代。这样，无论是西方社会学还是中国社会学，都将拥有一部比我们今天所谓的"社会学史"更为漫长也更为完整的历史。通过对它们各自完整、漫长历史的考察，可能就能够使我们更好地看到它们各自所具有的特色，在此基础上更好地形成它们之间的会通。

不过，笔者以为，除了上述两种含义的"社会学"概念之外，其实至少还可以有另外一种含义的"社会学"概念，即将"社会学"的"学"字既不解读为任何一种形式的"学术""学问"，也不将其仅仅解读为现代西方实证科学形式上的"科学"，而是将其解读为任何一种以经验事实为基础而形成的"学术"或"学问"。正如景天魁指出的那样，即使在西方学界，对"科学"一词含义的理解也是有分歧的。虽然实证主义者将科学等同于"实证科学"，但狄尔泰等人明确地提出了"人文科学"或"精神科学"的概念，马克思主义者则提出了"辩证科学"的概念。"人文科学""辩证科学"不同于甚至反对"实证科学"，但它们并没有重返神学或形而上学，而是要在"实证科学"之外探寻一种更好的以经验事实为依据来考察和理解人类社会的科学思维模式。这就启发我们，除了西方人提出的这三种"科学"思维模式之外，以我们悠久的中华文化资源为基础，有没有可能形成一种或多种具有中国文化特色的"科学"模式？我想这或许是我们在建构"中国本土社会学"的道路上可以去尝试探索的另一个方向。

（原载《中国社会科学报》2019 年 12 月 18 日第 A05 版）

中国社会学的学科自信:"行高于知"
——以景天魁先生对群学元典的学术探索为例

冯 波*

对于每个从事哲学社会科学研究的中国学者而言,无论其处于什么位置、从事哪种职业(高校教师,或者科研机构的专职研究人员),构建中国特色社会主义新时代哲学社会科学的学科体系、学术体系、话语体系,都应该成为一种重任在肩、责无旁贷的责任和使命。"一个拥有近9000万名党员、高举马克思主义旗帜、不断开辟马克思主义新境界、自信成熟的伟大政党,没有系统完备、特色鲜明的哲学社会科学,是不可想象的;一个拥有近14亿人口、高举中国特色社会主义旗帜、日益走近世界舞台中央、自信成熟的伟大国家,没有系统完备、特色鲜明的哲学社会科学,是不可想象的;一个拥有5000多年灿烂文明、高举和平发展进步的旗帜、屹立于世界民族之林、自信成熟的伟大民族,没有系统完备、特色鲜明的哲学社会科学,是不可想象的。"[①] 当前,对于中国社会学的学科自信和中国特色社会学学科体系、话语体系的建构,中国社会学界已经形成了共识。这是知的层面。但在行的层面,还存在一定的滞后性。知不能落实到行,不能算作真知——中国社会学的学科自信不仅仅是一个理论探索的问题,更是付诸行动的问题。在这方面,景天魁先生和他带领的课题团队做出了积极的示范。

---

* 冯波,中国传媒大学文化产业管理学院社会学系教授、系主任。
① 谢伏瞻:《加快构建中国特色哲学社会科学学科体系、学术体系、话语体系》,《中国社会科学》2019年第5期。

景天魁先生关于中国社会学学科自信的理论自觉

学科自信不是自发形成的，它依赖于学术主体的自觉。1979年社会学在中国恢复重建以来，我国著名社会学家都非常重视社会学学科的自省、自觉问题。费孝通先生提出了"文化自觉"的概念，郑杭生先生非常重视中国社会学的"理论自觉"，陆学艺先生孜孜以求社会学的本土化。景天魁先生也反复强调要重视中国社会学的崛起问题。

景天魁先生认为：建构中国社会学的学术体系、话语体系，要有自己的理论。"从学科发展看，不重视中国本土的学术资源，无法解决中国的学术话语权问题。从中国社会学的历史基础，可以找到中国特色、中国风格、中国气派的基因和源头；可以找到厘清当代发展来龙去脉的头绪，找到建构新的发展逻辑的深厚根基；可以找到与西方社会学对话，并能弥补其不足的中国话语基础。……归根结底，我们必须辨识什么是中国社会学之源，对它的源流关系应该有正确理解。认定这些问题关乎中国社会学的学科定位和发展前途，并不过分。"[①] 遵循这一原则，景天魁先生近年来多次强调：荀子所开创的"群学，不仅对中国社会的发展起到了重要作用，也必将成为中国社会学崛起的历史基石"[②]。对于中国社会学的特点与优势，景天魁先生也有自己独到的见解。他认为："中国社会学（群学）的特质，是人本性、整合性、贯通性、致用性。这些特质不仅可以补西方社会学之不足，还可以在新的历史条件下发挥独特的优势。"[③]

在学术共同体内部达成共识的观点，有些未必是颠扑不破的真

[①] 景天魁等：《中国社会学：起源与绵延》（上册），社会科学文献出版社2017年版，第21、51页。
[②] 宋国恺：《群学：荀子的开创性贡献及对其精义的阐释》，《北京工业大学学报（社会科学版）》2017年第4期。
[③] 景天魁等：《中国社会学：起源与绵延》（上册），社会科学文献出版社2017年版，第11—12页。

理。例如，关于中国传统文化与现代化的关系，学术界有种观点认为：中国传统文化是传统社会的农耕文化、农业文明，不是工业文明，因此不适于现代社会。社会学是现代化的产物，与中国传统文化没有关联。针对这种带有一定普遍性的观点，景天魁先生针锋相对地指出："这样的结论，是过于简单化甚至是褊狭了。第一，尽管中国传统文化是在工业社会以前的时代形成的，但是不能由此就否认中国传统文化中包含一些'现代化的因素'。且不说中国资本主义因素的出现并不比西方晚，更重要的是中国传统文化中早就有相当成熟的平等、仁爱、贵民、中和等思想，它们与所谓现代思想是相通的。第二，不能把文化与它的时代性简单地等同起来。文化还有继承性、可积累性、可更新性等属性。"[1]

景天魁先生强调要重视西方学术界在中西问题上存在的"文化殖民""理论思维上的殖民"现象。他引用林南教授的文章指出：西方人强调标准化，目的是巩固和维护西方"公认理论的优势地位"。就中国社会学而言，我们努力去和西方社会学接轨，目的是什么？为了发展中国社会学而接轨，这应该是通常的回答。但是，首先，接轨必须是双向的，不是一方单向地去遵从另一方、消灭多元、追求单一化，不是中国向西方看齐，而是相互包容、取长补短、和而不同。其次，从时间角度看，接轨要考虑往什么时候的轨道上接。美国社会学在宏观理论、中观理论都有了之后，需要再往微观上深入探讨、建立微观理论时，才批判大理论。中国社会学的宏观大理论还没有真正确立起来，就紧跟着美国社会学的当代范式去找细微的所谓有味道的问题，没有自己的概念和理论，必然会自甘处于附庸地位。"更有甚者，一些不明就里者径直把'标准化''接轨'，当作学术性、学术水平、学术精神本身，这就谬之千里了。学术本质上是一种智力的自由创造，如果能够标准化生产，那就不是学术，顶多是制造铆钉"[2]。文

---

[1] 景天魁等：《中国社会学：起源与绵延》（上册），社会科学文献出版社2017年版，第31页。

[2] 同上书，第37页。

军教授也认为：在某种意义上可以说，西方社会学理论对非西方国家具有无可比拟的话语霸权和学术影响力。"中国社会学应该自觉摆脱这种依赖性。从理论自觉入手，找回社会学研究的学术自信和理论自信，并由此提炼出中国特色的本土理论，及时梳理和总结中国日趋稳定的社会实践，重新挖掘底蕴深厚的中华文化传统，以此建构出中国社会学本土的学术概念、话语形式以及理论框架"。①

景天魁先生和他的课题团队对社会学学科自信的有效践行

景天魁先生没有止步于对中国社会学学科自信的一般性探讨。通过梳理自荀子以来的中国社会学发展历程，景天魁先生把社会学的学科自信从认知形态落实了到学术行动中，这是景天魁先生和他的课题团队对社会学学科自信的有效践行和学术贡献所在。

社会学的源头在哪里？是孔德还是荀子？近年来，随着景天魁先生在若干次学术会议上的发问和正式发表的相关文章对此问题的系统性、理论性追问，这个问题不断纳入中国社会学人的视野之中。景天魁先生指出：中国社会学界，一提社会学，都会讲它是 1838 年孔德在《实证哲学教程》里首先创立的概念，是 1897 年严复译介斯宾塞的《社会学原理》（《群学肄言》）时才引入中国的。这固然都是事实。问题是从以上两个事实，有人直接推论：中国社会学史等于西方社会学在中国的传播史，在西方社会学传入中国以前，中国不存在社会学，西方社会学传入中国以后中国才开始有社会学。这一推论，在推理上隐藏的前提是：社会学只在西方有，中国没有。"但是，这个推理的前提被隐去了以后，就发生了一个双重的逻辑错误。第一，偷换或者掩盖了推理的前提。这个推理，只有在具备中国古代没有社会学这个前提的时候才能成立，而这一点被简单地抹去了、掩盖了，但

---

① 李阳：《坚定学术自信　讲好"中国故事"——"构建中国特色社会学学科话语体系"学术研讨会综述》，《社会科学辑刊》2018 年第 3 期。

实际上暗含一个肯定中国古代没有社会学的预设，只是没有明说。第二，即使在严复之后，这个推理如果要成立，只有中国完全照搬西方社会学、完全没有自己的创新，才能得出这个等式。这一点也不符合事实，如果是那样的话，自严复以来的一百多年我们的本土研究就什么都没做？这显然是不符合历史事实的。所以，那样一个推论——从孔德提出社会学之名和严复译介西方社会学就得出中国本来没有社会学，中国社会学史等于西方社会学在中国的传播史，有这样双重的逻辑错误。"①

通过景天魁先生及其学术团队持续的努力，探寻中国社会学的源头、挖掘其中的深刻价值所在，在此基础上构建中国社会学史，已经成为建构中国社会学学术体系、话语体系的题中应有之义。景天魁先生多次明确、强调指出：中国社会学绝不只是"舶来品"，中国社会学史也绝不只是西方社会学在中国的传播史，中国社会学有自己的起源和演进脉络。"荀子群学就是中国社会学话语体系的初始版本。以此为历史基础，才可能'在中国的土地上从头建立起一门中国自己的社会学'，才可能真正增强中国社会学的学术自觉和学科自信。"②研究群学元典的目的不是重写中国社会学史，而是为了将来——为构建中国特色社会学话语体系奠定牢固的基础。《荀子》提出了群学的合群、能群、善群、乐群四层命题，形成了最主要、最基本的群学概念体系和命题体系。这足以使荀子成为中国社会学第一人。"以是否提出了'群学'之名，是否有西方样式的专著，作为评判荀子是否创立了群学的标准，那是用现代人的'学科'概念去苛求2200多年前的古人。这就如同问荀子是否有'身份证'、群学是否注册了发明权一样。"③景天魁先生对群学元典"一线四层"的基本格局、环环相套的命题体系结构、整合—贯通的命题体系的演进逻辑进行了充分的

---

① 景天魁等：《中国社会学：起源与绵延》（上册），社会科学文献出版社2017年版，第46—47页。

② 景天魁：《论群学元典——探寻中国社会学话语体系的第一个版本》，《探索与争鸣》2019年第6期。

③ 同上。

论证。在此基础上，景天魁先生指出："既然群学不仅有自己的核心概念和基本原理，而且形成了相对独立的概念体系和相对系统的命题体系，那就不能只承认它是一种'学问'、一种'思想'，不论它是以什么样的历史形态呈现出来的，而应该承认它是一个'学科'——具有相对独立的研究对象的专门的学问。"[1] 景天魁先生不仅在理论上有认知，在实践上，他也推动了中国社会学学术体系、话语体系的建设。

2017年，景天魁先生的研究团队推出了专著——《中国社会学：起源与绵延》（上、下册，社会科学文献出版社），系统、全面、深入地给出了上述问题的答案。该书旨在论证荀子群学就是中国古已有之的社会学。在2017年12月23日上午召开的中国人民大学社会学系建系30周年学术研讨会上，景天魁先生在致辞中谈到了上述著作。总结发言的时候，刘少杰教授评价："景老师的新作《中国社会学：起源与绵延》是对中国社会学的重要贡献——在中西交融中找到发展中国社会学的钥匙！"

笔者在自己任职的高校讲授中国社会学史课多年，一直是从严复讲起。还讲授多年古典西方社会学理论课，也一直把孔德当作西方社会学的创始人。讲授中国社会思想史课，也和中国社会思想史学术界一样，把严复之前的中国传统思想当作中国社会思想来介绍。从来没有置疑过上述社会学史开端中存在的问题。近年来，通过参加景天魁先生主持的一些学术研讨会，笔者逐渐反思了社会学起源的逻辑问题。以下是笔者受景天魁先生关于群学的观点启发而进行的思考。

社会学只能发源于西方吗？虽然学术界公认孔德是社会学的创始人[2]，从他开始有了"社会学"的名称。后来，又经过经典社会学家韦伯、涂尔干、马克思等人的发展，社会学真正作为一门社会科学，

---

[1] 景天魁：《论群学元典——探寻中国社会学话语体系的第一个版本》，《探索与争鸣》2019年第6期。

[2] 1838年，孔德在《实证哲学教程》第四卷中提出了"社会学"这一名称。[最初叫社会物理学。圣西门最早用的是社会生理学（1832年，这是社会学的最早提法）。1835年，孔德《实证哲学教程》第三卷中提出"社会物理学"概念。]

进入成熟时期、发展时期,开辟了后来社会学多元发展的方向和道路。但是,熟知未必是真知:社会学的历史仅仅是从孔德开始的吗?社会学历史的逻辑真的是这样吗?这就要从逻辑上去追寻。从逻辑角度看,如果把社会学的概念放宽一些——不拘泥于谁提出了"社会学"这一名称的话,那么,社会学可以找到多样的源头。费孝通先生1993年10月应王宽诚教育基金会邀请在香港中文大学所做的学术演讲中指出:"如果我们同意把社会学这门学科的范围放宽一些,包括人们对人际关系的知识和理论,那么社会学的来源在中国就有很长久的历史。我记得拉德克利夫·布朗有一次在燕京大学说过:他认为中国在战国时代已有荀子开创了这门学科,比西方的孔德和斯宾塞要早二千几百年。不管我们是否同意他的看法,我们不容否认,对人际关系的重视,一直是中国文化的特点。在这样长的历史里,这样多的人口,对人和人相处这方面所积累的经验,应当受到我们的重视,而且在当今人类进入天下一家的新时期的关键时刻,也许更具有特殊的意义。……我们中国历代的思想家思考的中心一直没有离开过人群中的道义关系。如果目前的世界新秩序正好缺乏这个要件,我们中国世代累计的经验宝库里是否正保留着一些对症的药方呢?"[①] 费老晚年的《试谈扩展社会学的传统界限》一文,可以看作他对中国社会学走向的"社会学遗嘱"。在这篇文章中,他首先从社会学是一种具有科学和人文双重性格的学科谈起,然后明确指出:"社会学的人文性,决定了社会学应该投放一定的精力,研究一些关于'人'、'群体'、'社会'、'文化'、'历史'等基本问题,为社会学的学科建设奠定一个更为坚实的认识基础。中国丰厚的文化传统和大量社会历史实践,包含着深厚的社会思想和人文精神理念,蕴藏着推动社会学发展的巨大潜力,是一个尚未认真发掘的文化宝藏。"[②] 刘少杰教授曾经专门探讨过社会学"起点的追问"问题。他认为:"社会学的本质界定直

[①] 费孝通:《略谈中国的社会学》,《社会学研究》1994年第1期。
[②] 费孝通:《试谈扩展社会学的传统界限》,载谢立中主编《从马林诺斯基到费孝通:另类的功能主义》,社会科学文献出版社2010年版,第96—97页。

接关系到对社会学的起点和展开过程的理解。因为不同的本质界定意味着看到了不同的社会学,于是对社会学的起点和演化也就有了不同的眼光和解释。黑格尔在撰写哲学史时,对哲学的本质同哲学史的关系十分重视,他不是像一般史学家那样首先寻找哲学的起点,而是首先对哲学观念进行深入的清理,在理清哲学观念之后才去揭示哲学的起源和演化线索。"① 涂尔干根据孟德斯鸠提出了社会学的基本原则②、对社会生活进行了分类③这两个标准,认定孟德斯鸠为社会学的创始人④,也遵从了黑格尔的上述逻辑。此后,雷蒙·阿隆继承了涂尔干的立场,从孟德斯鸠开始撰写西方社会学史。刘少杰教授指出:涂尔干"追问社会学历史起点的意义首先在于突破了考察社会学演化史的封闭性。如果以孔德提出社会学这个概念作为社会学史的起点,这不仅意味着社会学史有了一个确定的起点,在孔德之前是否有关于社会学的研究不必再去思考,而且还意味着给社会学限定了一个比较狭窄的范围"。⑤ 其次,涂尔干把一个从未用过社会学概念的人看作社会学先驱,也意味着:站在社会学起点的人并不在于他是否有了一个明确的社会学学科意识或学科立场,而在于他是否在实质上确立或论述了社会学的原则。刘少杰教授强调:"像孟德斯鸠这样在形成社会学概念之前而实际上就已经开展了社会学研究的学者,在思想史上绝不能仅仅是孟德斯鸠一个人。"⑥ 把社会学的源头追溯到荀子或其他思想家的做法,同涂尔干把孟德斯鸠认定为社会学先驱的做法

---

① 刘少杰:《中国社会学的发端与扩展》,中国人民大学出版社2007年版,第24页。
② 孟德斯鸠承认社会生活有不以人的意志为转移的客观法则。这个法则既不是上帝赋予的,也不是由个人的心理活动支配的。
③ 孟德斯鸠把社会生活分为三类:共和政体(包括贵族制和民主制)、君主政体和专制政体。
④ 社会法则把握的是社会生活的普遍性和必然性,社会类型把握的是社会生活的个别性和差异性。由此,孟德斯鸠对社会生活做出了一种总体性思考——实质上展开了社会学视野。因此,涂尔干将孟德斯鸠看作社会学的创始人,尽管孟德斯鸠没有使用过社会学概念。
⑤ 刘少杰:《中国社会学的发端与扩展》,中国人民大学出版社2007年版,第25—26页。
⑥ 同上书,第28—29页。

中国社会学的学科自信:"行高于知"

在性质上是相同的。"他们都坚持了一个共同的原则,判定社会学思想的标准和考察社会学历史的尺度,不在于思想家的直接宣称,而在于他们的思想内容。"① 这里又进一步涉及社会学研究的自在性与自觉性的问题。从学科的自觉性上而言,孔德、涂尔干、韦伯、齐美尔、帕森斯等社会学家自觉地展开社会学研究。"但是,我们不应当把社会学的历史仅仅限制在这些在学科上达到自觉的社会学研究者身上。……社会学应当有这个勇气,突破仅从学科自觉性的限制去编撰社会学史,也就是把那些尚未形成社会学的学科意识,但是已经阐述了某些社会学思想,为社会学的发展有所贡献的学者列进社会学的历史队伍中。……这不仅仅是一个学科对自己历史起点的自我界定问题,而且也是一个学科是否敞开自己胸怀,在人类思想史的长河中吸收思想精华、支持自己获得更充分发展的根本问题。"② 综上所述:如果从社会学的概念、本质界定倒推的话,在中国社会学发展史上,荀子具有当然的社会学创始人资格——虽然他没有用过社会学概念,也不可能有社会学学科的自觉,但这并不妨碍他作为自发的社会学家的历史性存在的地位和价值。就如同中国古代没有"哲学"这一名称,只有儒学、老庄之学、魏晋玄学、宋明理学等哲学的存在形态,不能因此说中国没有哲学一样,也不能因为中国古代没有"社会学"这个名称,仅仅有荀子之学等社会学之实际理论的存在状态,就说中国古代没有社会学。严复先生把社会学翻译为"群学",并把群学界定为"知治乱兴衰之故,而能有修齐治平之功"的一门学问③。英克尔斯也认为:"社会学试图解释社会秩序和社会动乱的本质。"④ 以此类社会学本质界定为标准,我们可以判定:荀子建构的关于社会的学问就是社会学。正如景天魁先生所说:"不能把西方社会学的传入与中国社会学的产生简单地画上等号。中国学术自古以来就不是踩着西

---

① 刘少杰:《中国社会学的发端与扩展》,中国人民大学出版社2007年版,第29页。
② 同上书,第29、30—31页。
③ 严复:《原强修订稿》,《严复集》(第一册),中华书局1986年版,第18页。
④ [美]亚历克斯·英克尔斯:《社会学是什么?》,陈观胜、李培茱译,中国社会科学出版社1981年版,第35页。

方学术的'点'（节奏）走的。不同文明自有其起源，其中的不同学术，有不同的概念、不同的形式、不同的传统。……中国社会学之'源'，是以荀子'群学'为代表的本土社会学传统资源。……不管它有什么不足，'早熟'也罢，专业化程度不高也罢，那里总是有我们中国学术最基本的文化基因——那就是中国社会学的根。"[①]《中国社会学：起源与绵延》一书专门探寻了荀子开创的群学所具有的博大精深的内容，从群的属性（社会性、组织性、共生性）、群的辩证（群与群体、群与社会）、群学的命题（人生不能无群，分者天下之本利，义以分则和）、群的要旨（合群、能群、善群、乐群）等方面系统论证了荀子的群学思想。用翔实的史料和有说服力的论证说明了中国社会学的荀学源头。

目前，景天魁先生正在积极推动多卷本中国社会学命题体系的发展史梳理工作。以"四群"线索纵贯统合、梳理中国社会学的命题体系，将是景天魁先生和他的学术团队给中国社会学学科自信的有力支撑。笔者相信，景天魁先生的学术团队必将形成一个当代社会学的中国学派。这一学派将会对当代中国社会学的学科体系做出其应有的贡献。因为，"学术是一项知识分子的共同事业，无论是法国的年鉴学派、德国的法兰克福学派，还是美国的芝加哥学派、功能主义的哈佛学派，等等，这些对社会学学科具有重大影响的学派不是一个人的成就，而是一个学术共同体的集体事业。只有在知识共同体的集体努力之下，才能催生社会学学科的知识积累和历史底蕴，也才能为学科的后来者提供源源不断的精神财富"。[②]

[①] 景天魁等：《中国社会学：起源与绵延》（上册），社会科学文献出版社2017年版，第61、63、64页。

[②] 何雨：《社会学芝加哥学派：一个知识共同体的学科贡献》，社会科学文献出版社2016年版，第13—14页。

试论景天魁中国社会学
源流问题之研究

杨善民　唐约垒[*]

大善知识。邵雍云："目见之谓知，耳闻之谓识。"[①] 近年来，我等后学追随景天魁先生研习中国社会学源流问题，虽生也愚钝，然幸得景先生不弃，耳提面命，识见渐开，对景先生孜孜以求的中国社会学起源、绵延与发展，中国社会学概念体系构建之深论，亦承学二三。在此不揣浅陋，管窥一斑，献于同道。

一　荀子群学：中国社会学自己的本土起源

1988年，雷洁琼先生在纪念著名社会学家吴景超教授学术思想讨论会上的讲话中郑重指出："我们的老社会学家有一个很大的特点是要使社会学中国化。虽然我们大多数，可以说全部都是英美留学生，但是每一个老前辈，无论陈达同志、潘光旦、吴景超同志等，都努力研究中国社会情况，使社会学中国化，不是照抄欧美的理论。所谓中国化，就是要使社会学为国家服务。"[②] 自1979年我国恢复和重建社会学学科至今，中国社会学研究的深度和广度，均达到前所未有的水平。其最直接的表现之一，是中国社会学家已有了"文化自觉"

---

[*] 杨善民，山东大学哲学与社会发展学院/现代传播研究所所长、首席研究员；唐约垒，山东大学现代传播研究所副研究员。
[①] （宋）邵雍著，郭彧整理：《伊川击壤集》，中华书局2013年版，第114页。
[②] 雷洁琼：《代序二》，《吴景超文集》，商务印书馆2008年版，第5页。

意识，充分认识到中国的社会学基础理论，必须从中国社会中寻求，而中国是一个拥有五千年文明史、有自己的文化特色的国度。因此，要建设中国的社会学基础理论，就不能忽视中国在几千年的社会发展中所形成的各种社会思想之精华及其当代意义。① 中国社会思想史研究对于中国社会发展的重要性，以及中国社会思想在社会学学科中的重要地位，已经越来越受到中国社会学界的重视。② 其中，就有景天魁先生的推动和重要贡献。

自 2014 年 3 月景先生在南开大学、武汉科技大学连续两次论述作为中国社会学根本问题的古今中西问题以后，2015 年又在《中国社会科学评价》杂志发表《中国社会学源流辨》一文，在南京社会科学院和中国人民大学的讨论会上论证"中国本来就有社会学"，同年底在山东大学召开的第十四届中国社会思想史年会上，提出中国社会思想史的主轴应该是中国社会学的起源和发展史的观点，这一观点在《江南大学学报》以专访《文化自觉与中国社会学研究》的形式发表。③

欲兴其学，先正其史。景先生以上种种努力，皆聚旨于探索中国社会学的本土起源问题。中国社会学如要崛起，必须重新思考和对待其与西方社会学的关系。提出"中国社会学"之"源"问题，意不在争"名"，也不是争"气"——维护民族尊严，而在于争取中国社会学的崛起。同时，充分挖掘华夏五千年灿烂文明，从中探寻社会学的本土起源，对增进中国社会学及相关学科的学科自信也是大有裨益的。基于对荀子学术思想的深度辨析，景先生提出，以荀子为代表的群学思想是中国社会学自己的本土起源，也是正在崛起的中国社会学之"源"，西方社会学不论多么辉煌、多么重要，也只是我们需要会通的"流"。④

---

① 陆学艺、王处辉主编：《中国社会思想史资料选辑》（先秦卷），广西人民出版社 2005 年版，《总序》第 1 页。
② 同上书，第 4 页。
③ 景天魁：《史海拾贝：中国社会学概念体系的历史资源》，《社会学评论》2017 年第 5 期。
④ 景天魁：《中国社会学学科自信的含义》，《中国社会科学报》2019 年 12 月 18 日。

从此出发，景先生通过对中国社会学概念体系历史资源的研究，希望能够证明：第一，中国社会学（群学）的历史存在性。第二，群学的历史绵延性。群学并没有伴随荀学在一个历史时期的"式微"，按梁启超的观点，荀学是制度化了，没有式微消匿，而是以潜入民间、深入日常生活、构成社会生活行为规范的形式而继续绵延。第三，以上两点如可成立，当然也就证明了中国社会学自有本土的起源，也就否定了所谓"中国社会学史就是西方社会学在中国的传播史"的成见。第四，由以上三点可以推知：中国社会学的崛起，不是依靠西方社会学在中国的推广和应用所能达成的，而是必须立足于中国土壤，通过实行古今贯通、中西会通，才能形成融通古今中西的现代中国社会学概念体系。①

景先生乐观地指出，可以预期，中国社会学史不仅可以将研究范围从一百多年拓展到两三千年，而且其学科地位也会大大提升。即使不能像黑格尔那样断言社会学就是社会学史本身，至少中国社会学理论的源头是必须追溯到荀子群学的，中国社会学有如此丰厚的历史资源，那就不应被置于边缘地位，就不必非要到西方社会学那里去"寻根"，因而必定极大地增强自己的学科自信。②

二 构建范式：披检中国社会学的基础性概念和命题

毫无疑问，作为一门学科，中国社会学之塔必须建立在社会学范式基础上。为此，景先生指出，任何一个学科，其存在与否的主要根据，是看它是否形成一套有解释力的概念。我们常常提到"学科视角"，何以成为"学科视角"？一个基本或核心概念，或一个概念组合，就可以形成一种特定的学科视角。无论是"学科视角""学科对

---

① 景天魁：《史海拾贝：中国社会学概念体系的历史资源》，《社会学评论》2017年第5期。
② 景天魁：《欲兴其学　先正其史——略谈中国社会学史研究》，《人文杂志》2019年第6期。

象"还是"学科方法",这些对于一个学科存在与否具有标志性意义的东西,无不被概念和概念体系所规定,也就是说,它们的学科性,是由特定的概念和概念体系所赋予的。换言之,概念和概念体系是一个学科之为学科的最终根据。构成一个学科的最根本的要素就是基本概念和概念体系。

为此,景先生从浩瀚史海中,披检出34个概念、上百条命题。其中,4个基础性概念是群、伦、仁、中庸,它们分别体现了中国社会学的4个基本特质:人本性、整合性、贯通性、致用性。采用"修齐治平"的层次框架,将30个基本概念划分为两个范畴,一个是合群和能群,其中包含修身和齐家两个层次;另一个是善群和乐群,其中包含治国和平天下两个层次。从而构成了具有复杂层次结构的中国社会学(群学)的概念体系。[1]

由此可以看出,学科形式固然重要,但形式不具有根本性。"群学"是否可以称为"社会学",不在名称,而在内容。群学与西方社会学确实形式不同。但那是因为中西之间分科方法不同。不同分科方法,决定相应学科的不同特征,但不决定某一学科是否存在。而且,不同的分科方法,各有所长,也必各有所短。西方的分科,便于定义、便于推理、便于归类;中国的分科,便于综合、便于贯通、便于应用。怎么能说只有西方的分科方法具有合理性?更有何理由能够断言西方分科方法具有唯一性?[2]

近代西方的所谓"学科",带有西方教育的知识分类的特点。西方"学科"强调"分",中国学术重于"合"。分,便于分门别类地研究;综合,便于实际应用,因为事物或实践本身都是综合的。这种区别原本是各有所长,不是这种知识本身存在或不存在的问题。如果我们非要硬套西方近代才风行的分科形式,那我们中国几千年的学术就只能是一片空白,这显然是不正确的。[3]

---

[1] 景天魁:《史海拾贝:中国社会学概念体系的历史资源》,《社会学评论》2017年第5期。
[2] 同上。
[3] 同上。

群学是以概念为载体得以绵延的。景先生披检的群学基本概念和概念体系，可证"中国自古就有社会学"。但是，这也只是证明了它的历史存在性，即其在历史上曾经存在过。群学在荀子之后是否还存在？景先生认为，概念存在和绵延的形式就是群学存在和绵延的形式。群学并非完全随荀学的沉浮而匿迹。如按梁启超的说法，中国学术史可以划分为7个时代的话，那么，我们可以说，经过春秋战国的"全盛时代"，群学诞生了；到两汉的"儒学统一时代"，群学开始了"制度化"的历程；此后的很长历史阶段，群学即潜入民间，深入社会生活，以《孝经》、家训、乡约、族规等形式存在。这是群学的主要存在和绵延形式。一方面，群学的概念"上浮"到吏治和士大夫的行事制度中，另一方面"下潜"到民间和日常生活的规范中，群学也就由此得到了绵延。①

三 构建体系：逻辑的自洽与贯通

景先生把群学概念和命题概括为"一条主线，四个层次"，即合群、能群、善群、乐群一条主线；修身（合群）、齐家（能群）、治国（善群）、平天下（乐群）四个层次，形成环环相扣的嵌套结构，实现了逻辑上的自洽与贯通。

在景先生看来，群学的要义，在于合群、能群、善群、乐群。这就是中国社会学的基因，"群道"之基因，贯通于修身、齐家、治国、平天下各个层次，规制于君臣、父子、长幼、夫妻、亲朋、邻里、族群等各种关系，体现于礼、法、家训、乡规、民约等各种制度和规范，融会于家国、朝野、士农工商，发挥于族群间、民族间、国家间、天下世间，"群道"之理至大至微，群学之功至高至伟。②

合群、能群、善群和乐群是依次递进的，很多时候又是相互重叠

---

① 景天魁：《史海拾贝：中国社会学概念体系的历史资源》，《社会学评论》2017年第5期。
② 景天魁：《中国社会学崛起的历史基础》，《北京工业大学学报（社会科学版）》2017年第4期。

的，前两者与后两者之间并没有明确的界限，因此，将基本概念划分为两个范畴只是相对的。① 在个人、家庭、群体和组织的层次，人的存在和行为主要是合群和能群的问题。在"修身"层次的基本概念主要是：身、己、性、气、心态、社与会、天、自然；在群学极为重视的"齐家"这一层面，积累了许多基本概念，主要有：义、利、信、孝、礼、家和宗族；在"治国"层次的基本概念包括：国家构成方面主要是"国与民""国土"和"士"，国家治理方式方面是"王道与霸道"，国家治理制度和手段方面主要概念是"贤与能""科举""公与私"，国家治理目标方面则是"秩序"和"位育"；在"平天下"层次，基本概念选择了"天下""势""变""和合""多元一体""大同"。②

在此，景先生在共时性和历时性维度上清晰勾画出了中国修齐治平的理念和实践，与中国族群的形成、治理和扩展之间的逻辑链接。修齐治平的群学理念，跨越城乡、身份和地位的分野，凝结了个人与家庭、宗族、国家不同规模的群体，兼顾"社区"与"天下"两端，终至在实践上促成了广土巨族的超大型中国社会。

群学理念的展开，也促成了中国社会学学科的发育。对此，景先生写道：以荀子"群学"为代表的本土社会学传统，是以墨子"劳动"（"强力""从事"）概念为逻辑起点，以荀子"群"概念为核心，以儒家"民本"概念为要旨，以礼仪制度、规范和秩序为骨架，以"修齐治平"为功用，兼纳儒、墨、道、法等各家之社会范畴，所构成的中国社会学"早熟"（早期）形态。③

景先生重视概念、命题及其逻辑体系的建构，所来有自。早在1981年，景先生撰写出版的《打开社会奥秘的钥匙——历史唯物主义逻辑结构初探》论著，就是我国第一本探讨历史唯物主义逻辑体系的学术专著。书中关于历史唯物主义逻辑结构及方法论的论述，至今

---

① 景天魁等：《中国社会学：起源与绵延》（上、下册），社会科学文献出版社2017年版，第95页。
② 同上书，第95、101、104、107页。
③ 景天魁：《中国社会学源流辨》，《中国社会科学评价》2015年第2期。

仍然可以用来指导中国社会学源流问题的研究。

四 创新研究：重构我国社会学话语体系

一个学科是用它的基本概念和概念体系去确证它的存在性的。[①]中国社会学传统概念体系的构建，也是我国社会学理论体系与话语体系的重构。

多年来，中国社会学界关于学科本土化的争论不绝于耳。其实，如同其他绝大多数近代学科一样，社会学也被大多数人视为源于西方，其主流理论和方法几乎构筑在西方学者对欧美社会的研究基础之上。回顾近代以来中国社会学的历程会发现，社会学界关心的一些重大问题最终几乎以无解而搁置。西方构建的社会学框架远离中国历史和实践，当然也就难以解决中国社会问题。

今天，中国的发展需要我们确立一个大历史观，对中国几千年来历史发展的各个阶段、各个方面进行全方位深入了解，同时对世界历史包括不同文明、不同国家发展状况要有通盘了解。只有这样，才能在一个大视野里深刻认识中国的历史，达到"述往事，思来者"的目的。做到这一点，需要从中国历史出发，从文明史的角度，围绕中国这样一个巨型国家、中华民族这样一个巨型民族、中华文明这样一个巨型文明成长的全过程及其主要特征，构建起我们自己解释历史的话语体系。[②]

对此，景先生指出，中国的社会学家在发展中国的理论和方法时应该考虑的已经不再是社会学本土化的问题，而是如何做出一流的社会学研究，使其理论和方法有助于整个社会学学科的知识积累并产生国际影响。这也意味着我们需要参与世界范围内社会学学科的对话，需要与西方社会学家竞争，需要在国际已有的学术共识的基础上通过

[①] 景天魁：《史海拾贝：中国社会学概念体系的历史资源》，《社会学评论》2017年第5期。

[②] 姜义华：《中华文明的经脉》，商务印书馆2019年版，第221页。

更为严谨规范的方法获得世界影响力。当我们还没有做到这些时，我们也不能用本土化作为掩护，或以之作为逃避的理由。好的研究终究是好的。一个真正好的研究，应该既能被中国人欣赏，也能被西方学界欣赏，它既是本土的，也是世界的。①

当然，这并不意味着不要研究吸纳西方社会学成果，闭门造车。2014年3月，景先生先后在南开大学和华中科技大学的两次演讲中指出，中国社会学不可回避的根本问题是中西古今问题。② 中西会通，这是空间性的一维；传承和弘扬中国社会学的优秀传统，这是时间性的一维。二者结合起来就是实现中国社会学崛起的两翼。促使二者结合的现实基础，是实现中华民族伟大复兴的当代实践，以及这一伟大实践给社会学提出的时代性课题。尽管时间性和空间性都有很广泛的含义，但在这里实现了时空的高度统一。在此统一过程中，延续和弘扬中国社会学自己的传统，并实现中西社会学在更高水平上的会通，成为合二为一的任务。③

景先生提出，中国社会学（群学）的特质，是人本性、整合性、贯通性、致用性。这些特质不仅可以补西方社会学之不足，还可以在新的历史条件下发挥独特的优势。④ 具体而言，中国社会学在研究对象上的人本性、在研究方法上的整合性、在研究视角上的贯通性、在研究目的上的致用性，与西方社会学在研究对象上的事实性或物化性、在研究方法上的分析性、在研究视角上的区隔性、在研究目的上的描述性（或实证性），既形成对照，也相互补充。这四个基本特质再综合起来，则构成了中国社会学（群学）作为一个学科的基础性。而这些特质，都是通过基础性概念体现出来的。⑤ 正是依靠这些基础

---

① 谢宇：《走出中国社会学本土化讨论的误区》，《社会学研究》2018年第2期。

② 景天魁：《中国社会学不可回避的根本问题——从"社会学的春天"谈起》，《学术界》2014年第9期。

③ 景天魁等：《中国社会学：起源与绵延》（上、下册），社会科学文献出版社2017年版，第1页。

④ 景天魁：《论群学复兴——从严复"心结"说起》，《社会学研究》2018年第5期。

⑤ 景天魁：《史海拾贝：中国社会学概念体系的历史资源》，《社会学评论》2017年第5期。

性概念，中国社会学可以自然而然地坚持以人为本，而不是把人当作"物"来研究；无须把社会一味地细分，而是可以始终保持社会的完整性；不必在学科间竖起森严的高墙，而是可以顺畅地实现古今贯通和中西会通；不至于割裂理论与实践的联系，而是方便于做到知行合一。①

世界几大文明本无高低贵贱之分，学科发展在一定意义上可有先后之别。在中外学术史上，中华学术长期雄踞领先位置。正如梁启超所言，在上古和中古，"我中华学术第一也"。我们不以"第一"自居，但也不能甘于落后。平等对话、取长补短、包容互鉴，是不同学术之间的相待之道。不能因为我们在一个短时间内落后了，整个学术传统就都一无是处了；不能因为要虚心学习西方，中国学术传统就只能抛到脑后，或者以为尊重中国学术传统就是"自傲"。西方社会学传入中国120多年来的历史证明，中西会通必须以古今贯通为前提和基础，否则就只能是"西方化"。中国社会学史绝对不是西方社会学在中国的传播和应用史，我们的学科发展应该走古今贯通、中西会通的综合创新之路。②

千百年来，群学形成了极为丰富的概念体系和命题体系，为打开社会历史发展奥秘提供了钥匙，为我们今天建立中国社会学话语体系奠定了基础。③群学作为合群、能群、善群、乐群之学，与西方社会学在学科内容上"暗合"（严复语），在学科结构上"正同"（梁启超语）。如此灿烂的群学"元典"，足以与诞生晚得多的西方社会学相媲美。这给了我们增强学科自信深厚的底气。④

最后，还是让我们回到先贤身边。孔子曰："温故而知新"，荀子反之而言，"知新以知故"⑤："欲观千岁，则数今日。欲知亿万，则

---

① 景天魁等：《中国社会学：起源与绵延》（上、下册），社会科学文献出版社2017年版，第92页。
② 景天魁：《中国社会学学科自信的含义》，《中国社会科学报》2019年12月18日。
③ 同上。
④ 同上。
⑤ 姜义华主编：《中国哲学史·上册》，《胡适学术文集》，中华书局1991年版，第587页。

审一二。欲知上世，则审周道。"① 人知而有异，中国社会学理论体系的构建，应该兼知并容，不以夫一害此一。人"心生而有知，知而有异。异也者，同时兼知之，两也，然而有所谓一。不以夫一害此一，谓之一"。② 景先生日思夜虑，贯通中西古今，为中国社会学立德、立功、立言，为我等后学开辟新途，高树范典，我辈自当尽竭绵力，附骥以进。

---

① （清）王先谦撰：《荀子集解·非相篇第五》，中华书局1988年版，第95页。
② （清）王先谦撰：《荀子集解·解蔽篇第二十一》，中华书局1988年版，第468页。

在中国发现古典社会学

吴怀连[*]

在中国社会学恢复重建 40 周年到来之际，在它经历了"补课""接轨"之后进入一个新的发展阶段之时，中国的社会学家们可能都在思考，如何在习近平新时代中国特色社会主义思想指导之下，创新中国社会学的学术体系、理论体系和学科体系，建设具有中国化、时代化、全球化和实践化的中国社会学，为新时代中国特色社会主义改革、建设和发展服务，解释和解决社会主义现代化和中华民族伟大复兴中出现的问题？景天魁先生经过多年探索和思考，近期相继发表了一系列关于这个主题的重要成果[①]；2017 年又与人合作，出版了《中国社会学：起源与绵延》70 多万字的巨著。景天魁先生站在时代前沿和实践的角度，回看历史，系统地探讨了中国社会学思想的"源流"、体系与价值，不仅找到了中国社会学崛起的基因密码，也发现了中国的古典社会学。

一 追根溯源：发现 2200 年前的社会学

对于社会学，西方学者长期以来坚信，社会学起源于近代西方，

---

[*] 吴怀连，重庆科技学院法政与经贸学院兼职教授。
[①] 景天魁：《中国社会学不可回避的根本问题——从"社会学的春天"谈起》，《学术界》2014 年第 9 期；"根植于中国土壤之中"的学术路线——怀念与学习陆学艺》，《社会学研究》2014 年第 3 期；《中国社会学崛起的历史基础》，《北京工业大学学报（社会科学版）》2017 年第 4 期；《中国社会学源流辨》，《中国社会科学评价》2015 年第 2 期。

是1838年法国哲学家奥古斯特·孔德最早提出的。这几乎是不假思索、不言而喻、不证自明的共识。还有一点，在西方和中国社会学界也有很多人相信，那就是：社会学是研究现代性的社会科学的学科，或为社会提供"现代性方案的学科"。[1]

从这两点出发，就演绎出了一系列有悖于常识却是近乎铁律的说法和做法。例如说，中国历史上没有社会学，社会学是近代舶来品；在西方社会学引入之前的社会研究成果，不能称之为社会学，而只能称为中国传统社会思想；中国社会学要发展，同西方社会学对话，就一定要同西方社会学接轨。按西方社会学规范研究和写作，并通过西方社会学标准评价，才称得上社会学。否则，不管它多么有创意，被社会实践所认可，也称不上社会学，不能进课堂，入教材，登专业刊物，用于评升职称，等等。

有感于这样一个显而易见并且是越来越严重的学术后果，景天魁勇敢地站了出来，向中国学术界现存体制和潜意识中的欧美中心主义提出挑战。他提出两点质疑，并做出解答。

第一个问题，社会学就是研究现代性的吗？答案是不言而喻的，社会学可以研究现代性，可以有现代性的社会学，但社会学绝不只是研究现代性问题的。他举出大量例证证明，其实西方也不是这样的。但是，为什么仍有人坚持这一观点，并在向中国极力兜售呢？景先生一针见血地指出，他们的目的是要掌控"社会学的发明权、解释权、学术霸权。……无意中暴露了潜意识中根深蒂固的欧美中心主义"。[2]

第二个问题，中国历史上究竟有没有社会学？"长期以来，我们不假思索地相信社会学只在西方有，中国传统学术中没有，即使有也

---

[1] 法国社会学家雷蒙·阿隆断言："社会学可以解释为社会现代化的一种意识。"（见雷蒙·阿隆《社会学主要思潮》，上海译文出版社1988年版）英国社会学家安东尼·吉登斯声称社会学"主要研究领域是现代性出现以来所产生的社会世界"［见安东尼·吉登斯《社会理论与现代社会学》（中文版），社会科学文献出版社2003年版，前言（2），转引自景天魁等《中国社会学：起源与绵延》，第51—52页］。

[2] 景天魁等：《中国社会学：起源与绵延》（上、下册），社会科学文献出版社2017年版，第53页。

只能叫'社会思想'。……为什么与西方的学科形态不同就不能称为'学'？"[①] 景天魁2015年在《中国社会学源流辨》一文中讨论了这个问题。他不仅完全同意布朗教授等人的观点，认为是战国时期的荀子创立了"群学"，群学也就是社会学，比孔德早2100多年，而且还从学科名称、"学"的时间界限、地域起源、用法、学科化、学科性质与学科起源的关联性、其他学科佐证，以及学科形成条件等八个方面，论证了春秋战国时期社会学创立的必然性。他指出："所谓现代科学只发源于西方，是'欧洲中心论'的偏见。"他很同意考古学家张光直先生的观点，认为在从野蛮到文明的变革中，中国道路和（文明）形态不仅与西方不同，而且更早、更为主流。他强调，"说社会学产生于19世纪中后期的欧洲，那是说的西方社会学，……不是说的中国社会学。不能把西方社会学的传入与中国社会学的产生简单地画上等号。中国学术自古以来就不是踩着西方学术的'点'（节奏）走的。不同文明自有其起源……是很正常的，不是什么奇谈怪论"。[②]

景天魁是以专论形式论证中国社会学源于春秋战国时期荀子群学的第一人。他在2015年发表的文章和专著里，对中国社会学的追根溯源，其意义有二。

一是追根溯源改变了我们对中国传统社会研究和理论的片面和"自虐"式认识，开创了中国社会学思想或中国社会学史研究的新视野和新境界。

社会学恢复重建以来，中国社会学对自己思想史的研究，在社会学是西方舶来品，中国传统社会研究中没有社会学这样一些"自虐"式观念支配下，根本不考虑从几千年中国社会研究和理论中寻求智慧和养分，而是言必称孔德、斯宾塞、韦伯，把研究和教学的重点放在宣传、推介西方社会学理论和研究上。景天魁直率地指出，全国高校至少有半数社会学系根本不开或开不出中国社会思想史课程；作为替

[①] 景天魁等：《中国社会学：起源与绵延》（上、下册），社会科学文献出版社2017年版，第54—57页。

[②] 同上书，第51—61页。

中国社会学学科自信

代课程的"中国社会学史",也是以严复译介西方社会学为开端,把中国社会学史变成西方社会学在中国的传播史。这种状况长期下去,一个明显的后果便是,社会学变成了一门与中国人生活和实践格格不入的、"不接地气"的学问,中国人看不懂、用不上、很陌生。

景天魁认为,中国是有自己的社会学的,中国社会学源自战国时期以荀子群学等为代表的本土社会学。这一观点,从根本上改变了我们对社会学和中国社会学的片面认识。社会学不再是西方人的专利,中国社会学早在孔德提出社会学之前就形成了,并且一直延续至今。这就为中国社会学史研究,开拓了新领域、新视野和新境界。

二是追根溯源让我们找到了中国社会学的根,增强了我们对中国社会学崛起的自信与自觉,对于建设中国化、时代化、全球化和实践化的中国社会学具有重大学术意义和现实意义。

提出中国社会学之"源"问题,景天魁的本意和出发点是"争取中国社会学的崛起"。因为在他看来,祖述孔德,归宗西方,"以西释中""以西鉴中",最终只能是"以西代中",而不是中国社会学的崛起。更重要的是,根植于中国本土文化的中国社会学思想,在表达和理解中国实践方面,具有得天独厚的优势;在回答当今世界发展遇到的新问题、新挑战时,有西方社会学所不具备的价值。费孝通先生曾经指出,"在我国的传统文化里有着重视人文世界的根子。西方文化……只看见自然世界而看不到人文世界是有危险的……埋在东方土地里的那个重视人文世界的根子,也许会起到拯救人类的作用了"。[①] 景天魁很同意费老的观点,进一步指出,"中国文化重视人际关系,重视人文世界,必将在 21 世纪发挥独特作用。而这一大势关乎中国社会学的前途"。[②]

因此,追根溯源,不仅让我们找到了中国社会学的根,也找回了我们的自信,提高了我们发挥中国优秀传统文化资源优势,解决人类

[①] 费孝通:《从实求知录》,北京大学出版社 1998 年版,第 347—348 页。
[②] 景天魁等:《中国社会学:起源与绵延》(上、下册),社会科学文献出版社 2017 年版,第 65 页。

社会重大问题的自觉。这对于建设中国化、时代化、全球化和实践化的中国社会学，是具有重大的学术意义和现实意义的。

当然，我们也要看到，春秋战国时期，是中国先秦时代周文明晚期社会剧变、思想空前活跃的时期，儒道墨法等诸子百家都在就社会转型与变革争鸣献言，提出解释框架和解决方案。荀子作为战国时期儒家代表之一，提出了"群学"系统的解释框架和解决方案。但与此同时以及稍早或稍晚时期的孔、孟、老、庄、管、墨、法家等，也有各自系统主张和理论。所以，景天魁把这一时期的社会学，概括为"以荀子'群学'为代表的本土社会学传统资源。它是以墨子'劳动'（'强力'、'从事'）概念为逻辑起点，以荀子'群'概念为核心，以儒家'民本'概念为要旨，以礼义制度、规范和秩序为骨架，以'修齐治平'为功用，兼纳儒墨道法等各家之社会范畴，所构成的中国社会学'早熟'（早期）形态"。[①] 对它的评价，用景先生的话说："是战国时期之前中华民族已有3000多年的文明发源和早期发展（先秦时代）的第一批学术结晶之一，是中国学术第一个百花齐放的发展高峰的优秀代表，作为现今中国社会学崛起的源头，是理所当然的。"[②] 这一概括和评价，无疑都是正确的。

对先秦社会学，景先生定义为中国社会学的"早熟形态"，但未作详细说明。我意以为，早熟形态，容易让人误解为不正常形态，还不如按时代分期把社会学分为古典（古代）社会学、近现代社会学和后现代（信息—生态）社会学为妥。我们可以把先秦到晚清西方社会学引入前的社会学，称之为古典社会学，其中先秦社会学也是古典社会学的一部分；把西方社会学引入后到现在的社会学，称之为中国近现代社会学；然后再根据时代的变化，把后现代（信息—生态）社会到来后的社会学，称之为后现代社会学。这样，就解决了中国社会学古典形态与近现代形态一脉相承又有很大差别的问题。近现代社会

[①] 景天魁等：《中国社会学：起源与绵延》（上、下册），社会科学文献出版社2017年版，第63页。

[②] 同上。

学可以同古典社会学有很大差别；今后的后现代社会学或信息—生态社会学也会同近现代社会学有很大差别。但这种差别，是时代的差别，是实践和知识积累的差别，不能以正常异常来区分，尤其不能以近代西方社会学为标准，来判定谁早熟，谁晚熟，谁刚好合适，以防落入西方社会学话语陷阱。

中国社会学追根溯源引发的对社会学史的深度掘进和宽度拓展，将从根本上突破西方社会学的学术局限，从一个区域性的以现代性为研究范畴的社会学，变成一个真正具有中国特色、时代性和全球视野的社会学。

二　"源流"辨与"中国化"

景天魁还专门对中国社会学的"源流"关系进行辨识。他承认，近代西方社会学传入中国，对中国社会学产生了深刻影响，是一个事实。但如何看待这一事实？是舶来移植，还是"源流"会通？首先要搞清楚。前面，景天魁追根溯源，发现中国早在西方社会学传入中国2100多年前已有成熟的古典社会学；社会学不是舶来品，不是新品移植过来的。西方社会学传入中国后，与中国古典社会学的关系，应该是"源流"会通关系。对这样一个关系，景先生认为也应该正确理解。中国社会学之"流"与西方社会学之"流"的会通，应该是平等对话，互学互鉴，融会创新。

但在他看来，很遗憾，近现代中国社会学同西方社会学的会通，却是"以西释中""以西鉴中""以西代中"。他坦率地直陈："如果说'以西代中'是结果，那么'以西释中'、'以西鉴中'则是手段。中国事物、中国历史、中国实践，必须经过西方社会学概念的解释，变成洋词、洋话、洋理，才能登上社会学的大雅之堂。只有'以西释中'才算学术研究，才是有学问。至于西方概念、西方道理，出了校门用不用得上，适用不适用，全然不顾。更有甚者，是以西鉴中，中国事物、中国历史、中国实践，只有符合西方概念，符合西方逻辑，才算正确；如不符合，则判为歪理，判为不正常、不够格、不算数。……这哪里是什么会通？"① 简直就是霸权，文化殖民（林南语）。

没有平等对话，互学互鉴的会通，就成了西方社会学对中国的传播、渗透和文化殖民，中国社会学对西方社会学的匍匐臣服、望风归附，不可能有什么中国社会学的崛起。所以，景先生认为，"重新思考一下中国社会学与西方社会学的源流关系，奠基于几千年的优秀学术传统，立足于21世纪中国崛起的宏伟实践，吸收西方社会学已有的丰富成果，回答新时代社会发展的重大问题，中国社会学的崛起就可以顺利实现"。②

景天魁之"源流"辨，从现象上看是一个概念之争，但实质上是中西关系的讨论，是中国社会学怎么与西方社会学会通交流的问题，是在确定中国社会学主体性同时，与西方社会学"平等对话，互学互鉴"，最后达到"美人之美""美美与共"的问题。只有破除了社会学理论体系、学术体系和学科体系的西方化迷信，中国社会学才能与西方社会学建立一种正常的健康的会通关系。而景天魁的"源流"辨，作为破除西方化迷信的第一步，也是最为关键的一步，走得坚实、稳健、豪迈，为中国社会学同西方社会学的正常健康地会通交流，指明了方向和道路。

景先生之辨如此之重要，以至于让我拜读后浮想联翩。基于对景辨的呼应，我也想谈几点读后感，以供先生参考。

第一，"源流"关系对于中国社会学来说，实质上是中外社会学思想的会通关系。近现代中西社会学会通关系，不过是中外关系的一种。中国社会学自先秦产生以来，历经先秦、秦汉至南朝、隋唐至南宋、元明清及近现代等多个文明时期。每一个时期都有外国思想作为"流"，与中国本土思想会通。例如佛教思想的传入与当时中国的儒家道家思想会通；而西方社会学近代传入中国与中国古典社会学会通

---

① 景天魁等：《中国社会学：起源与绵延》（上、下册），社会科学文献出版社2017年版，第68页。

② 同上书，第71页。

等。今后进入后现代社会后,还会有国外后现代主义社会学进入中国,与中国后现代时期的本土社会学会通。所以说,中外社会学会通包括中西社会学会通,但又不限于此。因此,正确理解近现代中西社会学会通关系,需要放在中外思想会通的全局通盘考虑。反之就会有片面性,难以看清楚"源流"会通的成因及意义。

第二,历史上中外社会思想会通关系,可能有多种形式。平等对话、互学互鉴、取长补短、融合创新是有的;但"源"对"流"的吸引、"流"对"源"的归化也是有的。而且在中国文化交流史上,作为"源"的中国本土社会学思想市场,对外国社会学思想的吸引,以及相应的外国社会学思想对中国的归化,成为中国社会学思想的一部分,可能还要常态化一些。这当然也包括西方社会学思想在内。尽管近现代西方社会学强势扩张,在中国渐成"以西释中"、"以西鉴中"和"以西代中"之势,但在后现代社会,由于时代和实践要求转换,中国社会学西方化一定不可以持续,而西方社会学的中国化一定是它在中国的归宿。景先生在讨论中西社会学"源流"会通关系时,主张中西社会学应该是一种平等对话、互学互鉴的会通关系,意在反对西方化和西方社会学在中国"殖民"式崛起。这是正确的。但他也特别提示我们,中国文化重视人际关系和人文世界,必将在21世纪发挥更加独特的作用;在后现代(信息—生态)社会,中国社会学有比西方社会学更大的学术优势。因此,把中国社会学作为主干,作为"源",西方社会学作为枝叶,作为"流"。通过"源流"会通,最终达到中国化,应该是时代和实践的必然选择,也是景先生"源流"辨题中应有之义。

第三,"源流"会通中国化,不仅是佛教中国化,西方社会学中国化,马克思主义在中国经历了一个中国化过程,似乎是域外思想进入中国后的必然归宿。应该进一步推论为什么会有这么一个过程,如何理解这一现象。我以为社会学中国化,是中国社会学的重要命题。要让社会学中国化,就是要处理好景先生提出的中西社会学"源流"会通关系。把会通内在的动力和机制找到,中国化就顺理成章。

三 古典社会学体系的当代理解

在辨识了中国社会学思想的源头和"源流"关系之后,景天魁和他的团队又花了大笔墨和大功夫,对中国社会学(群学)概念体系进行当代的建构,提出了群、伦、仁和中庸4个基础性概念和30个基本概念。这30个概念,即身、己、性、气、心态、社与会、天、自然、家、宗族、孝、礼、义、信、利、国与民、国土、士、王道与霸道、贤与能、科举、公与私、秩序、位育、天下、势、变、和合、多元一体、大同。按照合群、能群、善群和乐群以及修身、齐家、治国、平天下4个层次分门别类。景先生解释说,初步提出这一"完整"但远不是"完善"的中国社会学概念体系,其目的在于通过对中国社会学概念体系历史资源的研究,证明中国社会学(群学)的历史存在性和绵延性。并由此说明,只有"立足于中国土壤,通过实行古今贯通、中西会通,才能形成融通古今中西的现代中国社会学概念体系"。[①]

景天魁对研究中国社会学概念体系的重要意义作了三点总结,认为这是取得学术话语权的基础性工作,是真正开展中西社会学对话和会通的必要前提,是参与和推动中国经济和社会发展的重要途径。这样的总结很正确,但还不足以概括这一课题的深远意义和全部学术价值。

我认为,从《中国社会学:起源与绵延》这本书对中国社会学(群学)概念的研究可以看出,其是第一本真正全面、系统、客观、正面揭示中国古典社会学学术价值的社会学著作。在此之前,社会学界尤其是港台地区的社会学家和社会心理学家们,在中国传统社会思想资源整理、发掘方面做了大量工作,取得了相当成就;大陆社会学家近年来对中国传统社会学思想史研究,也有不少成果。但全面系统

[①] 景天魁等:《中国社会学:起源与绵延》(上、下册),社会科学文献出版社2017年版,前言和第111页。

地对中国传统社会思想进行研究,并把它上升到中国社会学理论和学科本身,放到中国社会学源头和主干高度的,这本书应是第一本,它也是中国社会学界第一次全面系统地研究中国社会学学术源流,且客观正面地揭示中国古典社会学学术价值的社会学著作。书中提出了关于中国社会学源流的 34 个基础性概念和基本概念,是中国社会学界第一次成体系地推出具有中国特色、中国风格和中国气派的社会学概念。虽然只是中国古典社会学的一部分,还有更多的概念有待挖掘,但已充分证明,中国古典社会学是一座金山和取之不尽、用之不竭的社会学思想宝库。这本书,为我们进山入库寻宝,提供了入门的钥匙、进山的向导,对于我们理解古典社会学的学术价值,具有重要意义。

经过 2300 多年历史实践的磨洗、归纳和检验,中国古典社会学体系总体上具有"人本性、融合性、贯通性和致用性"的特质,反映中国社会及其运行特点与规律。以此为历史基础的中国社会学,不仅能更加自觉地崛起,支持、推动和引领中国特色社会主义社会现代化建设,而且可以与西方社会学有更加自信的对话和交流,让古典社会学智慧能够参与和影响世界和世界社会学的发展进程。

古典社会学当时所要面对的世界、所要解答的问题是东方农耕文明面临的一些实践问题,同我们眼前的世界和我们碰到的实践问题有很大的不同。因此,古典社会学家的思想和理论,在我们看来是一个繁杂且相当陌生的知识体系。景天魁及其团队,把这么一个极其繁杂的知识体系,整理得如此简明扼要易懂,体现了作者们深厚的社会学、历史学和哲学史学术功力和敏锐的专业眼光。但作为当代读者,我们需要的古典社会学理解,既是对古典社会学"原汁原味"的理解,也是对当代社会学意义和价值的理解;既是对古典社会学从先秦到晚清更加历史和更加宽广的理解,也是站在当代人的立场,用当代人的观点和方法去理解历史中的言论和行动。在我看来,在景先生及其团队工作的基础上,下一步,可能还要在古典社会学的当代理解上做一些后续工作。

一是要做"拓展"工作。景先生及其团队在书中花了很大篇幅论证了34个基础性概念和基本概念,并以此形成了中国社会学(群学)的概念体系。仔细分析一下这些概念,绝大部分是儒家的,道家法家有一点,佛家、伊斯兰教和基督教几乎没有。近代不讲,即使是中国古代,除了儒家思想之外,道家、法家、佛家和伊斯兰教也很重要。先秦时期,儒家同其他学派"百花齐放,百家争鸣"。到了秦汉时期,虽汉初"罢黜百家,独尊儒学",但东汉以后,佛道已经开始崛起。到了隋唐以后,道佛已与儒家并驾齐驱,相互消长,或会通合流。就其基层社会而言,甚至佛家和道家思想比儒家思想更加受欢迎。到了元明清时期,西域和西方思想开始进入中国,其中伊斯兰教和基督教对中国社会有较大影响。作者们将儒家社会学作为重点是可以的,但一定不能忽视其他思想对于中国古典社会学的影响和意义。因此,我们还要对中国古典社会学体系进行"拓展",应以儒家社会学为主要和中心内容,兼及道、佛、法、墨、伊、基督等宗教和学派的社会学思想。这当然有难度,不仅要懂得中国汉文古典文本,而且可能要懂国外的非汉文字和宗教典籍,可能还要远远超出现有哲学史的范畴,对考古学、古文字学、少数民族和宗教(比如藏族、回族和佛教、伊斯兰教)典籍进行研究。如果不包括这一部分,把中国古典社会学等同于中国儒家社会学,就有片面性,难以得出一个真实正确的结论。

二是要做"翻译"工作。《中国社会学:起源与绵延》这本书所论中国社会学概念体系,是加了括号的,不是现代中国社会学概念体系,而是中国社会学(群学)体系,即近代以前的古典社会学体系。景先生之所以这样立论,旨在讲清楚中国社会学的源起与绵延,推动中国社会学在历史基础上崛起。这很正确,是对中国传统社会学思想史研究的重大创新。但"古为今用",还应该做一些"翻译"工作。2300多年前到近现代以前的群学,从概念到文字表述离我们也太远了点,不要说一般老百姓很难理解,就是专家学者,也不容易达成共识。景先生和他的团队做了艰苦的发掘、申义、辨识和梳理工作,把我们读不懂的概念,翻译成可以读懂的概念,解决了一部分问题。但在我看来,还须做进一步"以今释古""古为今用"的工作。在中国社会学体系上，我赞成景先生的主张，不能用"西方社会学擅长的个人与社会、结构与行动、整体与个体、事实与意义的二元划分乃至对立"①的建构方法；但原封不动地照抄先秦及后来古典术语概念作为中国社会学概念体系，也不一定好。比如说，用中国群学来称呼中国古典社会学，用修齐治平来建构中国古典社会学体系，也未必完全妥当——"修齐治平"是儒家社会学的理论体系框架，但不一定是全部古典社会学学术和理论框架，当然更不是我们需要的古典社会学体系框架。中国社会学发展至少有2300多年历史，其间社会学体系既一脉相承又与时俱进。作为后代人，我们对前代人的思想和传统，应秉持传承创新的理念。当代中国社会学体系建设，是要在一个较长时期内，建设中国化、时代化、全球化和实践化的中国社会学学科体系、理论体系和学术体系，需要围绕着中国社会学认识论、源流论、行动论、结构论、变迁论、目标论和应用工程论等七个方面，创新性传承中国古典社会学优秀和有价值的思想与理论，为今所用，为我所用。

  三是做好"评价"工作。景先生和他的团队，对中国古典社会学不仅做了大量的发掘、申义、辨识和梳理工作，提出了34个基础性概念和基本概念，而且对中国社会学（群学）及每一个概念进行了社会学评价。总体而言，这些评价大都是建设性的，对于我们正面理解中国古典社会学思想具有积极意义。长期以来，中国近现代社会学界对中国古典社会学采取不承认，并与之切割的态度；即使接触，也是批判性的，全盘否定。从"五四"到"文化大革命"，以及到现在，"打倒孔家店"，"批林批孔"，以及社会学"接轨"西化，以至在学术界和读书界形成了中国古代等于传统，传统思想等于落后愚昧错误思想的刻板思维方式。在社会学评论界，对传统社会思想，甚至对中国自己的社会学理论创新，也是恶搞多于理解，贬斥批判多于褒扬赞颂。景先生这本书对中国古典社会学的正面建设性评价，让我看到了中国社会学界学风之转变，心态之转变，精神为之一振。

---

① 景天魁等：《中国社会学：起源与绵延》（上、下册），社会科学文献出版社2017年版，前言和第110页。

但"以今鉴古"的评价工作,是一项重要的学术工作和建设。对中国古典社会学的评价,还不能"翻烧饼",也不能盲目跟风。要站在时代的高度和实践前沿,围绕着建设中国化、时代化、全球化和实践化中国社会学,从创新性传承中国古典社会学中优秀的有价值的思想出发,系统地历史地和实事求是地对中国古典社会学进行评价。该好评的要好评,该批判的也要予以批判;优秀的、有价值的东西要传承下来,发扬光大;糟粕的、无意义的东西要抛弃。

中国古典社会学中有优秀的好东西,但也有大量无价值、无意义的东西,不可全盘否定或全盘肯定。甚至也不必用"一分为二""三七开或对半开"之类的方法教条式地评价,而在于历史分析。以"源流"会通为例。中国古典社会学在漫长历史长河中,有多轮"源流"会通,也有多轮外来思想中国化。其根本原因是随着时代变迁,中国"源"的社会学思想资源相对不足,思想市场呼唤一种新的思想"流"入。新流入的外来思想适应中国思想市场需要而作相应的改造,才能实现自我价值。存在的东西一定有其合理性,而有合理性的东西也一定会存在。当代及未来是一个后现代(信息—生态)社会不断发展,近代工业社会不断没落退出的时代,思想市场在呼唤后现代主义登台。蕴含着后现代主义因素的中国古典社会学时来运转,在同西方社会学和马克思主义社会学源流会通中国化之后,必定迎来再次登台的机会。因此,应从时代和实践角度,评价中国古典社会学及其"源流"价值。只有在这样的评价中,中国古典社会学才能获得它应有的当代价值和意义。

参考文献

费孝通:《从实求知录》,北京大学出版社1998年版,第347—348页。

景天魁:《中国社会学不可回避的根本问题——从"社会学"的春天谈起》,《学术界》2014年第9期。

景天魁:《"根植于中国土壤之中"的学术路线——怀念与学习陆学艺》,《社会学研究》2014年第3期。

景天魁:《中国社会学崛起的历史基础》,《北京工业大学学报(社会科学版)》2017年第4期。

景天魁:《中国社会学源流辨》,《中国社会科学评价》2015年第2期。

景天魁等:《中国社会学:起源与绵延》(上、下册),社会文献出版社2017年版。

《马克思恩格斯全集》(中文版)第9卷。

Ⅲ

学科自信与话语体系构建

中国社会学话语体系构建的基本范畴创新问题

王雅林[*]

一 新时代提出了中国社会学话语体系创新问题

在新的信息化、智能化、全球化和世界政治秩序极为复杂的条件下,当代世界的发展充满了各种不确定性。但在所有不确定性中最能确定的是,世界各国人民对于过上美好生活的共同期望。经过40年的改革开放,中国特色社会主义进入了新时代。新的历史节点的重要标志是,中国的发展由侧重解决人们的基本生计问题,进入提升生活质量、不断满足人们对美好生活向往的新的历史阶段。新时代的重要特点是,"中国社会如何发展"同"中国人如何过上美好生活"高度契合。从生活和社会的关系来看,依据中共十九大提出的新时代"主要矛盾新说"的表述,已把"美好生活需要"置于社会主要矛盾的主要方面,从学理上讲,这就把对生活的建构置于社会发展的核心地位。也就是说,中国社会如何发展,要以中国人如何过上美好生活,不断满足人们的生活需要为出发点,由此客观地决定了社会学对现实的社会结构关系的研究,不能离开生活和社会的一体化关系。

具有现代学术形态的社会学形成于西方,西方社会学包含西方率

---

[*] 王雅林,哈尔滨工业大学社会学系教授、《哈尔滨工业大学学报(社会科学版)》主编。

先走向现代社会所凝聚起来的思想学术成果，是我国在中西会通中发展中国化的社会学必须借鉴的学术资源，完全另起炉灶是不可能的。但西方社会学的理论脉络主要是按照科学主义、实证主义和模塑自然科学以及在欧洲文化背景下建立起来的，从古典社会学到"后现代社会学"各种流派观点迥异，但总体上是以现象与本质、主体与客体"二分"认知方式为基础的，在对社会结构体系上的认识上，"生活"往往被抽离化、外在化，形成了被称为"遗忘生活"的理论体系。这表明，已有的来自西方占支配地位的社会学概念解释框架，已与当今时代的发展诉求很不合拍，不能为我国新时代不断满足人民对美好生活向往为发展目标的社会实践提供合理的解释和理论能量。

在解决时代的和中国现实发展的议题上，丰富的中华传统思想文化可为中国社会学理论体系的创新和本土化发展，提供文化脉络和学术资源。比如，具有形而上哲学形态的中国传统学术文化的突出特点是，注重形而下的生活世界和人生问题，赋予生命、生活以本体论地位，如《周易》讲"天地之大德曰生""生生之谓易"，把"有利于生"作为评价一切事物的根本标准，即梁漱溟讲"以生活为对、为好的态度"[①]。但对形而上问题的阐发从不脱离具体的生活场域和"养人之欲"的人文感性活动。同时，传统人文思想不仅表现为对人生意义和美好生活的思考，而且十分强调如何改善人自身生活的践行方式，如"天人合一"等，这样的思想理念滋养了中华民族五千年从不间断的文明。因此，我们衡量中华传统文化的价值，不能以是否符合西方社会学理论框架为准绳，而应是以能否有助于回答新时代之问、创新地构建本土化学术话语体系为标准。"本土化"的概念很重要，它强调的是一种理论观照现实的方式，即在解释当今世界特别是中国问题时，如何在全球多元文化的对话和会通中，创造自己的并具有普通意义的理论体系。从人类历史上看，"轴心时代"产生的直至今天仍是我们思考范围的基本范式的精神巨人们的伟大思想，包括中

[①] 梁漱溟：《东西方文化及其哲学》，载《梁漱溟全集》（第一卷），中国文化书院学术委员会编，山东人民出版社1989年版，第498页。

国的老子、孔子、庄子等诸家学说，构成的人类"群星璀璨"的时代景观，正是生活在各地的精神巨人们基于不同的本土语境向人类奉献出的各具特色的理论思想。这是伟大的历史启示。在今天，中国本土化的社会学发展，就是要以构建中国化的社会学学术体系、学科体系和话语体系的目标，形成"中国社会学"学术生态体系。应该认识到，在学术思想向世界开放的条件下，中国社会学的发展有两大优势，一是改革开放以来取得伟大成就的"中国经验""中国实践"，二是中华五千年创造的辉煌文化和积累的学术资源，我们需要格外珍视和利用好。

二 "生活本体论"社会范畴概念的构建

构建中国社会学的学术话语体系，需要有高度的主体意识、创新意识和学术自信意识。这种意识的建构，现在到了由倡导阶段进入具体的学术实践和探索的日程。

学术话语体系的构建由范畴概念、理论命题、主旨意趣及思想的独特体悟方式组成，这一工作无疑是非常繁难的，其中最为基础的工作无疑是对重大范畴概念要做出我们自己的合理定义和解释，否则难以形成从自己的理论立场出发来把握现实和构建中观、微观学术话语的方式。

社会概念是社会学以至整个社会科学的总括性概念基石，对社会概念如何界定，总是牵连着时代的强烈问题意识。我国现行的社会概念是日本学者借用汉语"社""会"的辞源学意义侈译了西方的社会概念，经外来加工后又内销到中国。如前所述，经过出口转内销的社会概念对社会万物的认识有了科学理性的飞跃，但也把生活排除在社会的本质和永恒事物之外，造成了"生活"和"社会"的割裂。其后果是，这种对社会的概念方式使"生活"外在游离化了，或使生活仅仅成为被建构的从属因素，生活被社会"殖民化"了。另外，生活和社会内在地具有互动生成关系，一个个生活者对自己生活的建构构成了社会发展的强大内生动力。对此习近平总书记有精辟的表述:"历史总是伴随着人的追求美好生活的脚步向前发展的。"① 而在现有的社会概念框架里看不到生活在同"社会"的互动生成关系。

对社会概念的本土化界定和"重新发现社会",贡献最大的是费孝通先生。需要指出,学界对费孝通先生的理论遗产从"事理"层面阐释较多,而从"学理"层面挖掘不够。费老晚年经过对他所接受教育的结构功能主义理论的反思,在继承中华传统思想的基础上,提出了"新人文思想"。他指出,社会学是一种具有科学和人文双重性格的学科。费老晚年的一大学术贡献,是把"生活"引入社会概念体系,在《个人·群体·社会——一生学术历程的自我思考》以及《重建社会学与人类学的回顾和体会》等文章中,他反复表述,"人与人共同生活才有社会,社会学就是看人和人怎样组织起来经营共同生活,形成社会结构"②;"社会所规定的一切成规和制度都是人造出来的满足人的需要的手段","许多人用分工合作的方式生活,这就是社会"③。这就大道至简、返璞归真地建立了"生活本体论"的社会概念解释框架,赋予社会概念以"实体性"品格和把社会纳入生活世界范畴。

从人类的形成史来看,我们的先民为了"生活"逐步建立起了规则、禁忌和组织形式,形成了萌芽和初级的社会形式。人类在长期的生存实践中,围绕生活逐步形成了日益完善的社会组织关系结构。这种"生活本体论"的社会概念解释框架,反映了人类历史的脉动、社会存在的根据和社会发展的深层动力系统。笔者在《回家的路:重回生活的社会》一书中,曾用"鸟"与"巢"的关系比喻生活与社会的关系,"巢"是鸟为了"生活"而建构的,因此不能离开鸟的建构作用孤立地考量"巢","鸟"与"巢"一起构成了一个生成体"鸟巢"。同时书中又提出的一个"钟摆效应"原理,即一个社会不管它的外显结构的变化有多么大,最终总会回到生活的原点上,由生

---

① 习近平:《在"一带一路"国际合作高峰论坛圆桌会议上的闭幕词》,《人民日报》2017年5月16日,第1版。
② 费孝通:《文化与文化自觉》,群言出版社2010年版,第286页。
③ 同上书,第113页。

活来校正摆动的幅度和走向。体现人的本性要求的生活,永远是社会的"定心锤"①。这一对社会概念的"再发现",为中国学术话语的生成和创造提供了巨大的概念空间和理论动能,可带动社会学研究范式的革命和一系列理论创新。

三 确立"生活"以范畴概念地位的话语建构意义

如果说从学理层面把生活纳入社会概念体系之中,从实践层面把"创造人民美好生活"置于实现中华民族伟大复兴"中国梦"核心地位的话,就都涉及对"生活到底是什么""什么样的生活值得过"的追问。但到了目前,在崇尚"理性"和"本质"的西方社会学概念体系中,生活被排除在科学殿堂门外,尚不具有范畴概念的地位,或主要是在较低的"日常生活"概念层面加以使用。这样,当代社会发展对生活理论的需要,同生活概念的不成熟、不完整性之间就形成了巨大反差,因而"生活是什么"的问题就成为待解的重大课题。因为如果对"生活"概念不明晰或主要在狭小的"日常生活"层面指导社会,规划人们的生活,就会在战略实施和政策指导上陷入盲目性,不能满足人们日益增长的更全面、更高层次的生活诉求,或在社会生活中出现"日常生活平庸化"倾向。但把至今尚未进入科学殿堂的"生活"范畴概念化,除了需要摆脱西方社会学的认知方式外,也必须看到,生活表征是最难以把握的社会现象,界定它无疑需要整合、借鉴人类所创造的一切学术理论,特别是我们中国自己形成的学术理论资源。

生活概念是一个凝聚中国智慧、中国经验、中国意识的概念,在中国传统"生生"哲学中,从人的生命本质的高尚性"生生之谓大德"出发,是用形而上与形而下、"道"与"日用"的统一观点看待

---

① 王雅林:《回家的路:重回生活的社会》,社会科学文献出版社2017年版,第1—6页。

生活的,"不离世而超脱",赋予生活意蕴以扩大的日用和精神空间。基于这种理念和现实需要,我们需要建立超越"日常生活"的"大生活"概念,实现"生活"的范畴概念化。

据此笔者在《回家的路:重回生活的社会》书中,建立了生活、活动(行动)、社会性三个相互关联的维度解释框架,指出在三者关系中,"生命"是生活的载体和前提;"活动(行动)"是人的特有生命形态的存在、展开和实现形式,它构成人世间一切事物的本源和本体;"社会性"则表征的是人们生活的关系性存在和活动场域。界定生活这一概念时要特别强调,凡是"生活"必然具有"日常性"特征,但"日常性"不等于现行的"日常生活"概念,从生活的概念内涵上看,应包括"六个统一"关系在时空中的展开,即日常生活与非日常生活的统一、生活的物质属性与精神属性的统一、生活需要的生产性活动与满足性活动的统一、私人生活与公共生活的统一、实然生活与应然生活的统一以及现实生活与虚拟生活的统一[1]。在现实中,这"六个统一"尽管在一定程度上尚属概念模型,却提供了认识生活属性的理论方向,表明"生活"在人类社会中是有一个具有无限展开空间和精神高度的概念。随着人类生活实践活动的丰富和发展,生活概念包含的"概念潜能"必将动态地向现实形态转化。当这种"大生活"的理论形态更多地向现实形态、向"日常生活"转化之时,则将成为社会进步和人的本质力量展开的重要标志。

应当指出,把生活作为一个科学范畴提出来,不但提出了一个由非科学范畴的"丑小鸭"进入科学殿堂的合理的学理依据,而且要特别强调,它在建构中国学术话语体系和理论体系中是一个具有基石性地位的概念。中国特色社会主义的目标定位是,建设富强民主文明和谐的社会主义现代化,逐步实现人的全面发展和社会的全面进步。而要实现人的全面发展,就必须创造全新的社会形式把人的生活全面地生产出来,而只有能够生产出"生活全面性"的社会,才能真正

---

[1] 王雅林:《回家的路:重回生活的社会》,社会科学文献出版社2017年版,第130—174页。

走出马克思所说的人类社会的"史前史",才能成为全面进步的社会。在中国特色社会主义进入新时代的现实发展中,也只有在"大生活"的概念框架下,如通过更深刻、更全面和动态地把握人们对美好生活不断增长的需要,才能更好地规划社会发展,实现"美好生活社会供给精准化"和"生活需要的全面化和高尚化"。

四 本土化学术话语体系构建的"文本"载体

构建"中国学术话语",在融通古今、会通中西学术资源的基础上,从文本载体上看,可采取以下三种途径。

第一,本土概念的现代转换。在这方面最成功的例子就是用"小康"概念表述中国现代化发展的阶段性目标。习近平同志在纪念孔子诞辰2565周年国际学术研讨会开幕会讲道:"'小康'这个概念,就出自《礼记·礼运》,是中华民族自古以来追求的理想社会状态。使用'小康'这个概念来确立中国的发展目标,既符合中国发展的实际,也容易得到最广大人民理解和支持。"除此之外,像"天人合一""和而不同""道法自然""大同"等词语经过现代转换,仍可成为具有生命力和当代价值的"中国话语"的组成部分。

第二,西方概念的本土会通。我国现行的社会科学概念体系是以西方社会科学概念为基础而形成的,离开这些概念就无法进行国际对话,而且这些概念在一定程度上也体现着人类对社会认识能力的文明成果。因此构建"中国话语"不可能完全离开这些话语体系,但需要从实践出发,通过检验过程明确其是否具有真确性和对其进行修正与完善,以达成中西涵化之效。在这方面费孝通先生为我们提供了范例。比如他早年提出、现在大家已耳熟能详的"差序格局"概念,无论"差序"还是"格局"都是外来词,却涵化成完全中国化的概念。但是,借助中外学术资源构建中国话语,往往会出现中西词语相互纠缠的情况。比如,"小康"是本土概念,但"小康社会"就是中西合璧的概念了。在中国近代百余年的中西学术交流史中,这种中西概念相互交织缠绵的状况成为某种常态。

第三，对"草根"话语的提炼。这是为论家所忽视的问题。如果说实践是推动理论发展的根本动力、生活是概念形成之源的话，那么作为生活和实践主体的普通草根大众之中则孕育着巨大的知识能量，特别是互联网正在构建一个"人人社会"，"沉默的大多数"有了更多发声的机会。一位西方学者就提出，"普通人的思想将被证明是有趣的和重要的"，"应该在共同生活中、从普通人的声音中寻求真理"[①]。因此，从事知识生产的学术精英的眼光，不仅要盯着"庙堂""学堂"，也要面向"山野"；不仅要关注主流学术的"大传统"，也要关注草根的"小传统"，"小传统"并不小，它往往构成学术话语生成的重要来源。我还要强调一点，在信息化大众发声和创造的年代，中国学术话语的创造要注意消除"精英"和"大众"话语的严格界限，尽量采用普通大众能听懂的话语。另外，草根词语"文本"有两种表达方式："语言文本"和"行动文本"。后者体现为"沉默的大多数"用行动所发的声音。这种"行动话语"同时也表明，构建中国话语并不是单纯构建"知识"，而且也必然包含实践性、价值性的新建构。最后我们还要提及一点，"中国话语"的构建不仅包括有形的范畴概念、理论体系的构建，也应关注不具明晰性的思想体悟方式的成分，这正是中国文化的突出特点。

---

① ［英］唐·库比特：《人生大问题》，王志成、王蓉评，四川出版集团·四川人民出版社2008年版，第26页。

"本土社会学"的构建与新时代中国社会学的志向

田毅鹏[*]

自晚清时期西方社会学传入以来，中国社会学经历了颇为曲折发展的"两周"。第一周是晚清以来西方社会学的传入及其发展。学界公认的标志是，康有为戊戌变法时期在广州万木草堂讲群学。在当时的维新派看来，由于群学是一种救亡的工具，因此中国要想避免亡国灭种的命运，就必须通过"合大群"的方式实现富国强兵。几乎与此同时，严复在《群学肄言》中将西方的社会学翻译为"群学"，表现出以先秦之"荀学"融合西方社会学的思路。但稍后，孔德系社会学作为社会学的主流开始传入并占据了主导地位，由日本学者命名的"社会学"替代了群学。从此，社会学便是一种作为单纯意义上的"舶来品"存在。第二周是20世纪80年代以来社会学重建背景下的学科发展。从1979年开始，在改革开放的大背景之下，中国社会学开启了其"重建之旅"。值得注意的是，20世纪80年代中国社会学重建之日，正是美国社会学如日中天之时。在学科学术规范化的话语主导之下，植根于美国实用主义之上的实证社会学大行其道，以至于我们在社会学重建的过程中甚至忘记了西方社会学体系中还存在一种所谓的"欧陆传统"，更遑论本土社会学。对于学界来说，中国社会自身的社会分析传统几乎被完全遗忘。

比较观之，虽然中国社会学发展的"两周"存在诸多不同，但有

---

[*] 田毅鹏，吉林大学哲学社会学院院长、教授。

一点是一致的,即都是在西学东渐、西学主导的强力背景下,以西方社会学理论及学科体系为主体的一个"单向传入"过程。虽然在此发展进程中不断有学者强调社会学本土化的重要性,并希冀通过本土文化的激活以消解外来理论的决定性影响,但从总体上看,社会学的发展进程终究还是在"冲击—回应"框架下被动展开。在此框架内,本土理论和本土社会研究不过是消化理解外来理论的材料而已,未曾获得独立的学科地位。

社会学的文化自觉和理论自觉

进入21世纪以来,在中国社会学重建和快速发展的基础上,学术界逐渐意识到本土社会学建构的重要性。新旧世纪交替之际,费孝通率先提出"文化自觉"的观点,强调"生活在既定文化中的人对其文化有'自知之明',明白它的来历、形成的过程、所具有的特色和它发展的趋向。自知之明是为了加强对文化转型的自主能力,取得决定适应新环境、新时代文化选择的自主地位"。同时,他还强调文化间的理解和沟通问题,即"理解所接触的文化,取其精华,吸收融汇"。陆学艺也很注重本土社会研究的重要性,大声疾呼:在现有的社会学学科体系中,中国的农村社会学和中国社会思想史研究是最有可能走向世界的标志性学科,应该引起我们的特殊重视。郑杭生则提出"理论自觉"概念,并认为:从事社会学教学研究的人对其所教学和研究的社会学理论有"自知之明",其含义应该包括对自身理论和他人理论的反思,对自身的反思往往有助于理解中外不同理论之间的关系;同时,既要努力创造自己的有中国风格的理论,又要正确地对待其他各种理论,特别是外来的理论。可见,在21世纪到来的最初时段,上述三位社会学家都通过不同的话语和思想方式,表达出本土社会学建构的重要性。而近年来,以景天魁为代表的学术团队则努力以中国传统社会思想体系的研究为突破口,试图运用新的理解分析框架赋予其对于社会学学科构建所具有的特殊重要的意义。在《中国社会学:起源与绵延》等一系列研究成果中,他们提出了社会学学科体系"三分法"的新思路,认为西方社会学在中国的传播和扩张、中西社会学的会通、"本土社会学"自身的转型和更新,构成了中国社会学产生、发展的核心内容。所谓"中国社会学的现代转型",其实包含了这三条路径。上述判断表达出建构本土社会学学科体系这一新时代中国社会学发展的新志向。

新时代中国社会学发展的新志向

新时代中国社会学发展建构的新志向,主要是通过宏大的"本土社会学"建构计划体现出来的。

第一,关于社会学学科发端起点的界定。

从历史上看,从19世纪中叶到20世纪初,现代社会学学科起点的建构过程,基本上是依据"传统—现代"的分析框架展开的。在此框架之下,包括社会学在内的诸多社会科学分支学科起源发轫的起点都被确定在近代欧洲,主要是在英国、法国、意大利等国。应当承认,这一分析理解框架奠定了现代社会科学体系理解研究的基石,在现代学术史上发挥了重要的作用。但其缺憾在于:在以欧美为中心的社会学学科体系建立的过程中,以西学为中心的知识思想整合过程,淹没了非西方国家的传统思想、知识和经验,形成了植根于西方中心论的学科格局。事实上,大多数研究中国思想史的中外学者承认,中国传统思想具有非常鲜明的早熟性特点。早在春秋战国之际,在"天人相分"的思想原则得以确立之后,形成了多元的思想学派体系,其中荀子的群学已具有极为典型的社会学分析色彩。正是在这一意义上,景天魁在表述"中国社会学之源"时提出:以荀子"群学"为代表的本土社会学传统资源,是以墨子"劳动"("强力""从事")概念为逻辑起点,以荀子"群"概念为核心,以儒家"民本"概念为要旨,以礼义制度、规范和秩序为骨架,以"修齐治平"为功用,兼纳儒墨道法等各家之社会范畴所构成的中国社会学"早熟"(早期)形态。对其展开系统研究和提炼,有助于我们重新确定社会学学科发源的起点,以汇集人类社会的多元形态及其经验。

第二,"本土社会学"何以可能?

本土社会学的概念,主要是基于人类社会发展的普遍性和特殊性关系理论提出的。包括社会学在内的现代社会科学在诞生之初,基本上是依据欧洲经验建立起来的。而在社会学诞生的过程中,社会学很少汲取西方以外的其他文明古国有关社会的知识和思想精华。这直接导致在社会学领域的公认理论绝大部分源自西方,并使其学科知识基础较为单一,存在明显的局限。在当时欧美社会占据主导地位的"中心—边缘"特定的历史条件下,此种格局的发生具有一定的必然性。时至今日,在全球化和非西方国家走向发展和复兴的背景下,对非西方国家本土社会展开深入系统的研究并努力在此基础之上形成更为完整意义上的社会学,则成为学科发展的关键。因为从时间上看,中华文明起源甚早,其思想文化发展的延续性在世界历史上是独一无二的。正如张光直所言:"我相信中国研究能在社会科学上作重大的一般性的贡献,因为它有传统的二十四史和近年来逐渐累积的史前史这一笔庞大的本钱。古世界、古今文明固然很多,而其中有如此悠长历史记录的则只有中国一家。"钱穆也曾经指出:"大凡一个国家或民族,能维持一长时期的历史,到数百年或千年以上,并能有继续不断的发展与进步,即可证此国家与民族,必有其一番潜在深厚的力量存在;必有其获得此项成绩之主要原因,为其历史发展与进步之所以然。我们最要者,当上察其政治,下究其社会,以寻求此潜力所在。"可见,本土社会学研究无论是其本土性还是世界性,都是至关重要的。

第三,中国社会学如何为世界社会学做出贡献。

我们强调本土社会学的建构,并不是利用中国的本土传统资源与西方社会学展开对抗,而是以对话和互释的立场与态度,相互沟通与互动,以丰富和发展全球化背景下社会学学科的理论体系。诚如台湾学者叶启政所言,注重社会学的本土研究,"不是使社会科学研究区域化,正相反,它是使中国学者的努力能够被纳入世界社会科学体系之中"。印度学者帕沙·穆克季也认为,"社会科学的普遍化过程需要注入全球社会科学的本土工程来居间促成"。而从长时段的视角来审视社会学的多线发展轨迹，我们会发现：在前工业社会，特别是人类文明的原典时期，人类在相互隔绝的状态下，展开了带有极强独创性的社会分析研究。作为原典思想和文化，其思想理论奠定了人类社会分析不同脉系的分析研究传统。但令人遗憾的是，以近代工业社会来临为契机，西方社会学异军突起，建构起实证主义的学科体系。在西力东侵、西学东渐的背景下，这些原典中的社会思想智慧火花多数被遮蔽或淹没，不被人们所知。直到今天，在全球化背景下，在中西思想文化对话和交流的基础上，总结挖掘本土社会学的资源，实现多重的学术对话，使得社会学在植根本土的同时，实现新的世界意义上的发展。

中国社会学话语体系建设的历史路径

景天魁[*]

学科话语体系建设具有普遍性的规律，中国社会学话语体系建设还具有特殊的背景和意涵。这两者交织到中国学术漫长的历史脉络中，就成为一个非常艰巨而复杂的课题。从根本上说，中国社会学话语体系建设是一个学科史问题。

一 一个学科的话语体系是历史积累的结果

如果说一个学科的创立可能是由一位或几位学者所完成的话，那么，一个学科的话语体系却是历史积累的结果。即使可能指出一位代表人物，话语体系本身却一定是先前学术创造的历史积累，所谓集大成的产物。

关于这个问题，可以从宋代大思想家张载的名言中获得一种理解。即大家所熟知的"为天地立心，为生民立命，为往圣继绝学，为万世开太平"。张载此话本来是讲知识分子使命的，但其中包含的关系很值得我们品味。我认为，这四句话虽然都是讲的旨趣和要求，但也各有侧重。"为天地立心""为生民立命""为万世开太平"是目的也是结果，而"为往圣继绝学"却主要是途径或手段。也就是说，只有"为往圣继绝学"才可能"为天地立心"，"为生民立命"，"为万世开太平"。所以，"为往圣继绝学"，虽然和其他三者同样重要，

---

[*] 景天魁，山东大学兼职讲席教授，中国社会科学院学部委员、社会学研究所研究员。

但又是其他三者得以实现的途径和前提。

那么，从学科来说，所谓"为往圣继绝学"也就是学术积累。学术积累包括学术话语的积累、凝练和传承。而这个积累、凝练和传承其实就是我们现在所说的思想史。由此不难理解，为什么我们总是说"史、论、法"是一个学科的基石。一个学科怎么才能立得起来呢？靠的其实就是历史、理论、方法。在"史、论、法"里面"史"又是理论和方法的基础，所以学科史既是学科的基石，也是话语体系的基础。由此可知，我们应该通过思想史或者学科史来弄清楚一个学科是从哪里来的，应该往哪里去。

那么一个学科从哪里来，是如何标识出来的呢？是以它的概念和命题的出处、来历标识出来的。这些概念和命题怎么形成的、怎么演变的、怎么延续下来的，也就是我们社会思想史要考察的问题。学科从哪里来到哪里去的问题，也就成为一个学科话语体系的源流问题。

这就不难理解为什么当西方社会学传入中国之时，康有为、梁启超、严复、谭嗣同、章太炎等人会不约而同地想到中国也有类似的学问。他们有这个自觉的意识，叫学科自觉也好，文化自觉也好，他们见到西方社会学传入了，首先考虑的就是我们中国有没有类似的学问，他们思考的结果，就追溯到战国末期荀子创立的群学。因为中华文明有五千年的历史，中国社会有极为丰富的演变史，中国关于社会的概念和命题应该早有积累，不可能在19世纪中叶孔德提出社会学之前一无所有，中国事实上存在一个本土的群学话语体系。

从康有为、梁启超、严复、谭嗣同、章太炎以及刘师培等先辈开始，直到潘光旦、费孝通、卫惠林、丁克全等人，事实上许多先贤在追寻社会学的本土起源，直接或间接地肯定了荀子群学既为中国古已有之的社会学。前面几位先辈大家比较熟悉，不再一一介绍。刘师培曾经担任北京大学教授，他做出的一个重要贡献，就是论证了即使按照西方近代划分学科的标准，战国时期中国也至少有16个学科，其中中国社会学位列第四个学科。台湾学者卫惠林在其所著《社会学》一书里明确指出荀子是中国第一位社会学家。丁克全是东北师范大学教授，也是首任吉林省社会学会会长。他1940年在日本帝国大学留学的时候，就曾经发表过一次演讲，认为社会学不只西方有，中国也有。①

1999年陆学艺先生牵头成立中国社会学会中国社会思想史专业委员会，他任理事长，我和王处辉教授是副理事长。我在该专业委员会成立大会的发言中实际上提出的就是中国社会思想史和社会学学科史到底是什么关系的问题。陆学艺先生2013年去世以后，我担任该专业委员会荣誉理事长。在山东大学召开的年会上我又提出了这个问题，并进一步地表述为中国社会学的源流问题。可见至今整整20年来关于中国社会学的源流问题，一直是我苦苦思索的一个问题。

这个问题里面的一个重要症结，就是划分学科的标准。社会学这个学科是不是只有西方有？对这个问题的回答取决于是不是只能以西方划分学科的标准为圭臬（且不说其实西方未必有统一的、明确的学科标准）。在我看来，学科在中西方之间不是一个谁有谁无的问题，而是一个存在形式不同的问题。中国古代有学科，但是它的特点和西方不同。大体上说，西方学术是学科之中有学派，社会学里面分了好多学派；中国学术是学派之中有学科，像孔子有六艺，可视为六个"学科"。后来墨子学生有近千名之多，相对于当时中国的人口规模，相当可观了。墨家学派分了很多学科，用现在的话来说文史理工全有。墨子懂建筑，兵器制作也达到相当高的水平。他能够带着300多名学生去制止一场战争，使得发动战争的强大的楚国不敢攻打较弱的宋国，他的力量该有多大！可见，他的学科分化是很细、很发达的。中国社会科学院世界宗教研究所首任所长、后来担任国家图书馆馆长的任继愈先生，曾经从《墨经》和《经说》里整理出了墨家的光学、力学、数学等多个学科。墨家在世界上最早发现了光影、成像、反射等光学原理并且做了实验；墨家在世界上最早发现了引力，创造了引力学，比17世纪的牛顿早2000年发明了所谓"牛顿第二定律"；墨子的数学至少与古希腊时期的数学可有一比，在很多方面在当时世界

---

① 兹不一一加注，请参见景天魁等《中国社会学：起源与绵延》（上、下册），社会科学文献出版社2017年版。

上如果不是绝无仅有的也至少是领先的;墨子的逻辑学也是相当发达的。此外,墨子及其后学"对于声学、机械、土木等方面也具有不可磨灭的贡献。比如具有起重作用的桔槔,发射巨箭的连弩车,投掷武器和炭火的转射机,监听敌人动静的罂听,都是当时的重要发明"。[①]至于荀子,在当时最高学府稷下学宫"三为祭酒"(学术领袖),学宫集儒、墨、道、法、名、兵、农、阴阳、纵横、小说等十多种学派,大师云集,各驰其说,互相辩论,盛况空前。"稷下先生"收徒授业,每人就"赀养千种,徒百人"(《战国策·齐策》);孟子则"从者数百人"(《孟子·滕文公下》)。套用现在的说法,既有"本科"教育,又有"研究生"教育,焉能不分学科?可见,在春秋战国时代我们中国不是没有学科,而是学科已经比较发达,可谓"五花八门"了。

那么,为什么只有西方的学科算是学科,中国的就不被承认?为什么西方的学科之中分学派就是正确的?中国的学派之中分学科就是不能成立的?直到现在也找不到理由能够证明这一点,事实上无法证明学派之中分学科就不是学科。

中西两大学术各有独立的起源,各有各的合理性。在春秋战国时期与西方的古希腊时期不可能有什么学术交流,交流沟通是很多年以后的事情了。它们都是按照自己的起源和脉络发展起来的,自有它本身的逻辑,有它本身的合理性。且不说西方文明中断了几个世纪,而中华文明一直是绵延发展的。即便如此,我们并不自诩优越,而是认为不同文明之间无所谓孰优孰劣、谁对谁错的问题,应该相互尊重。用现代的话说就是应该互学互鉴。

我在读到费孝通先生1995—2003年关于社会学学科建设的反思性文章之后深受启发。特别是费先生多次提到20世纪30年代英国的拉德克里夫·布朗教授在燕京大学讲学时的重要论断,就是中国早在战国末期已由荀子创立了社会学。费先生表示很想好好研究荀子。

从2014年开始,我发表一系列的文章,探讨中国社会学的源流

---

① 任继愈:《墨子与墨家》,商务印书馆1998年版,第164页。

问题,并带领研究团队出版了《中国社会学:起源与绵延》一书。该书只是初步梳理出群学的概念体系,初步证明了群学就是中国古典社会学。我们正在进行的中国社会学史研究,致力于梳理出群学的命题体系,再进一步研究群学自创立以来已有2200多年的演进史。特别是不再仅仅作为思想史,而是作为学科史,梳理出群学的演进逻辑,这是非常艰巨的任务。

二 历史积累的时间越长,话语体系越丰富、越成熟

我们即将完成的《中国社会学史》第一卷梳理出100多个群学命题,形成了中国社会学话语体系的第一个版本。这个版本是群学的元典形态。它的形成,是先秦中华文明第一个高峰的结晶,是春秋战国社会剧变的反映,是中国历史上第一批崛起的士阶层的智慧体现,是世界历史上罕有的百家争鸣的产物。荀子不仅是战国末期儒家的最优秀代表,也是稷下学宫的学术领袖,荀子的丰富人生阅历和超群的综合才能,使他成为先秦学术的集大成者,他作为群学创立者是历史的选择。《荀子》一书创建的群学元典,放射着照耀千古的思想光芒,为中国社会学话语体系建设奠立了历久弥坚的历史基础。

秦汉时期,天下大定,中国社会迎来基本制度重建的难得机遇。这一时期建立的大量制度,诸如"大一统"、中央集权制、郡县制、司法制度、监察制度、人才选拔制度以及屯垦制度等,能够超越封建主义、资本主义和社会主义等社会形态和意识形态,一直延续和影响到今天,成为"中国基本社会制度"。群学参与秦汉时期社会制度重构、运行和发展的全过程,不仅为制度建设做出了巨大贡献,其自身也从先秦的精英型理论命题形态转化为制度化命题形态,从单纯的知识形态转化为实践化形态。从而实现了群学形成后的第一次形态演进——制度化。在这一制度化过程中,群学命题体系得到了丰富与完善,我们又从中梳理和筛选出100多个命题,构成了群学制度化命题体系。

隋唐宋时期，礼制下移，为民间社会发育创造了良好的契机。唐代社会空前开放，多元文化丰富多彩；宋代商品经济发达，民间社会加速发育。于是，合群、能群、善群、乐群的概念和命题随之深入民间，沉到基层社会结构，化作社会风俗、规范和习惯，活生生地体现到人们的日常生活之中，塑造着丰富多元的民间社会，反映到家训、乡约、族规、蒙书乃至民间话本等通俗读物之中，创造了不胜枚举的鲜活多彩的群学民间化命题。我们也从中选取了100多个，构建了群学民间化命题体系。

元明清时期，禅化儒学的"心性论"与道教内丹学、佛教"佛性说"高度融合。继宋代以后，心性问题成为主导性话题。在这一时期，与人们误以为自宋代尊孟黜荀以来群学似乎销声匿迹正相反，合群、能群、善群、乐群的概念和命题内化于心，创造了既小我又大我、既有我又无我的既虚又实的内在精神世界。群学由此潜入人的心灵，进入内在化阶段。群学内在化，是指将合群、能群、善群、乐群最终归结于修身，将修身诉诸诚意正心，将诚意正心当作解决一切社会问题的不二法门的倾向。我们从横跨儒道释，纵贯朝野上下、无别雅俗的浩瀚文献中，还是选取了100多个命题，构建了群学内在化的命题体系。

清末民国，为解亡国灭种之危难，康有为、梁启超、章太炎等曾力倡群学复兴。但随着西方社会学的强势传入，群学迅速被取代。在美国基督教传教士来华兴办的社会学系里，群学完全失去了位置。但在几乎同时传入的马克思主义唯物史观中，其基本原理尤其是群众观点和群众路线却与群学找到了深层契合点。随之在中国展开的"全盘西化"与"中国化"之争、社会性质论战等，也都促使群学或被动或主动地发生转型。如此一来，这一时期的社会学话语体系——不仅包括群学的、西方社会学的，也包括唯物史观以及马克思主义"中国化"的相关概念和命题、社会学"中国化"的成果，还有在中国人民的伟大斗争实践中、在古今贯通、中西会通中产生的新概念、新命题。我们以兼容并包的方式，权且从中选取了100多个命题，构建了群学转型的命题体系。

在群学诞生以来2200多年的历史长河中形成的命题数不胜数，我们选取的数百近千个命题以及以此构成的5个命题体系，只是群学命题演进史上几个关键节点的标志，它们充其量只是群学命题体系的表征，远不能反映群学命题体系的全部丰富内容。如此丰厚的话语体系积累，是世界文明史上绝无仅有的伟大宝库，是祖先留给我们的取之不尽的丰富资源。世人羡慕不已，我们更要倍加珍惜！

这个话语体系建设的追本溯源，就中国学术史而言可能具有某种特殊性，但是却也体现了话语体系建设本身带有普遍规律性的途径。西方18—19世纪现代学科的分化和发展，也是14—16世纪文艺复兴的结果。这也是另一种形式的追本溯源。不过西方是中断以后的重新接续，我们只是本来延续之后的重温。"重续"是艰难的，必须冲破教会的禁锢和封杀，不免付出生命的代价；"重温"本来应该是较为容易的，温故而知新，何乐而不为？不料面对中西古今之争，由于缺乏文化自觉，更遑论学科自信，使得"重温"过程坎坷，群学命途多舛。严格地说，"重续"是"复兴"，"重温"未必是"复兴"。但是，我们今天所说的"群学复兴"，其含义也确实不仅是"重温"荀子群学，也不仅是重提康梁的群学复兴，真正的含义是争取中国社会学与西方社会学之间平等对话的话语权。因为这是实现中西会通的前提，也是中国社会学实现振兴（崛起）的前提。正是在这个意义上，我们把"中国社会学的振兴（崛起）"看作"群学复兴"。

"重续"也好，"重温"也好，共同之处在于继承与创新的统一。文艺复兴是继承与创新的两面一体，继承立于创新，创新来自继承。中国社会学的崛起亦即群学复兴同样必须是继承与创新的统一。这可能也是学科话语体系建设的一个普遍规律。

三 经过长期历史过程磨砺和选择的概念和命题，其生命力一定是更强的

即使群学概念体系、命题体系在历史上确实是丰富的，但那毕竟是"古旧"的东西，到了今天还有什么生命力？我们今天正在飞快

奔向现代化，生活节奏很快，新的词语层出不穷，网络语言花样翻新，为什么还要眷顾那些"老古董"呢？

历史上形成的概念和命题并不都是古董，经过几千年的大浪淘沙，留存下来的概念和命题显示出强大的生命力，成为现代学术话语中最基础、最闪光的部分。诸如修身、诚意、正心、家国、天下、和合、包容等，都是一些非常有价值的概念；和而不同、四海一家、亲仁善邻、协和万邦、天人合一、民为邦本、尚贤使能、惠民利民、革故鼎新、与时俱进、天下为公、天下大同等，也都是一些非常有价值的命题。

这些概念和命题是早在我们中国最早的书《尚书》、最早的诗歌总集《诗经》以及《易经》等先秦时期的经典中已经创造出来了。历经了两三千年甚至更长的历史了，能够延续下来，直到现在仍然活在我们的治国理政中、社会生活中乃至日常语言中，熠熠生辉，无可替代，成为我们经常使用的概念和命题，可见它们的生命力有多么的强大！它们实际上已经融入我们民族的血液和骨髓中，成为中华文明的基因，塑造了我们民族的品格和精神。

试想，我们现在提出一个概念，很可能提出来就无人问津，等于灭亡了。能够顶多传个几年、十几年，那就了不起了。能够传承两三千年的概念和命题，我相信它绝对可以在今后、在中国历史的发展中继续传承下去，会构成我们中华民族优秀文明中那些最稳固、最基础的存在。

在许多农村的习俗中，上千年的古树被当作"树神"，那是膜拜和祈福的对象。概念和命题是人类智慧结出的绚丽花朵，其中能够传承上千甚至几千年的，即使不称为"概念神""命题神"，难道不值得我们读书人珍惜、继承、敬重吗？因为没有它们，我们的祖先乃至我们后人就没有办法说话，没有办法思考。回到开头所说的"为往圣继绝学"，并不是治思想史的学者的偏好，其实就是读书人的天职。

一个概念、一个理论乃至一个学派，或者由于其本身的缺陷，或者由于历史条件的改变，其在历史上的存活期都是有限的。"文化大革命""轰轰烈烈"十年，极"左"的名词、概念和口号不知创造了多少，现在都烟消云散了。即使在历史上称为"奇迹"的伟大成就，例如乡镇企业曾经在中国工业体系中"三分天下有其一"，当时创造的"亦工亦农""一家两制"等概念现在也被遗忘了。我们这么多年研究农民工，创造了大量概念和命题，很快也将随着农民工的消失而淡出和消匿。不能说这些概念和命题没有意义，而是说学术话语的历史淘汰率极高。能够上升到学科层次的概念和命题，本来就是经受过历史淘汰率苛刻筛选的幸运者。只要它的研究对象和研究领域还在，这个学科就一直存在下去。只是在学科尺度上存活的概念和命题一定是历史积累的结晶。因其是历史积累的结晶，它才可能与学科同在。从这里复又印证了我们第一节的论题。

我们现在强调创新、创新再创新，尽管历史积累的概念和命题仍然具有生命力，但我们今天的实践极为丰富，何不立足现实实践创造现代的概念和命题，而非要坚持走话语体系建设的历史路径呢？这就又提出历史路径与现实路径的关系问题了。

中国社会学话语体系建设的现实路径和历史路径不是对立的，也不能刻意地决然分开。这个问题很复杂，恐怕需要另文专门探讨。在这里，我们可以回过头来稍微谈谈本文开头提到的"从哪里来"与"往哪里去"的关系问题。大家知道，中国学术本来是连续的统一过程，如果不是西方社会学强势传入以后，群学被排斥甚至面临存续危机，就不会发生"从哪里来"的问题。"往哪里去"的问题本来也应该在与西方社会学的对话、交流与会通中自然得到解答。但是，实际的历史过程却远非如此。现在讨论中国社会学话语体系建设，必须回答的问题是：只能在西方社会学的话语体系基础上建设吗？如按"舶来品说"（中国本无社会学，中国社会学只是西方社会学在中国的传播和运用），就只能如此，别无他途；然而，如按"群学复兴说"（中国本有社会学，群学就是中国古典社会学，应经由古今贯通、中西会通建设中国社会学话语体系），则存在本土路径。本土路径并非排斥西方社会学，而是希望在与之平等对话和会通中，既实现群学的历史性转型，也实现社会学的本土化。在此基础上，立足现实实践，回答新问题，创造新概念、新命题。可见，所谓"历史路径"和

"现实路径"本来不是决然分开的,而是连续的;目标也不是对立的,而是走向统一的。由此可知,真正的分歧不在历史路径与现实路径的关系,而在"舶来品说"与"群学复兴说"之争。正因为如此,本文开头就断言,从根本上说,中国社会学话语体系建设是一个学科史问题。

四 结语

以上提出的三个论点——一个学科的话语体系是历史积累的结果;历史积累的时间越长,话语体系越丰富、越成熟;经过长期历史过程磨砺和选择的概念和命题,其生命力一定是更强的。这三条即使称不上是学科话语体系建设的规律,也应该肯定是有历史根据的判断。由此可以得出两个推论。

推论1:在不同的、独立的文明史、学术史中,应该并且可能建设不同的、独立的社会学话语体系。不同的话语体系之间可以平等对话、互学互鉴,但中国社会学不应视西方社会学的概念和命题体系为圭臬,在自己的话语体系建设中也不必以西方社会学的概念和命题体系作为唯一基础。

推论2:在悠久的、连续的文明史、学术史中,应该沿着历史积累(概念和命题)的路径建设自成一体的社会学话语体系。就是说,中国社会学的话语体系不能仅仅在现实的基础上建立,也应在历史基础上建立。话语体系的现实基础是其历史基础的延续。

由以上两个推论可以得出一个结论:在有五千年文明史,有庞大复杂的中国社会,有丰富且连续的社会思想史的中国,应该并且可能建立与五千年的中华文明体系相称的、与庞大而复杂的中国社会相称的、与丰富且连续的社会思想史相称的中国社会学话语体系。

参考文献

白钢主编:《中国政治制度通史》(修订版),社会科学文献出版社2011年版。

白奚：《稷下学研究：中国古代的思想自由与百家争鸣》，生活·读书·新知三联书店 1998 年版。

方勇、李波译注：《荀子》，中华书局 2011 年版。

费孝通：《从实求知录》，北京大学出版社 1999 年版。

《费孝通全集》第 15—17 卷，内蒙古人民出版社 2009 年版。

黄克武编：《严复卷》，中国人民大学出版社 2014 年版。

景天魁等：《中国社会学：起源与绵延》（上、下册），社会科学文献出版社 2017 年版。

李安宅：《〈仪礼〉与〈礼记〉之社会学研究》，上海世纪出版集团 2005 年版。

梁启超：《论中国学术思想变迁之大势》，上海世纪出版集团 2006 年版。

梁启超：《说群一：群理一》，《饮冰室合集》文集第 2 册，中华书局 2015 年版。

瞿同祖：《中国封建社会》，商务印书馆 2015 年版。

任继愈：《墨子与墨家》，商务印书馆 1998 年版。

汪受宽、金良年译注：《孝经·大学·中庸》，上海古籍出版社 2012 年版。

杨天宇撰：《礼记译注》，上海古籍出版社 2004 年版。

张岂之主编：《中国思想学说史》，广西师范大学出版社 2007 年版。

（原载《北京工业大学学报（社会科学版）》2019 年第 5 期）

学科创新与学科自信
——以海洋社会学的产生与发展为例

崔 凤[*]

近几年,在国内社会学界,学科自信成为热点话题之一,其背景是学者们对于国内社会学"唯西方"现象的不满。社会学的学科自信,有两个层面,一是与哲学、历史学、文学、经济学、法学、政治学等人文社会科学相比要有自信,要自信社会学存在的合理性与合法性,实践证明社会学是人文社会科学体系中不可或缺的一员。二是与西方社会学相比,中国社会学要有自信。本文所说的学科自信主要是指相对于西方社会学的中国社会学学科自信,而社会学与其他人文社会科学的关系不在本文所讨论的范围之内。不可否认,在中国,不仅社会学这个学科称谓来自西方,社会学的概念、理论与方法也都来自西方,在此背景下,中国社会学只是西方社会学在中国的本土化的结果,即中国只是西方社会学理论的试验场。由此,在有些人看来,与西方社会学相比,中国社会学不自信也就是想当然的了。其实,已有学者指出,随着对西方社会学自身不足的不断认识,以及中国社会学的不断积累和快速发展,中国社会学学科自信会越来越强的。[①] 也有学者指出,中国有自己的传统的"社会学",中国社会学并不是自西方社会学传入后才有的,而是有其历史传统,只不过,中国传统的社

---

[*] 崔凤,上海海洋大学海洋文化与法律学院教授。
[①] 洪大用、曲天词:《中国社会学学科自信之源》,《中国社会科学报》2019年12月18日,第A05版。

会学是与西方社会学不同的社会学，有自己的概念（如群等）、理论（如合群、能群、善群、乐群）等。[①] 坚持中国社会学的学科自信，除了上述从中国历史传统中寻找依据、走古今贯通与中西会通的综合创新之路外[②]，还有另外一条路径，即通过学科创新来坚持学科自信。这里所说的学科创新是指冲破西方社会学的学科局限，遵循人类社会发展规律，立足中国实践，创新出新的分支学科、新的研究领域。本文将以中国海洋社会学的产生与发展为例，论述说明如何通过学科创新来坚持社会学学科自信。

一 海洋社会学：一个新的分支学科

坚持学科自信有哪些途径？一是人无我有，即学科创新；二是人有我强，即有自己独特的优势。中国传统上肯定有关于中国社会的知识体系，但这种知识体系不是按照西方社会学的范式出现的，今天我们只能在西方社会学影响下对中国社会进行梳理，因此，很难摆脱西方社会学的制约。但是，这并不意味着我们只能跟在西方社会学之后亦步亦趋，我们完全可以立足于中国实践，进行学科创新。

学科创新应该是学科自信的源泉之一，没有学科创新就不可能有学科自信，尤其是像社会学这样的所谓"外来"学科。在国内社会学界，绝大多数人认为社会学是外来的，国内学者主编的教材也是从介绍社会学如何在西方产生而展开内容编排的，除了个别的材料来自中国以外，基本上见不到中国社会的影子。有的学者通过反思，提出了社会学要本土化的问题，但讨论的结果却是中国社会成了西方社会学的试验场或材料收集地，甚至连社会学研究成果的形式也要亦步亦趋于西方社会学，否则就很难在社会学专业期刊上发表。

我们不是要全面拒斥西方社会学，也不否认西方社会学的概念、理论与方法对于研究中国社会的可用性，我们要反对的是唯西方社会

[①] 景天魁：《中国社会学学科自信的含义》，《中国社会科学报》2019年12月18日。
[②] 同上。

学马首是瞻，反对的是凡不是用西方社会学方法进行的研究就不是社会学；凡中国社会现象必须用西方社会学的概念与理论来解释，凡不符合的，必是中国社会有问题等观点。那么，用西方社会学的概念、理论与方法所研究出来的中国社会，是真实的中国社会吗？显然，人们对此是不满意的。也许有人要问，如果不用西方社会学的概念、理论与方法，那如何研究中国社会呢？其实，费孝通关于乡土中国的研究已经给我们提供了成功的样本。

中国社会学首先要研究中国社会，研究中国社会显然也不能完全抛弃西方社会学，另起炉灶，另搞一套。中国传统上肯定有关于中国社会的知识体系，但不是按照西方社会学的范式出现的，现实的做法是实现中西结合，以我为主，首先要做到学科创新，即要创设出新的分支学科、新的研究领域。

在国内，社会学下的各分支学科，也多数是外来的，能够体现时代精神和中国社会实践要求的分支学科少之又少，其中，海洋社会学能算上一个。

海洋社会学的产生，从国际背景来看，是因为海洋世纪的到来，人类海洋实践活动越来越多，其对人类社会变迁的影响也越来越大。其实，早在大航海之前，人类的海洋实践对沿海地区的社会变迁就产生了影响，最初这种影响还比较微弱，但随着人类对海洋认知的逐步加强以及科学技术的进步，海洋实践对沿海地区社会变迁的影响越来越大，比如沿海港口城市的出现，如中国的泉州、意大利的威尼斯等；再比如促进了沿海地区的物品、人员的交流，形成了区域性的海洋社会，如环地中海社会、环中国海社会、环阿拉伯海社会、环波罗的海社会等。遗憾的是，这时西方社会学还没有产生，因此对这时期海洋实践对沿海地区社会变迁影响的研究还没有，也就不可能产生所谓的海洋社会学。而在大航海之后，海洋实践对人类社会变迁的影响越来越大，也越来越明显。总的来看，海洋实践对人类社会变迁的影响主要体现在：形成了相对独立的、体系较为完整的海洋产业体系，促进了经济增长、城市化、全球化、科学技术进步，以及创造了丰富的海洋文化。① 但同样令人遗憾的是，西方社会学也没有重视人类海洋实践的重要意义，因此也没有产生海洋社会学。21世纪被称为海洋世纪，其原因是随着人口的增加导致陆地资源的衰竭，而海洋则蕴藏着极为丰富的资源，因此，人类进入21世纪之后，海洋对于人类来讲就极为重要，向海洋要资源就成为必然，于是各国的海洋开发力度空前，同时各种纠纷不断发生。海洋世纪时期的海洋实践，早已突破了"渔盐之利，舟楫之便"，已是人类全面地向海洋的深度开发，因此，此时期的海洋实践对人类社会变迁的影响则是全方位的，并且起着非常重要甚至是决定性的作用。正是在这样的背景下，中国的社会学学者开始了对海洋实践的探索性研究，创立了海洋社会学这个社会学分支学科。

从国内背景来看，是海洋强国建设、建设21世纪海上丝绸之路倡议以及构建海洋命运共同体倡议，使得中国的海洋实践活动前所未有地发展起来了，其对中国社会变迁的影响是无法忽视的。其实在漫长的中国历史上，中国人的海洋实践是极为丰富的，其对中国沿海地区社会变迁的影响是极为关键性的，但在21世纪之前，国内的社会学者也没有对中国的海洋实践加以重视。进入21世纪之后，中国的社会学者才开始对海洋实践进行探索性研究，独立自主地创立了海洋社会学。特别是2012年中共十八大报告中提出建设海洋强国战略目标后，中国的海洋社会学发展极为迅速，也取得了较为明显的成就，产生了重大的国际学术影响。

从上述中国海洋社会学产生的过程来看，只要遵循人类社会发展规律，紧密结合中国社会实践，是能创新出新的社会学分支学科的。另外，需要说明的点是，中国的海洋社会学是独立产生和发展起来的，通过检索文献和会议信息，国外特别是像波兰等国家也有类似海洋社会学的研究，但中国海洋社会学的产生与发展是与国外没有任何联系的情况下自主进行的。

---

① 崔凤：《海洋实践视角下的海洋非物质文化遗产研究》，载崔凤主编《中国海洋社会学研究（2017年卷/总第5期）》，社会科学文献出版社2017年版，第175—187页。

二 学科建构：形成学科话语权

如何判断学科创新？这是一个比较难的问题，但不管怎样，进行学科建构应该是学科创新的重要标志之一。因为通过学科建构为新学科确立了一个范式，这一范式会引领该学科的发展方向。而对于学科自信而言，学科建构所带来的是学科话语权。这里所说的学科建构，是指对学科的研究对象、核心问题、基本概念、基本理论以及体系框架等的自主构建。虽然说自主构建具有极强的主观色彩，但学科建构不是凭空进行的，而是依据人类经验所进行的总结、归纳、概括与抽象。

学科建构首先要解决学科的研究对象问题，因为只有研究对象确定了，学科才有明确的研究目标和问题。作为一个学科，社会学的研究对象是什么？这是一个一直有争议的问题。有人说，社会学的研究对象是社会，但其结果是社会学的研究目标和问题越来越模糊。也有的人说，社会学的研究对象是人类的社会行为，是基于"社会人假设"的人类社会行为。本文认可第二种观点。一个学科必须明确自己的核心问题，而这个核心问题是由其研究对象决定的，即当一个学科确定了自己的研究对象后，其核心问题也就应该随即产生了。需要指出的是，核心问题未必是一个，很可能是多个，但多个核心问题之间必须是逻辑相关的。比如当社会学的研究对象被明确为基于"社会人假设"的人类社会行为时，其核心问题就是人类为什么会产生社会行为？这种社会行为是如何形成社会关系进而形成社会的？个体与社会的相互关系是什么样的？一个学科更要有自己的基本概念，而这些基本概念要通过对人类经验的总结而归纳、抽象出来，如社会化、家庭、阶层等等都是社会学的基本概念。一个学科的体系框架应该是该学科的基本概念、基本理论、核心问题与研究方法等的有机组合，其中各部分之间存在内在的逻辑关系。基本理论的构建是一个长期的过程，需要学科的长期积累，因此学科创立之初是很难进行理论建构的，但对于一个学科来讲是必需的。到目前为止，一个学科已经很难说拥有自己独有而其他学科所没有的研究方法了,只能说一个学科常用的研究方法有哪些。作为社会学的分支学科,除了采用社会学常用的研究方法外,要考虑的是这个学科可能比较有用的研究方法是哪些。

与国外海洋社会学发展历程的最大不同是中国海洋社会学自创立之始就非常重视学科建构,这种建构从研究对象开始,再到核心问题、基本概念,最后是体系框架。[①]

首先是明确了海洋社会学的研究对象。如果将社会学的研究对象明确为基于"社会人假设"的人类社会行为的话,那么海洋社会学的研究对象也应该是人类的某种社会行为,而这种人类社会行为我们可以将其确定为人类的海洋实践活动,也就是说,海洋社会学的研究对象是人类的海洋实践活动。所谓的海洋实践是指人类利用、开发和保护海洋的各种实践活动的总称。[②] 人类的海洋实践活动的对象是海洋环境与资源,其目的是通过海洋实践活动获得人类生存与发展所需要的各种物质与文化产品。在这个意义上,海洋实践与农耕实践、游牧实践一样,都是对自然资源的利用与开发活动,不过,海洋实践的对象是海洋,农耕实践的对象是土地,游牧实践的对象是草原。在原初的意义上讲,农耕实践的主体是农民,游牧实践的主体是牧民,而海洋实践的主体是海民(包括渔民、盐民、船员等)。从结果上来看,农耕实践形成了农耕文化、农耕社会,游牧实践形成了游牧文化、游牧社会,而海洋实践则形成了海洋文化、海洋社会。所以,海洋实践是人类的重要实践方式之一,是人类的重要社会行为,将其明确为海洋社会学的研究对象是符合社会学的学科属性的。

其次是确定了海洋社会学的核心问题。如果将海洋实践明确为海洋社会学的研究对象的话,那么海洋社会学的核心问题是什么呢?海洋实践的产生是人类为了获取生存资源,必将使用工具,必将形成一定的生产关系,产生一定的生产方式,而这些既取决于所面临的海洋

[①] 崔凤、王伟君:《国外海洋社会学研究述评——兼与中国的比较》,《中国海洋大学学报(社会科学版)》2017年第5期。

[②] 崔凤:《海洋实践视角下的海洋非物质文化遗产研究》,载崔凤主编《中国海洋社会学研究(2017年卷/总第5期)》,社会科学文献出版社2017年版,第175—187页。

环境与资源状况,更取决于当时的社会状况,因此,海洋实践与社会变迁之间必然存在某种特定的关系,而这种关系就应该是海洋社会学的核心问题。具体讲,海洋社会学的核心问题是海洋实践与社会变迁之间的相互关系(可以简称为海洋与社会之间的相互关系)。这个问题又分为两个方面:一方面,海洋实践是如何影响社会变迁的?另一方面,社会变迁对海洋实践又提出了什么新的需求?海洋社会学以其核心问题为主线,展开其他问题的研究,试图探索海洋实践的奥秘,寻找人类社会变迁的某种基本规律。

再次是梳理了海洋社会学的基本概念。从含义与特征两个方面,国内海洋社会学近几年对一些基本概念进行了梳理。这些基本概念包括海洋实践、海洋产业、海洋群体、海洋组织、海洋移民、海洋文化、海洋社会、海洋问题、海洋治理等。[①] 比如通过对海洋实践的概念梳理,不仅明确了其含义(海洋实践是指人类利用、开发和保护海洋的各种实践活动的总称)、基本方式(利用、开发、保护),而且概括了海洋实践的基本特征,这些特征包括全面性、高风险性、高科技性、发展性、海陆一体性、嵌入性,其中海陆一体性和嵌入性是海洋实践所独有的特征,是区别于农耕实践、游牧实践的基本特征,也是海洋实践相对独立存在的标志。[②] 再比如通过对海洋群体的概念梳理,不仅明确了其含义(海洋群体是指进行海洋实践的人群)、基本特征(多层次性、高技能性、高度组织性、动态性、内部流动性)等,而且对其进行了职业类别的划分,如渔民、盐民、船员(或海员)、海商、海盗、海军军人、政府海洋行政管理人员、海洋科教人员、现代海洋产业工人等。[③] 通过这样的职业类别划分,既可以了解海洋群体的结构,更可以了解海洋群体的分化变迁。在对海洋社会学

---

① 崔凤、宋宁而等:《海洋社会学的建构——基本概念与体系框架》,社会科学文献出版社2014年版。
② 崔凤:《海洋实践视角下的海洋非物质文化遗产研究》,载崔凤主编《中国海洋社会学研究(2017年卷/总第5期)》,社会科学文献出版社2017年版,第175—187页。
③ 崔凤、宋宁而等:《海洋社会学的建构——基本概念与体系框架》,社会科学文献出版社2014年版。

的基本概念进行梳理的过程中,所遇到的最为令人困惑和令人质疑的问题是所构建出来的所有海洋社会学的基本概念都是采用"海洋+"的方式进行的,这被人指责为概念的随意套用。其实,出现这种情况实属无奈,因为海洋社会学是后发的,只好在原有的社会学概念基础上进行应用,如果想改变这种情况,只能期待着随着海洋社会学的发展会有新的社会现象的发现,从而从这种新社会现象中抽象概括出新的社会学概念。

最后是选择了海洋社会学的常用研究方法。海洋社会学的研究除了要经常使用社会学的研究方法之外,最常用的研究方法应该是比较研究法和历史社会学方法。要想说明海洋实践、海洋文化、海洋社会等的基本特征,必须要与农耕实践、农耕文化、农耕社会以及游牧实践、游牧文化、游牧社会进行比较,否则只能是自说自话。海洋社会学研究的一个基本取向就是回到历史,从历史经验中收集资料、发现问题,进行概括归纳与抽象,因此,历史社会学的研究方法是海洋社会学研究最常用的方法之一。比如说对历史重要事件的社会学分析对于海洋实践与社会变迁之间相互关系的解读就是非常必要的,也是非常重要的。对"大航海"事件如何分析,对于解读整个人类社会自16世纪以来的社会变迁(全球化)是非常重要的,这里就包含海洋实践与社会变迁的辩证关系。

在明确了研究对象、核心问题以及在梳理了基本概念之后,海洋社会学的体系框架也就基本形成了。这个体系框架以海洋实践为主线,首先是海洋实践的直接表象——海洋产业,紧接着的是海洋实践的主体、海洋产业的从业者——海洋群体、海洋组织,随着海洋实践的扩展,海洋产业的变动,就会出现一种新的社会现象即海洋移民,海洋实践促成了海洋产业的形成以及人员流动——海洋移民的出现,于是就会形成海洋文化、海洋社会,社会问题也可能同时产生,这些问题是海洋实践过程中的问题,被称为海洋问题,而解决海洋问题,保障海洋实践健康发展就需要进行社会治理即海洋治理。

通过学科建构,就形成了一个新学科的体系框架,在这种情况下,与西方社会学进行学术交流的时候,也就有了学术话语权。一是因为会被认为确确实实做的是学术研究,二是因为有自己的创新观点。学科建构是社会学新分支学科最为重要的工作,如果学科建构的结果被学界所认可和接受,就成为新学科的基本范式,就会引领该新学科的发展方向,在这个过程中,学科创新就已实现,而学科自信也就自然而然地出现了。

三 国际引领:学术共同体的形成

只有学科创新,才能形成学科自信,而学科创新除了前面谈到的两点以外,还要能够通过学科创新引领国际学术界,以我为主形成全球性的学术共同体。

中国海洋社会学在发展的过程中,非常重视学术共同体的建设。筹备建立中国社会学会海洋社会学专业委员会的申请于2009年得到中国社会学会理事会的批准,2010年中国社会学会海洋社会学专业委员会开始筹建,2015年中国社会学会海洋社会学专业委员会正式成立,也意味着中国海洋社会学的学术共同体正式形成。在中国社会学会海洋社会学专业委员会这个学术共同体的努力下,于2010年开始在中国社会学会学术年会上设立中国海洋社会学论坛,至2019年已经连续举办了十届论坛(见表1)。又于2013年编辑出版了中国社会学会海洋社会学专业委员会的会刊《中国海洋社会学研究》,至2019年已经连续出版了7期。再于2015年编辑出版了《海洋社会蓝皮书:中国海洋社会发展报告》,至2019年已经连续出版了4卷。以论坛、学术集刊、蓝皮书为平台,在国内聚集了一批海洋社会学研究者,这个学术共同体正日益壮大。

表1 2010—2019年历届中国海洋社会学论坛

届数	时间	地点	主题
第一届	2010年	哈尔滨	海洋开发与社会变迁
第二届	2011年	南昌	海洋社会管理与文化建设

续表

届数	时间	地点	主题
第三届	2012 年	银川	海洋社会学与海洋管理
第四届	2013 年	贵阳	海洋社会变迁与海洋强国建设
第五届	2014 年	武汉	21 世纪海上丝绸之路建设与海洋生态文明
第六届	2015 年	长沙	海洋渔村与社会变迁
第七届	2016 年	兰州	海洋强国建设的理论与实践
第八届	2017 年	上海	海洋社会与生态文明建设
第九届	2018 年	南京	新时代与海洋社会现代化
第十届	2019 年	昆明	海洋社会学与沿海社会变迁

中国海洋社会学的发展也产生了较大的国际影响。受中国海洋社会学发展的影响，2015 年韩国成立了韩国海洋社会学会，每年召开两次研讨会。2019 年 3 月在日本东京召开的首届东亚社会学会学术年会上设立了海洋社会学分论坛，在论坛上成立了东亚海洋社会学研究网络（Ocean Sociology Research Network of East Asia Sociology Association，OSRN of EASA），这次论坛以及研究网络是中国社会学会海洋社会学专业委员会联合韩国海洋社会学会共同举办和倡导的，参与学者来自中国、韩国、日本、波兰等多个国家。中国学者又于 2019 年 8 月参加了在英国曼彻斯特举行的欧洲社会学协会学术年会中的海洋社会学分论坛。目前，以中国社会学会海洋社会学专业委员会为主，联合韩国、日本、波兰、德国、英国、挪威、加拿大、美国、澳大利亚等国家的学者，正在筹建全球海洋社会学研究网络（Globe Ocean Sociology Research Network，GOSRN），并计划 2020 年在中国上海召开第一届海洋社会学国际学术研讨会暨全球海洋社会学研究网络成立大会。到时，全球性的海洋社会学学术共同体将正式形成。

综上所述，通过学科创新来坚持学科自信，就必须能够引领国际学术界，能够在全球性的学术共同体中具有领导力，否则只能是亦步亦趋，根本谈不上学科自信。

四 结论

　　社会学学科自信，既可以通过古今贯通、历史溯源，理清历史脉络、学术渊源来实现，也可以通过学科创新，即遵循人类发展规律，立足中国实践，创立新的学科、新的研究领域来实现。通过海洋社会学的产生与发展历程，我们可以清楚地发现，学科自信不能盲目自信，而是要通过切实有效的途径来实现，而学科创新就是学科自信的重要途径之一。在实现学科创新方面，首先学科创新要根据人类社会发展规律（海洋世纪）和国家发展需求（海洋强国建设、21世纪海上丝绸之路建设）创新出新的分支学科（海洋社会学）。其次学科创新要进行学科建构，明确学科的研究对象（海洋实践）和核心问题（海洋与社会之间的相互关系），梳理基本概念（海洋产业、海洋群体、海洋组织、海洋移民、海洋文化、海洋社会、海洋问题、海洋治理等），选择常用研究方法（比较研究法、历史社会学方法），以及构建学科体系框架［以海洋实践为主线，以行为（海洋实践）—主体（海洋群体、海洋组织）—结果（海洋产业、海洋移民、海洋文化、海洋社会、海洋问题、海洋治理）为结构内容］。最后学科创新要通过倡导建立学术共同体（中国社会学会海洋社会学专业委员会、OSRN of EASA、GOSRN），引领学科前沿。如果中国社会学能够不断地创立新的分支学科或新的研究领域，那么学科自信也就会越来越强。

（原载《哈尔滨工业大学学报（社会科学版）》2020年第3期）

新时代中国社会学学科自信的使命担当

苑仲达[*]

当前，世界正处于百年未有之大变局，中国特色社会主义进入了新时代，我国社会学的学科建设也面临着大好机遇和光明前景。为了加快构建中国特色哲学社会科学，我国的社会学人亟须担负起构建社会学自身学科体系、学术体系和话语体系的重任。其中，中国社会学学科体系的构建更是需要坚定信心、奋发努力。然而，时下仍有一部分学者对中国社会学的学科发展不够自信。景天魁曾深刻揭示："100多年来，所谓社会学只是'舶来品'，中国古代没有社会学，已成无须论证即广被承认的'铁案'。"[①] 这无疑成为导致中国社会学人缺乏信心、阻碍学科自身长足发展的重要因素。因此，牢固树立并切实坚定新时代中国社会学的学科自信就显得尤为必要而紧迫。本文基于对中国社会学发展脉络的历史考察及其学科史的再度反思，重点探讨新时代中国社会学学科自信的时代使命与担当问题，以就教于各位学界同仁。

一 中国社会学成长发展的历史脉络

为了深入开展有关中国社会学学科自信的讨论，首先需要对中国

---

[*] 苑仲达，博士后，中国社会科学杂志社学术编辑。
[①] 景天魁：《论群学元典——探寻中国社会学话语体系的第一个版本》，《探索与争鸣》2019年第6期。

社会学何以成为一个学科有所了解。

长期以来，众多国内外学者都承认，作为一门现代学科，社会学是在 19 世纪末 20 世纪初从西方直接或间接通过日本被引入中国的。1930 年，"中国社会学社"的成立堪称中国社会学成长的"里程碑"。20 世纪 30—40 年代，中国经历了一场轰轰烈烈的"社会学中国化"过程，其主要内容是联系中国实际讲社会学、以社会学研究服务于中国社会的改革和建设；其具体表现为梁漱溟先生的乡村建设运动、晏阳初先生平民教育促进会的定县实验区、陈翰笙先生中国农村经济研究会的农村调查、燕京大学社会学系参加平教会和乡村建设以及魁阁的社区研究[1]等。

新中国成立后，受到当时苏联体制的影响，1952 年全国高等学校的院系调整将原属社会学系的一部分课程划归其他学系或另建学院，社会学学科及其学系被迫取消。"文革"期间，社会学进一步沦为"禁区"。[2]

改革开放之后，1978 年党中央决定恢复社会学学科。1979 年 3 月 31 日，邓小平同志在理论工作务虚会上指出："政治学、法学、社会学及世界政治的研究，我们过去忽视了，现在也需要赶快补课。"[3]换句话说，我国的社会学学科在 1952 年停顿，到 1979 年重建，间断了 27 年。[4] 然而，20 世纪 90 年代初，全国只有 15 个社会学系和社会工作系；90 年代中期尤其是 1999 年高校扩招之后，各地高校的社会学和社会工作专业才蓬勃发展起来。[5]

2005 年 2 月 21 日，在中共中央政治局第 20 次集体学习会结束时，胡锦涛同志对当天讲课的景天魁、李培林同志说："现在提出建设和谐社会，是社会学发展的一个很好的时机，也可以说是社

---

[1] 马林诺夫斯基称之为"社会学的中国学派"。
[2] 费孝通：《重建社会学与人类学的回顾和体会》，《中国社会科学》2000 年第 1 期。
[3] 陆学艺：《建设和谐社会需要社会学有个大发展》，《中国农业大学学报（社会科学版）》2007 年第 2 期。
[4] 费孝通：《重建社会学的又一阶段》，《社会》1986 年第 2 期。
[5] 陆学艺：《建设和谐社会需要社会学有个大发展》，《中国农业大学学报（社会科学版）》2007 年第 2 期。

学的春天吧!"① 景天魁曾指出,"社会学的春天"具有三层含义:一是形成回答和谐社会建设乃至中国整个社会建设、社会治理等问题的一系列重大学术成果;二是提出一系列具有中国特色、中国风格、中国气派的基本概念、基本命题和基本理论;三是建立起宏大的学术研究和教学队伍,并形成优秀的学术风气、学科风气和学科体制。②

那么,我们应当如何科学划分中国社会学百年多来的历史阶段呢?郑杭生先生在回顾中国社会学的百年历程时,以新中国成立为界将其分为中国早期社会学(前一段近50年)和中国当代社会学(后一段50年)两大时期。在他看来,中国社会学有西方社会学和马克思主义社会学两大传统。在早期近50年,作为主流或"正宗"的学院派社会学与非主流或非正宗的马克思主义派社会学并存;在当代的50年,这两大传统社会学被取消的27年在名义上均不复存在。而在1979年社会学学科恢复与重建后,马克思主义社会学和以马克思主义为指导的社会学成为中国社会学的主流。由此,他将中国社会学百年的发展轨迹简明地概括为:立足现实,弘扬传统,借鉴国外,创造特色。③ 而景天魁认为,自清末民初至今的110年间,"中国社会学"的主要成分有四:一是来自中国本土的群学(中国古典社会学),二是来自西方的社会学,三是在中西社会学会通和社会学中国化过程中形成的新理论、新学派,四是110多年来在中国人民进行的伟大斗争特别是在改革开放以来走向民族复兴的伟大实践基础上提炼形成的社会学的新概念、新命题和新理论,它们共同构成了"中国近现代社会学"。④ 其中,近现代中国社会学的发展有两个重要篇章:一是清末引入西方社会学,二是民国时期一批在西方接受正规社会学教育的人

---

① 陆学艺:《建设和谐社会需要社会学有个大发展》,《中国农业大学学报(社会科学版)》2007年第2期。
② 景天魁:《中国社会学不可回避的根本问题——从"社会学的春天"谈起》,《学术界》2014年第9期。
③ 郑杭生:《中国社会学百年轨迹》,《东南学术》1999年第5期。
④ 景天魁:《欲兴其学 先正其史——略谈中国社会学史研究》,《人文杂志》2019年第6期。

才回国。①

总体上说，百年多来中国社会学的成长发展历程漫长曲折。国内外学术界对于西方社会引入中国以来中国社会学发展史的基本历程与主要事件并无多少疑窦；目前争议较大的是中国社会学的源流问题。

二　对中国社会学学科史的重新省思

景天魁指出：中国社会学的起源问题，是一个不可回避的重大问题。② 而中国社会学究竟何时肇始，目前国内外学术界仍然莫衷一是。

一方面，某些学者素来持有中国社会学是"舶来品"的先入之见。比如，20世纪初，美国基督教传教士来中国传授西方社会学时就确立了其在大学讲堂的独占地位。③ 在中国社会学恢复重建之初，1980年日本社会学家就来宣称中国不但本无社会学，就算引进社会学也"比日本晚四分之一世纪"④。凡此种种，恰恰是中国社会学学科不够自信的突出表现。另一方面，费孝通先生曾一再提起，英国功能主义大师拉德克利夫·布朗（Redcliff-Brown）于20世纪30年代在燕京大学说："中国在战国时代已有荀子开创了这门学科，比西方的孔德（A. Comte）和斯宾塞（H. Spencer）要早二千几百年。"⑤ 这为中国社会学更早地追根溯源提供了一个可靠依据。

对于中国社会学对欧美社会学的"知识移植"问题，郑杭生先生曾分析指出："从历史渊源来看，中国社会学的诞生主要靠的是对欧美社会学的知识移植。无论是在解放前中国社会学的早期发展过

---

① 景天魁：《中国社会学崛起的历史基础》，《北京工业大学学报（社会科学版）》2017年第4期。
② 景天魁：《论群学元典——探寻中国社会学话语体系的第一个版本》，《探索与争鸣》2019年第6期。
③ 赵晓阳：《寻找中国社会生活史之途：以燕大社会调查为例》，《南京社会科学》2016年第2期。
④ 福武直：《中国社会学及其复活》，《国外社会科学》1980年第6期。
⑤ 费孝通：《略谈中国的社会学》，《社会学研究》1994年第1期。

程中,还是在改革开放后中国社会学的恢复重建过程中,中国社会学都严重依赖于西方社会学。"改革开放后,中国社会学在恢复重建过程中,虽然通过新的"知识引进运动"构建了本学科知识体系(专业体系、理论框架和概念体系等)和制度体系(学科建制、学术规范、评价体系等),但是西方社会学的"话语霸权"也建立起来了,并导致中国社会学的主体性在其强势话语的冲击下严重沦丧。其结果是,一方面中国社会学在世界社会学的总体格局中仅处于边缘和依附地位,另一方面"中国"在用以观察中国的理论中处于"缺席"状态。①

而景天魁更是反复强调:"100多年来,对于'中国社会学'的'学科史',均以严复将西方社会学传入中国之时为'开端',都自觉和不自觉地把清末民初以前的社会学(群学)仅仅称之为'社会思想',称不上'学',不能登临'学科史'之列。"② "因为中国社会学承认自己只是'舶来品',在西方社会学于清末民初传入中国之前,中国本土没有社会学,因而也就没有本土的社会学史。这就好比一种无根藤,攀附在树上,营养是靠树提供的,虽然也可开出一些小花,但自己无根就永远长不成大树。"③ "漠视和贬低中国本土社会学,非自1979年社会学恢复重建始。民国时期,在'全盘西化'的思潮下,作为'舶来品'的西方社会学已经一家独尊,中国不仅被认为没有社会学,就是所谓'社会思想'也被贬为农耕文明的遗存,是必须抛弃的落后的'包袱'。在所谓'体用之争'中,不论是主张'西体中用',还是主张'中体西用',反正实际结果是中国社会学之'体'被取代了,'西用'变成了'西体'——中国之学以西方之学为'体','中体'既不存在,就连'中用'也就谈不上了。于是,

---

① 郑杭生、黄家亮:《"中国故事"期待学术话语支撑》,《人民论坛》2012年第4期下。
② 景天魁:《论群学元典——探寻中国社会学话语体系的第一个版本》,《探索与争鸣》2019年第6期。
③ 景天魁:《欲兴其学 先正其史——略谈中国社会学史研究》,《人文杂志》2019年第6期。

中国社会学也就只好认西方社会学为自己的传统了。"① 如此一来，"怎么可能像吴文藻、费孝通等前辈所希望的那样，在中国土地上从头建立起一门中国自己的社会学②，更遑论建设中国特色、中国风格、中国气派的社会学话语体系和学科体系了"。③ 为此，他不仅认为流传百年的"中国本无社会学"之论调完全漠视了中国历史上深厚而璀璨的社会学资源，并且坚决否定了中国社会学只是"舶来品"、中国社会学史只是"西方社会学在中国的传播史"的陈词滥调。④

当我们再次审视关于中国社会学学科史的那些似乎习以为常、理所应当的学术观点时，我们不禁需要平心静气地对这门学科的源流问题进行反复推敲、深思熟虑了。因为只有真正识别出中国社会学的确切起源，才能真正确立中国社会学的学科自信。更重要的是，我们也清醒地察觉到，树立中国社会学的学科自信依然道阻且长。

三 树立中国社会学学科自信的时代使命

在宋代大儒张载看来，"为天地立心，为生民立命，为往圣继绝学，为万世开太平"是知识分子应有的远大志向和优良传统。习近平总书记强调："一切有理想、有抱负的哲学社会科学工作者都应该立时代之潮头、通古今之变化、发思想之先声，积极为党和人民述学立论、建言献策，担负起历史赋予的光荣使命。"⑤ 对于当代中国社会学人而言，树立坚定的学科自信是我们义不容辞的重要责任。

中国社会学在恢复重建伊始，确立的方针是："以马克思主义为

---

① 景天魁：《中国社会学崛起的历史基础》，《北京工业大学学报（社会科学版）》2017年第4期。
② 费孝通：《从实求知录》，北京大学出版社1998年版，第17页。
③ 景天魁：《论群学元典——探寻中国社会学话语体系的第一个版本》，《探索与争鸣》2019年第6期。
④ 同上。
⑤ 新华网：《习近平：在哲学社会科学工作座谈会上的讲话》，http：//www.xinhuanet.com/politics/2016-05/18/c_1118891128.htm，2016年5月18日。

指导，结合中国实际，为社会主义建设服务。"① 费孝通先生强调："社会主义现代化建设需要社会学，中国的社会学也要在为社会主义现代化建设服务的过程中重建和发展起来。"② 为此，他于20世纪80年代提出了社会学学科的"五脏六腑"一说。其中，"五脏"是指这门学科结构中应当包含的五个部分，即学会、研究所、学系、图书资料中心和书刊出版部；"六腑"则指六门基本专业课程的师资和教材，即社会学概论、社会调查方法、社会心理学、城乡社会学、比较社会学（过去的社会人类学）和西方社会学理论介绍。③ 这为中国社会学的恢复重建既指明了发展方向，也奠定了坚实基础。然而，对于中国社会学学科自信问题的提出，却经历了一个艰辛探索、与时俱进的过程。

首先，费孝通先生提出了"文化自觉"的概念，推动了人文和社会科学工作者的意识觉醒。正如他所说，"'文化自觉'指生活在一定文化中的人对其文化有'自知之明'，明白它的来历、形成过程、所具有的特色和它的发展趋向，不带任何'文化回归'的意思，不是要'复旧'，同时也不主张'全盘西化'或'全盘他化'。自知之明是为了加强对文化转型的自主能力，取得决定适应新环境、新时代对文化选择的自主地位。文化自觉是一个艰巨的过程，首先要认识自己的文化，理解所接触到的多种文化，才有条件在这个正在形成中的多元文化的世界里确立自己的位置，经过自主的适应，和其他文化一起，取长补短，建立一个有共同认可的基本秩序和一套与各种文化能和平共处、各抒所长、联手发展的共处条件"。④ 简言之，"文化自觉"阐明了人文和社会学科的任务是认识自己国家和民族的文化传统及其演变⑤，其目的是争取文化发展的自决权和自

---

① 费孝通：《重建社会学与人类学的回顾和体会》，《中国社会科学》2000年第1期。
② 陆学艺：《建设和谐社会需要社会学有个大发展》，《中国农业大学学报（社会科学版）》2007年第2期。
③ 费孝通：《关于社会学的几个问题》，《社会科学研究》1982年第5期。
④ 费孝通：《对文化的历史性和社会性的思考》，《思想战线》2004年第2期。
⑤ 费孝通：《继往开来建设21世纪中国的社会学》，《西北民族研究》2003年第1期。

主权①。

其次,郑杭生先生阐发了"理论自觉"的概念,明确了社会学研究者对理论的积极态度。他指出,中国社会学的"理论自觉"意指从事社会学教学研究的人对其所教学和研究的社会学理论有"自知之明",其含义也包括对自身理论和他人理论的反思,而对自身的反思有助于理解中外不同理论之间的关系。易言之,它是对社会学理论或社会理论"建设性的反思"。②具体来说,需要明白社会学理论的来历、形成过程、特色和发展趋向,分清楚哪些是本土创造的、哪些是汲取西方的。又进一步,如同文化自觉、文化自信最终目的是实现文化自强,理论自觉、理论自信的最终目的是实现理论自强。而中国社会学的"理论自强",是指"要使立足于中国实践、兼具世界眼光和本土特质的中国社会学理论,在中国社会实践面前具有的强大的解释力和引导力,在世界社会学格局之中具有强大的竞争力和吸引力"。③另外,对于"理论自觉"与"文化自觉"之间的关系,郑杭生先生强调:"理论自觉"是"文化自觉"的形式之一,尤其是一种与各门学科及其成熟度有关的形式;而社会学的"理论自觉",则是"文化自觉"在社会学这门学科中的特殊表现。④

再次,景天魁更进一步提出,当代中国社会学"理论自信"的实质内涵主要包括两个层面:"一是坚信从中国土壤里生长出来的社会学,一定能够自立于世界学术之林;二是坚信中国社会学不仅能够回答中国自身的问题,也能够对回答人类面临的共同性问题作出贡献,因而具有普遍的学术意义。"概言之,这种自信表现为社会学的中国化与普遍化。虽然两者方向相反,但既是相互补充的两个方面,又是

---

① 费孝通:《民族生存与发展——在中国第六届社会学人类学高级研讨班开幕式上的即兴讲演》,《西北民族研究》2002年第1期。

② 郑杭生:《"理论自觉"与中国风格社会科学——以中国社会学为例》,《江苏社会科学》2012年第6期。

③ 郑杭生、黄家亮:《"中国故事"期待学术话语支撑》,《人民论坛》2012年第4期下。

④ 郑杭生:《促进中国社会学的"理论自觉"——我们需要什么样的中国社会学?》,《浙江社会科学》2009年第5期。

相互融通的两个阶段。① 而以荀子群学为历史基础，才可能"在中国土地上从头建立起一门中国自己的社会学"，才可能"真正增强中国社会学的学术自觉和学科自信"。② 于是，中国社会学的学科自信问题被逐步提上了议事日程。

在笔者看来，从"文化自觉""理论自觉"到"学科自信"概念的提出和演变历程，集中体现了不同时代背景下中国社会学人对本学科发展的努力探索和责任担当。其中，"文化自觉"面向的是中国社会学恢复重建时产生的困惑，回答的是人们对文化如何有"自知之明"的问题；"理论自觉"面向的是中国社会学理论教学研究时产生的困惑，回答的是人们对社会学理论如何有"主体意识"的问题；"学科自信"面向的是中国社会学学科发展壮大时产生的困惑，回答的是人们对本土社会学学科如何有"责任担当"的问题。那么，我们应当怎样认识中国社会学学科自信的时代使命呢？笔者认为，树立中国社会学的学科自信，既是坚定"四个自信"的重要表现，也是加快构建中国特色哲学社会科学的必然要求，更是推动中国社会学崛起的前提基础。

第一，中国社会学的学科自信是坚定"四个自信"的重要表现。习近平总书记在中共十九大报告中强调，"全党要更加自觉地增强道路自信、理论自信、制度自信、文化自信"。"四个自信"不仅是中国特色社会主义的理论创新，而且是实现中华民族伟大复兴中国梦的精神动力。而中国社会学的学科自信，关乎如何丰富和发展中国的社会学理论、如何制定和完善各项社会制度、如何繁荣和发展中国特色社会主义文化等方方面面。只有中国社会学树立了自身的学科自信，才能更好地展现我们自觉增强道路、理论、制度、文化上各种自信的独特风貌。

第二，中国社会学的学科自信是加快构建中国特色哲学社会科学

---

① 景天魁：《从社会学中国化到中国社会学普遍化》，《人民日报》2015年11月23日。

② 景天魁：《论群学元典——探寻中国社会学话语体系的第一个版本》，《探索与争鸣》2019年第6期。

的必然要求。习近平总书记指出:"要按照立足中国、借鉴国外,挖掘历史、把握当代,关怀人类、面向未来的思路,着力构建中国特色哲学社会科学,在指导思想、学科体系、学术体系、话语体系等方面充分体现中国特色、中国风格、中国气派。"[1] 由此可见,加强中国社会学学科体系、学术体系、话语体系建设是努力构建中国特色哲学社会科学的题中应有之义。在这"三大体系"中,学科体系是加快构建中国特色哲学社会科学的"基础"和"根本依托"[2]。而要构建中国特色社会学的学科体系,必然首先要求我们尽快树立起对本土社会学学科自身的自信。

第三,中国社会学的学科自信是推动中国社会学崛起的前提基础。景天魁曾指出,中国的崛起是难得的实现学术创新的机遇,中华民族的伟大复兴必定包括学术复兴。"对中国社会学来说,这是一举摆脱落后地位的天赐良机,对个人来说,也是成就学术志愿的一大幸运。"[3] 而所谓"中国社会学的崛起",就是"以群学的古今贯通为纵轴,以中西社会学会通为横轴,以中华民族实现伟大复兴的实践为基础,以社会学中国化为方向,交汇融通、综合创新,形成一系列能够回答21世纪中国和世界的重大社会发展问题的新概念、新命题、新理论的伟大创造过程"[4]。为了实现中国社会学的迅速崛起,树立起对中国社会学学科的强大自信是前提和基础。

综上所言,无论是坚定"四个自信"、加快构建中国特色哲学社会科学,还是推动中国社会学崛起,都要求当代中国社会学人对本学科抱持坚定的自信。因此,笔者认为新时代中国社会学学科自信的重要使命就是努力形成中国特色社会学学科体系。这既是当代中国社

---

[1] 新华网:《习近平:在哲学社会科学工作座谈会上的讲话》,http://www.xinhuanet.com/politics/2016-05/18/c_1118891128.htm,2016年5月18日。
[2] 谢伏瞻:《加快构建中国特色哲学社会科学学科体系、学术体系、话语体系》,《中国社会科学》2019年第5期。
[3] 景天魁:《中国社会学不可回避的根本问题——从"社会学的春天"谈起》,《学术界》2014年第9期。
[4] 景天魁:《欲兴其学 先正其史——略谈中国社会学史研究》,《人文杂志》2019年第6期。

学人的一项艰巨任务，也是推进中国社会学学科建设的一个系统工程。

四 坚定中国社会学学科自信的担当作为

既然我们已经清醒地认识到中国社会学学科自信的时代使命，那么我们需要进一步探讨新时代中国社会学人如何担当作为。对此，我国老一辈的社会学家已经给出了一些弥足珍贵的启示。

早在1982年中国社会学年会上的报告中，费孝通先生就曾指出："我们要在中国土地上生长出反映中国的社会实际、具有中国特点的社会学"；"为了这株新苗的茁长，我们不仅要古为今用，还要洋为中用，从旧中国和从世界各国吸收一切有益的养分。这就需要我们实事求是地对过去的和外国的各种社会学成果进行去伪存真的批判接受"。[1] 20世纪90年代，他进一步强调："我们社会学工作者要能从各自的基础和条件出发，在一定的范围内，尽自己的能力，进行冷静观察，如实的记录，科学的分析，深入的理解。"[2] 他不仅对我们寄予了热切希望，而且提出了深切嘱托。

面向21世纪，郑杭生先生呼吁中国社会学的理论创新和学科建设需要侧重四个方面：其一，坚持以马克思主义为指导；其二，了解世界社会学的整体态势；其三，将世界社会学的普遍原理与中国社会的具体情况相结合；其四，建立起有影响的、相互友好的学术竞争的中国学派。[3] 而陆学艺先生则提出了中国社会学家的三个任务：其一，积极参加社会主义现代化建设，调查研究，出谋划策，为社会转型、体制转轨、和谐社会建设提供理论和方法的支撑；其二，发挥社会学学科的描述、记叙的功能，把中国正在发生的千年未有的社会大变迁记录下来；其三，加快进行社会学的学科建设和队伍建设，建设一支

---

[1] 费孝通：《费孝通论社会学学科建设》，北京大学出版社2015年版，第86页。
[2] 费孝通：《社会学重建的回顾》，《北京大学学报（哲学社会科学版）》1993年第5期。
[3] 郑杭生：《社会学学科制度建设在中国的发展》，《新视野》2002年第5期。

宏大的社会工作者队伍。另外，社会学学科建设的一项任务是要把社会学这门学科的理论、方法，乃至社会学的一些概念、词条用多种方式、多种途径传播到社会上去，扩大社会学的社会影响，使广大干部和群众能知道社会学，应用社会学在实践中起作用。① 郑杭生先生认为，21世纪中国社会学的发展主要体现为本土化、国际化、综合化和成熟化四大趋势。② 为了把"理论自觉"落实到我国社会学学科建设和理论研究工作中，郑杭生先生强调社会学要做好再评判、再认识、再提炼三门功课。③ 对于中国社会学的发展前景，陆学艺、景天魁曾经建议：走向一个综合研究中国社会发展变迁的大学科、走向规范化的学术建设、探索中国特色的社会学。④ 近年来，景天魁基于对中国社会思想史和社会学学科史的研究提出：中国社会学的崛起不是依靠西方社会学在中国的推广和应用所能达成的，而是必须立足于中国土壤，通过实行古今贯通、中西会通，才能形成融通古今中西的现代中国社会学概念体系。⑤ 同时，他论证了荀子群学的历史存在性，并指出群学就是"中国古已有之的社会学"或"中国古典社会学"。⑥ 目前，他所带领的研究团队以战国末期荀子群学为中国社会学的开端，并将群学创立以来2200多年的发展史作为"学科史"来书写。⑦ 这些学术研究均为树立中国社会学学科自信做出了不懈努力。根据上述社会学前辈对中国社会学学科发展的基本判断和趋向预测，为了进一步坚定中国社会学学科自信，笔者建议新时代中国社会学人应当从以下四个方面勇于承担责任，积极施展作为。

---

① 陆学艺：《社会学的春天和社会学家的任务》，《北京社会科学》2009年第5期。
② 郑杭生：《关于21世纪中国社会学发展的几点展望》，《社会学研究》1997年第2期。
③ 郑杭生：《当今社会学要做好三门功课》，《人民日报》2014年5月9日。
④ 陆学艺、景天魁：《中国现代化进程中的社会学》，《中国社会科学》1997年第6期。
⑤ 景天魁：《史海拾贝：中国社会学概念体系的历史资源》，《社会学评论》2017年第5期。
⑥ 景天魁：《论群学复兴——从严复"心结"说起》，《社会学研究》2018年第5期。
⑦ 景天魁：《论群学元典——探寻中国社会学话语体系的第一个版本》，《探索与争鸣》2019年第6期。

中国社会学学科自信

第一，坚持巩固马克思主义对我国社会学学科建设的指导地位。习近平总书记强调，"坚持以马克思主义为指导，是当代中国哲学社会科学区别于其他哲学社会科学的根本标志，必须旗帜鲜明加以坚持"。① 在 20 世纪 80 年代，费孝通先生早已指出，"要发展我们自己的社会学，在理论上我们可以比人家强，那是因为这三十多年马克思主义在我们中国已经深入人心，这是科学地认识社会的根本指导思想，我们有了这个基础，比西方这些国家底子就好得多"。② 另如上文所述，郑杭生先生也强调我国社会学的理论创新和学科建设必须坚持以马克思主义为指导。马克思主义关于世界的物质性及其发展规律、人类社会及其发展规律、认识的本质及其发展规律等原理，为我们研究把握中国社会学各个分支领域提供了基本的世界观、方法论。新形势下，坚持马克思主义对我国社会学学科建设的指导，最重要的是坚持马克思主义基本原理和立场、观点、方法。其中，尤其要充分发挥辩证唯物主义和历史唯物主义在发现、分析和解决我国社会问题时的指导作用。

第二，深入开展具有独特性、创新性和前瞻性的社会学研究。费孝通先生强调："一门学科，必须代代相传才能存在，才能有生命力。代代相传，必须通过一代一代人的接触。在接触里把一代一代累积下来的经验和智慧传下去，每一代推陈出新，通过不断的再创造而形成一门学科。学科是人们智慧创新的积累。"③ 为了中国社会学这门学科能够"代代相传""推陈出新"，就要突出社会学研究成果的独特性、创新性和前瞻性导向。其中，独特性要求体现区别于国内外其他社会学研究的特有部分，创新性要求体现区别于以往所有社会学研究的崭新部分，前瞻性要求体现面向未来社会学研究的展望部分。只有侧重这三个方面的属性，才能不断增强中国社会学的学科自信。另外，景天魁指出，基本概念和概念体系是一个学科之为学科的最终根

---

① 新华网：《习近平：在哲学社会科学工作座谈会上的讲话》，http://www.xinhuanet.com/politics/2016-05/18/c_1118891128.htm，2016 年 5 月 18 日。
② 费孝通：《社会学调查要发展》，《社会》1983 年第 4 期。
③ 费孝通：《重建社会学与人类学的回顾和体会》，《中国社会科学》2000 年第 1 期。

据或构成一个学科的最根本要素。① 这启示我们，中国的社会学学科自信的彰显应从加强基本概念和概念体系的建构研究入手。

第三，进一步加快社会学中国化、本土化和国际化三个进程。国学大师王国维曾说："学问之事，本无中西。"其意是指，做学问本来不应有东西方的区隔与偏见。景天魁则提出，"中国（本土）社会学"回答的是中国历史上是否存在可以称为"社会学"的学问，如果存在，其内容和特点有哪些以及它的发展脉络和实际作用、现代转型和创新等问题；"中国（现代）社会学"可以区分为西方社会学在中国的传播和扩张、中西社会学的会通、"本土社会学"自身的转型和更新三个部分。② 这就将社会学的中国化、本土化和国际化问题进行了通盘考虑。在他看来，中国社会学一个与生俱来、不可回避的根本性问题是中西古今问题，它只有重视并解决中西古今问题才能顺利地自主发展、自主创新。③ 因此，我们要"真正做到立足于中国实际，紧扣中国问题，发展中国理论，实现社会学中国化。中国化了，也就世界化了，中国社会学就能够影响世界了"。④ 笔者认为，对于坚定中国社会学的学科自信来说，加快社会学中国化、本土化和国际化三个进程是不可分割、相辅相成的。

第四，高度重视和大力支持三个社会学分支学科的长足发展。其一，中国社会学史。这一分支学科强调观察社会问题的历史视角和阐释社会问题的历史维度。习近平总书记指出，"历史研究是一切社会科学的基础"⑤ 费孝通先生认为，"从过去二十多年的研究和教学的实践来看，深入发掘中国社会自身的历史文化传统，在实践中探索社

---

① 景天魁：《史海拾贝：中国社会学概念体系的历史资源》，《社会学评论》2017年第5期。
② 景天魁：《中国社会学崛起的历史基础》，《北京工业大学学报（社会科学版）》2017年第4期。
③ 同上。
④ 景天魁：《中国社会学不可回避的根本问题——从"社会学的春天"谈起》，《学术界》2014年第9期。
⑤ 新华网：《习近平致信祝贺中国社会科学院中国历史研究院成立》，http://www.xinhuanet.com/politics/leaders/2019-01/03/c_1123942643.htm，2019年1月3日。

▶▶▶　中国社会学学科自信

会学的基本概念和基础理论，是中国学术的一个非常有潜力的发展方向，也是中国学者对国际社会学可能做出贡献的重要途径之一"。[①] 在《中国社会学：起源与绵延》一书的前言中，景天魁也曾写道："欲立其学，先立其史；欲兴其学，先正其史。"[②] 这同样要求在相关研究中强化中国社会学史的功能作用。其二，发展社会学。此分支学科突出以发展的眼光看待人类社会的时代变迁和探索社会发展的一般规律。景天魁认为，"从中国社会学的历史基础，可以找到中国特色、中国风格、中国气派的基因和源头；可以找到厘清当代发展来龙去脉的头绪，找到建构新的发展逻辑的深厚根基；可以找到与西方社会学对话，并能弥补其不足的中国话语基础"。[③] 为了切实"厘清当代发展头绪""建构新的发展逻辑"，就需要选取发展社会学的相关理论和方法作为支撑。其三，时空社会学。该分支学科意在从时间与空间两个维度研究社会结构和过程。景天魁指出，中国社会学的崛起必须立足于中国土壤，通过实行古今贯通、中西会通，方可形成融通古今中西的现代中国社会学概念体系。[④] 其中，中西会通是空间性维度，传承和弘扬中国社会学的优秀传统是时间性维度，两者的相互结合，构成实现中国社会学崛起的两翼。[⑤] 为了在树立中国社会学学科自信的基础上推动中国社会学崛起，需要发挥时空社会学的独特优势。

总而言之，通过对中国社会学发展脉络的历史考察，我们发现百年多来这一学科的成长发展之路既崎岖坎坷又成就辉煌；而借助对其学科史的再度反思，我们看到对于树立其学科自信尚需突破重重障碍

[①] 费孝通：《试谈扩展社会学的传统界限》，《北京大学学报（哲学社会科学版）》2003年第3期。

[②] 景天魁等：《中国社会学：起源与绵延》（上、下册），社会科学文献出版社2017年版，第21页。

[③] 景天魁：《中国社会学崛起的历史基础》，《北京工业大学学报（社会科学版）》2017年第4期。

[④] 景天魁：《史海拾贝：中国社会学概念体系的历史资源》，《社会学评论》2017年第5期。

[⑤] 景天魁：《中国社会学崛起的历史基础》，《北京工业大学学报（社会科学版）》2017年第4期。

和各种阻力。为此，笔者认为新时代中国社会学的学科自信应以努力形成中国特色社会学学科体系为愿景使命，并建议从加强理论指导、凸显成果属性、加快三个进程和分支学科建设四个方面勇挑重担、奋发有为，进而推动实现中国社会学崛起和中华民族伟大复兴的中国梦。

（原载《哈尔滨工业大学学报（社会科学版）》2020年第3期）

从文化自觉到学科自信：
浅谈社会学学科的本土构建

郝彩虹[*]

习近平同志2016年5月17日在哲学社会科学工作座谈会上的讲话指出："当代中国正经历着我国历史上最为广泛而深刻的社会变革，也正在进行着人类历史上最为宏大而独特的实践创新。这种前无古人的伟大实践，必将给理论创造、学术繁荣提供强大动力和广阔空间。这是一个需要理论而且一定能够产生理论的时代，这是一个需要思想而且一定能够产生思想的时代。我们不能辜负了这个时代。"紧随其后，在庆祝中国共产党成立95周年大会上的讲话，习近平同志又提出"文化自信"，强调"在5000多年文明发展中孕育的中华优秀传统文化，在党和人民伟大斗争中孕育的革命文化和社会主义先进文化，积淀着中华民族最深厚的精神追求，代表着中华民族独特的精神标识"。社会学是哲学社会科学的重要组成部分，以上两次讲话，前者对社会学在当前大变革时代的历史使命担当提出了要求，后者指明了社会学建立学术自信和学科自信进而以中国话语走向世界的文化基础。在此时代背景下，回顾、梳理、反思中国社会学的发展和学科构建，总结其中的规律和经验，对于丰富社会学的学科贡献，彰显社会学的学科自信，具有重要意义。

---

[*] 郝彩虹，社会学博士，中华女子学院社会工作学院讲师，研究方向为劳动社会学、家庭社会学。

一 重温清末民初以来社会学发展的两段历程

西方社会学自清末民初传入中国以来百余年间，共出现了两个大发展的阶段。第一阶段是自晚清到 1949 年新中国成立的早期社会学发展时期；第二阶段是 20 世纪 80 年代以来的恢复重建时期。两个时期所处时代背景、历史条件和文化背景的差异，使中国现代社会学的学科发展表现出了不同的特征；但百余年来，中国作为现代化后来者和西方现代文明学习者的角色，又决定了现代社会学发展两段历程的相似性。

（一）早期社会学的发展：背景、使命、路线

20 世纪前半叶的中国社会学，是在清末民初西学东渐的历史背景下，伴随西方社会学的传入而发展起来的。半殖民地半封建的社会现实和救亡图存的思想潮流，使得社会学在学科自立过程中逐渐担当起了"救中国"的学科使命，正如费孝通先生所言："我初进燕京大学的时候，中国的社会学正在酝酿走这样的一条路子，一种风气。就是要用我们社会科学的知识、方法来理解中国的社会文化，来改造它，找到一条出路，来使得我们不要走上亡国的道路。"[1]

在这种使命担当统领下，社会学界发展出了不同的学派，包括：以陶孟和和李景汉为代表的"社会调查学派"，以孙本文等为代表的"社会学学院派"，以晏阳初、梁漱溟为代表的"乡村建设学派"，以吴文藻和费孝通等为代表的"社区学派"（又称"社会学中国学派"）以及以李大钊、瞿秋白、李达等人为代表的马克思主义社会学学派。虽然学派不同，对当时中国问题本质的判断和中国出路的选择不同，但这些学派中的大多数深受西方社会思潮影响，在西方社会学理论和方法的介绍和本土实践方面，做出了重要贡献。[2]

---

[1] 费孝通：《我对中国农民生活的认识过程》，《中国农业大学学报（社会科学版）》2007 年第 1 期。

[2] 李培林：《20 世纪上半叶社会学的"中国学派"》，《社会科学战线》2008 年第 12 期。

难能可贵的是，在西方文化强势进入的洪流中，他们中的很多人依然坚持了"社会学中国化"的自觉。例如，吴文藻先生留学回国后，力推社会学中国化的学术运动，并将研究中国国情作为社会学中国化的路径，将社区研究作为社会学中国化的核心议题；[①] 费孝通先生一生的研究也实践了"用科学方法找到一条比较符合实际的社会发展道路"的学术使命。[②] 景天魁将其概括为坚持从"中国故事"中提出"中国问题"的问题设定，坚持用中国话语说"中国故事"的话语选择以及坚持扎根乡土、层层扩展的学术路线的路径笃守。[③]

笔者认为，当时"社会学中国化"的自觉，除了源于"救中国"的学科使命以外，与当时整体的社会生活背景和学术共同体内部中国社会思想史和社会史研究的贡献不无关系。换句话说，对于当时接受新式教育并从西方留学回国的学者而言，即便完全没有受过传统教育，但其所处的生活情境以及与学术同道之间的交流，必然使其对中国的乡土社会和传统文化不感陌生，所以在学习和引介西方社会理论时，自发的中西比较便成为可能，比如中国差序格局相对于西方团体格局、中国家庭亲子轴相对于西方家庭夫妻轴、中国礼治社会相对于西方法治社会等。所以，这一时期的自觉，也具有整体社会文化背景下的无意识自觉的意涵。景天魁认为这一"社会学中国化"的实践，是对清末维新派和革命派融通、担当两大传统的继承、深化和发展。[④]

（二）社会学的恢复重建：过程、特征、贡献

改革开放后社会学的恢复重建这段历史，是人们比较熟悉的。学界通常把 1980 年至今中国社会学的学科建设和学术发展作为一个连

[①] 李培林：《20世纪上半叶社会学的"中国学派"》，《社会科学战线》2008年第12期。

[②] 费孝通：《我对中国农民生活的认识过程》，《中国农业大学学报（社会科学版）》2007年第1期。

[③] 景天魁：《中国学术话语体系创新三部曲——费孝通先生的足迹》，《探索与争鸣》2017年第2期。

[④] 景天魁等：《中国社会学：起源与绵延》（上册），社会科学文献出版社2017年版，第29页。

从文化自觉到学科自信：浅谈社会学学科的本土构建

贯的历史来介绍，但事实上，这段历史本身是动态发展的，并表现出了明显的分期特征。

李强教授通过分析，提出社会学恢复重建初期的四个基本特征，包括具有突出的学习和开放特征、完成了中国社会学基础建设、创建了比较完整的中国特色社会学学科体系以及探讨解决改革开放面对的诸多社会问题。① 应该说，这一概括还是很中肯和客观的。然而，"先有后好"的重建原则使得社会学在迅速完成学科体系建设任务的同时，先天地存在学术发展的短板。②

由于重建早期任务紧急，所以在专业人才培养方面采用了"速成"的方法，即通过短期培训和在边学边干中培养人才。这种做法的好处是有利于社会学的学科体系的快速建立，弊端是学术基础不够扎实，学术水平难以提高。到20世纪末重建接近20年的时候，学界对于社会学重建中的学术发展问题开始有自觉，并明确提出中国社会学重建的主要任务和主要困难不在于扩大队伍、开辟新的领域和形成新的分支学科，而"在于加强学术建设"，"而学术建设的灵魂是学术意识"，并提出"学科视角、概念语言和学术定位，是社会学的学术意识的几个基本要素"，只有"自觉地意识到这些要素，运用它们，遵循它们，在它们的引导下从事研究所取得的成果，才能被称作为社会学的成果"。③ 费孝通先生晚年也在各种场合多次强调社会学人类学的"补课"和"队伍建立"问题，认为只有如此才能真正实现与国际接轨，"学术成果是要在国际上拿出来，硬碰硬做比较的，我们要有自知之明，要有一点自觉，好好补课，努力追上去，赶上和力求超过国际水平"④。

除了缺乏学术意识，缺少文化自觉和理论自觉是社会学重建早期另外两个突出问题。我国社会学的重建恰逢美国实证社会学风头无两

---

① 李强：《改革开放40年与中国社会学的本土化、发展及创新》，《社会科学战线》2018年第6期。
② 费孝通：《重建社会学与人类学的回顾和体会》，《中国社会科学》2000年第1期。
③ 景天魁：《中国社会学的学术意识》，《社会学研究》1998年第1期。
④ 费孝通：《重建社会学与人类学的回顾和体会》，《中国社会科学》2000年第1期。

之时，深受其影响，实证主义传统以其"科学性"外衣在中国社会学界获得了强势话语权，客观上导致社会学其他传统的沉寂。① 而20世纪上半叶中国早期社会学的积累，除了社区学派的研究获得些许重视外，其他学派的学术思想很少被提及。其结果就是，重建后的社会学几乎完全等同于西方社会学，尤其是美国社会学，大学课堂上中国社会思想史或中国社会学史课程一直处于边缘位置，以致学生的学科知识结构严重西方化。② 更甚之，即便学习美国社会学，也只重形式学习而轻理论的建构。正是在此情形下，费孝通先生提出了社会学重建的指导思想和本土化的问题、补课和队伍建设的问题，强调理论和实际相结合、教学和研究相结合，重视"文化自觉"与中国学者的历史责任以及知识分子的正气和第二次创业等。③

现在回过头来看，费孝通2000年在《重建社会学与人类学的回顾和体会》中的教诲，对于学科发展来说，几乎具有"拨乱反正"的关键意义。在该文中，他不仅为社会学的重建指明了路径，即认识和理解中西方历史和传统，找出差别和差距——批判地继承本土文化和吸收外来文化，剔除糟粕，留下精华，树立追赶和竞争意识——创新、开拓、前进，建立中国特色的社会科学；而且提供了具体的方法指导，即研究者要回归生活本身，通过实地调查和观察体验，在反复实践中认识社会发生发展的规律。④ 此外，费孝通先生还在同时期的其他文章中反复强调文化自觉，强调扩展社会学的传统界限，为后继者指明了研究方向。⑤

进入21世纪以后，在文化自觉和理论自觉的呼吁声中，社会学研究议题愈益趋于多元，公共学科资源和研究规范化建设得到越来越

---

① 田毅鹏：《新时代中国社会学的志向》，《中国社会科学报》2019年1月16日。
② 应星、吴飞、赵晓力、沈原：《重新认识中国社会学的思想传统》，《社会学研究》2006年第4期。
③ 费孝通：《重建社会学与人类学的回顾和体会》，《中国社会科学》2000年第1期。
④ 同上。
⑤ 费孝通：《试谈扩展社会学的传统界限》，《北京大学学报（哲学社会科学版）》2003年第3期。

多的关注,①研究者的自我反省意识不断增强。②社会学内部虽然尚未能够形成获得各方一致承认的学派、研究范式和宏观理论,但在学科规范化、学术的科学性和人文性兼顾以及解释具体社会问题的中层理论建构等方面,还是取得了较为丰硕的成果。此外,社会学的国际化和本土化同步推进,一方面是在越来越多的国际对话和合作交流中向世界传递中国社会学的声音,另一方面社会学本土化和本土社会学的构建再次成为实践议题。

综上所述,中国现代社会学发展的两段历程虽有差别,但西方社会学的传播和扩张、中西社会学的会通以及"本土社会学"自身的探索、转型和更新三条路径,共同构成了中国社会学发展和转型的统一画卷。③郑杭生先生将中国现代社会学发展的百年轨迹提炼为"立足现实,开发传统,借鉴国外,创造特色"。④几代学人前赴后继,为实现社会学作为一个学科应有的担当而不懈努力。

二 作为社会学学科自信起点的文化自觉

纵观中国现代社会学百余年历史可以发现,当学术研究和学科建设有文化自觉,能够立足本国文化情境和社会现实时,往往能够取得较好的发展;反之,脱离文化和社会现实的研究,则难免流于形式或陷入方法展示,难以触及问题的根本,更难以构建原创理论。学科自信是以学科贡献为前提的,或是创新、发展理论,或是回应现实需要。如果一个学科,在学术上无法贡献有价值的理论,在人类发展和社会问题解决方面无法提供独到科学的见解,在人的群己关系方面无法给出规律性的分析,那社会学学科存在的合法性尚且存疑,又谈何

---

① 边燕杰:《改革开放40年中国社会学的发展历程》,《社会科学文摘》2018年第11期。
② 李友梅:《40年来中国社会学的成长发展》,《中国社会科学报》2018年6月28日。
③ 景天魁:《中国社会学崛起的历史基础》,《北京工业大学学报(社会科学版)》2017年第4期。
④ 郑杭生:《中国社会学百年轨迹的启示》,《中国特色社会主义研究》2000年第2期。

学科自信呢。作为社会学来说，兼具科学精神和人文精神的性质，决定了其学科逻辑除了遵循科学性的一般规律之外，必然要植根于具体的社会文化情境，才能够产出真正的学科贡献。从这个角度来讲，文化自觉甚至可以称为是社会学学科自信的起点。

文化自觉这个词由费孝通先生在1997年提出来，"指生活在一定文化中的人对其文化有'自知之明'，明白它的来历、形成过程、所具有的特色和它的发展趋向，不带任何'文化回归'的意思，不是要'复旧'，同时也不主张'全盘西化'或'全盘他化'"。费老之所以倡导文化自觉，是因为他认为只有如此才能够加强对文化转型的自主能力，取得文化选择的自主地位，才能够在多元文化的世界中确立自己的位置，并在此基础上"和其他文化一起，取长补短，建立一个有共同认可的基本秩序和一套与各种文化能和平共处、各抒所长、联手发展的共处条件"。[1] 换句话说，文化自觉不是好古、泥古甚或复古，而是以对自身文化处境的认识和把握为基础，增强文化辨识和选择的能力。[2] 在一个日益扁平化的世界，这种文化辨识和选择的能力，不仅对于社会学、人类学的学术发展和学科建设有根本意义；而且对于国家和民族道路的选择，对于芸芸大众获得更好的活法，都具有重要的指导意义。那么，如何实践文化自觉呢？费孝通先生指出首先要认识和反思自己的文化，其次要理解和反思所接触到的多种文化，对自身的反思是理解不同文明之间关系的前提，文化自觉的"含义应该包括对自身文明和他人文明的反思，对自身的反思往往有助于理解不同文明之间的关系"。[3] 而反思的前提首先是对本文化的了解和理解。

事实证明，文化自觉推动了中国社会学学术自尊的回归和学术气象的相对繁荣，是社会学确立其自身学科地位，进而实现学科自信的先决条件。上文已经提到，20世纪前半叶早期社会学的文化自觉（无论是否有意识），或有力推动了社会学的学术成果创新，或直接

---

[1] 费孝通：《对文化的历史性和社会性的思考》，《思想战线》2004年第2期。

[2] 景天魁等：《中国社会学：起源与绵延》（上册），社会科学文献出版社2017年版，第21页。

[3] 费孝通：《"美美与共"和人类文明》（上），《群言》2005年第1期。

影响了社会改造实践,这在很大程度上帮助中国早期社会学确立了其在国内外的学科地位。

进入 21 世纪以后,当文化自觉成为很多中国社会学者的共识后,学界的自觉主要表现在以下几个方面:一是对于中国历史、传统和现实有了越来越多的观照,问题意识、概念体系、分析框架等的本土特色越来越突出,社会学研究不再总是超然现实社会文化情境去简单移植或嫁接西方社会学的分析框架、概念体系和理论命题等;二是开始重视发掘中国早期社会学的思想遗产,或通过学术研讨、出版著作等大力推动中国社会学经典的普及,或对中国现代社会学的发端和传统做本源性讨论,或专门介绍早期社会学代表人物的思想,等等;三是从强调社会学的人文性出发倡导社会学研究方法的扩展,呼吁学界走出对数据和模型的迷恋,扎根社会底蕴,锻造田野技艺,实践学科的人文精神和社会关怀;四是回到中国自身的历史变迁、社会继替和文化更迭中,从中国社会学的优秀思想传统出发,回溯传统,解释传统,以荀子的群学概念体系和群学命题体系为骨架,重构中国社会学史,构建完全生发于本土历史和土壤的中国社会学的话语。虽然这些努力尚处于发端或初步发展阶段,但其成果不仅丰富了中国社会学的学术脉络,而且回归社会学的人文性格、历史视野和价值关怀,为理论创新和发展提供了可能。

三 以关怀、融通、创新彰显社会学学科自信

正如上文所言,学科自信是以学科贡献为前提的,社会学学科只有不负学科使命,在学术理论构建和现实问题回应方面做出本学科的贡献,共同体外部的承认和共同体内部的自信才得以可能。没有学科贡献的学科自信,难免落入妄自尊大的陷阱。那么,社会学如何做出学科贡献以彰显学科自信呢?笔者认为在以文化自觉作为起点外,还应践行三个关键词,即关怀、融通、创新。

彰显社会学学科自信的第一步是践行"关怀"。景天魁认为中国

社会学的优秀传统特征之一是"担当",① 笔者深以为然。但同时也看到,这种"担当"背后是作为知识分子的社会学前辈对于天下苍生的慈悲和关怀。这种慈悲和关怀不仅是中国传统知识分子"天下兴亡,匹夫有责"的担当和"为天地立心,为生民立命,为往圣继绝学,为万世开太平"的风骨,也不仅是早期社会学前辈"救亡图存"和费老"志在富民"的学术使命,而且是知识分子的立身之本,是知识分子之"己"的天然属性,即儒家所说的"良知"。作为"良知"具体体现的学科人文关怀和社会关怀,是社会学学科超越"担当"工具理性的价值理性,是社会学学科方向的内在指引。践行"关怀"即身体力行了社会学的学科使命。

彰显社会学学科自信的第二步是践行"融通"。景天魁将"融通"定义为"会通中西、贯通古今"。② 景先生认为中国社会学的根本问题是中西、古今问题,中西会通和古今贯通分别从空间性维度和时间性维度,构成了中国社会学崛起的基础条件。③ 田毅鹏教授也提到新时代中国社会学应"总结挖掘本土社会学资源,实现多重的学术对话,使社会学在植根本土的同时,实现新的世界意义上的发展"。④ 具体到对社会学学人的学力和学养的要求来说,就是既要有中国社会思想史和中国社会学优秀传统的扎实储备,又要通晓西方社会学的发展脉络和理论思想,还要立足当代中国现实的社会条件和话语体系,在中西、古今思想精髓的对话、比较、辨识和筛选中,实现"融通",为学科创新打好知识基础。近年来,景天魁带领研究团队从荀子的群学思想出发,通过对群学概念体系和命题体系的梳理,构建中国本土社会学史,并与西方社会学进行比较,不失为"融通"的典范。⑤

---

① 景天魁等:《中国社会学:起源与绵延》(上册),社会科学文献出版社2017年版,第7页。
② 同上。
③ 景天魁:《中国社会学崛起的历史基础》,《北京工业大学学报(社会科学版)》2017年第4期。
④ 田毅鹏:《新时代中国社会学的志向》,《中国社会科学报》2019年1月16日。
⑤ 景天魁:《论群学复兴——从严复"心结"说起》,《社会学研究》2018年第5期。

彰显社会学学科自信的第三步是践行"创新"。学科自信的根本是学术自信，而学术自信的根本是创新，包括理论创新和实践创新。在理论创新方面，社会学除了要有理论自觉或理论创新意识，还需要在"融通"的基础上，走进现实的社会生活，观察社会现象、体验实实在在的社会生活，以具有本土特色的概念和话语解释社会，并进行跨文化对话，在此基础上实现理论创新。费孝通称之为"从实求知""务实求新"，并强调这个"知"是要运用"理性""把普通寻常的东西讲出个道理来"，[①] 实现由经验事实到理论思想的转化。而在实践创新方面，社会学要突破西方社会学学科脉络和研究方法的局限，探索学科知识生产的更多源头和路径。景天魁带领的"中国社会学的起源、演进与复兴"课题组，回到荀子的群学思想源头重构中国社会学史的学术活动，体现了社会学学科实践创新的大胆尝试。[②]

四　结论

本文通过回顾、梳理、反思中国社会学的发展历程，发现无论是百余年来中国现代社会学的发展轨迹，还是近年来从荀子思想体系出发的本土社会学的重构，都表明只有将文化自觉作为中国社会学学科自信的起点，践行"关怀""融通""创新"的学科路径，才能够实现中国社会学的学科贡献，彰显学科自信。

对于笔者这样一名学术新人来说，这一认识对于自身为人为学都有极为重要的启示。近年来，笔者开始强迫自己读中西社会学经典，扩展自身的社会学知识体系，在与先贤们跨越时空的对话和交流中，心逐渐沉静下来。在这个过程中，最重要的收获不在于知识的增加，而在于字里行间感受到的先贤们超越名利以学术立身的学术品格。而对于为学的具体启示，就是坚持文化自觉，带着知识分子的人文关怀

---

① 费孝通:《我对中国农民生活的认识过程》,《中国农业大学学报（社会科学版）》2007年第1期。
② 景天魁:《欲兴其学，先正其史——略谈中国社会学史研究》,《人文杂志》2019年第6期。

和社会关怀，认识和了解本国、本民族和世界其他国家、民族的历史，理解本土文化和"异文化"，融通中西古今，从实求知，务实求新，带着理论自觉观察和体验社会生活，创新学术知识生产实践，做出真正有价值的学问。

［原载《哈尔滨工业大学学报（社会科学版）》2020 年第 3 期］

晚清群学的再度兴起

夏世哲*

"群"在晚清的再度兴起与士人们身处的"环境"关系密切,国家颓败至此,"寻求富强"是共同的诉求,士人们惯于从两个方面寻求理据上的支持。一是试图从中国传统文化中挖掘出可资利用的"资源",二是从外部的西学理论中引进需要的思想。"群"则反映了某种程度上的折中,是将传统与西学"中和"起来的尝试。"群"在三类人(即维新派,以康梁谭为代表;革命派,以章太炎为代表;西学翻译派,以严复为代表)的思想中呈现出不同的特点。

康有为声称对"群"的探讨起始于1891年在万木草堂授徒讲学时,他将"群"视为聚集个体成群体、整合社会力量、改变国家散漫社会风气的途径。他在自撰的《我史》中回忆在京师开办强学会、保国会时的情形:"中国风气,向来散漫,士夫戒于明世社会之禁,不敢相聚讲求,故转移极难。思开风气,开知识,非合大群不可,且必合大群而后力厚也。合群非开会不可。在外省开会,则一地方官足以制之,非合士大夫开之于京师不可。既得登高呼远之势,可令四方响应。"[①] 他的"群"思想的主旨便是"合群立会"。康有为借用荀子的学说来阐发自己的思想,在《上海强学会·后序》中说道:"荀子言物不能群,惟人能群。象、马、牛、驼不能群,故人得制焉。如使

---

* 夏世哲,2018年获中国社会科学院研究生院博士学位,现在广东海关工作。
① 《康有为全集》第五集,姜义华、张荣华编校,中国人民大学出版社2007年版,第86页。

能群，则至微之蝗，群飞蔽天，天下畏焉，况莫大之象、马而能群乎？故一人独学，不如群人共学；群人共学，不如和什百亿兆人共学。学则强，群则强，累万亿兆皆智人，则强莫与京。"① 这几乎是原汁原味的荀子理论的再现，诸如牛、马、象这样的大的动物为人类所驱使，而微小的蝗虫聚集起来可以形成强大的力量，是因为前者不能群，而后者能群，由此如果人能聚集在一起，肯定会形成强大的力量。他认为强分为两种，一是"有力强"，二是"有智强"，牛马之强是"有力强"，人要做到"有智强"，就必须加强学习，亿万人一起学习后形成的群体，力量会强大无比。他认为中国幅员广阔，人口众多，却向日本割让国土，是因为"散而不群、愚而不学"，中国要自强应该向日本学习，开群立会。此一时期的维新志士虽受到传入的达尔文生物进化论的影响，但更多的是从传统文化资源中寻求理论支持，荀子的"群说"就是他们主张的重要的资源。1896 年梁启超在问计于康有为如何治理天下时，康有为的回答是"以群为体、以变为用"，他认为用变法的手段促进"群"的进步是根本，他是将"群"视为促进社会整合的手段的。

谭嗣同是划过晚清天空的一道彗星（梁启超语），以《仁学》名于士林。1896 年秋至 1897 年春夏他在南京候任，历时近一年写作了《仁学》一书。写作期间他始终处于精神亢奋之中，他在《仁学·自序》中说："每思一义，理奥例赜，奎涌奔腾，际笔来会，急不暇择。"梁启超认为："《仁学》之作，欲将科学、哲学、宗教冶为一炉，而更使适于人生之用，真可谓极大胆极辽远之一种计划。"② 谭嗣同以传统的仁学为基础，融合西方的科技思想、哲学思想以及宗教思想，对仁学进行了重新改造，构建了他的思想体系。他借助西方物理学的"以太"概念搭建了他的"仁—通—平等"的仁学框架。他对"以太"解释道："其（以太）显于用也，孔谓之仁，谓之元，谓

---

① 《康有为全集》第二集，姜义华、张荣华编校，中国人民大学出版社 2007 年版，第 97 页。

② 梁启超：《清代学术概论》，中华书局 2010 年版，第 136 页。

之性；墨谓之兼爱；佛谓之性海，谓之慈悲；耶谓之灵魂，谓之爱人如己、视敌如友；格致家谓之爱力、吸力，咸是物也。法界由是生，虚空由是立，众生由是出。"①"以太"就是这样融合物质、精神和宗教的基础概念，核心是人们之间的相亲相爱。"通"是"仁"的第一要义，是实现观念上的"仁"与现实中"平等"的桥梁。"通"有四种要义：一是"中外通，多取其义于《春秋》，以太平世远近大小若一故也"，该种要义来源于何休公羊三世说的《解诂》，中国与外国应相互学习，互通互利；二是"上下通"，要消除君主与臣民之间的隔阂，要抑制君王的权力，提高平民的地位；三是"男女内外通"，要消除男女之间的隔阂与不平等状态，做到男女平等，提高妇女的地位；四是"人我通"，消除人我之间的对立，实现人格上的自由平等。谭嗣同猛烈抨击礼教纲常，认为是它们造成中国现状的种种"不通"："君以名桎臣，官以名扼民，父以名压子，夫以名困妻，兄弟朋友各挟一名以相抗拒。"谭嗣同认为中国传统的五伦关系中，只有朋友一伦足取。他抨击君臣关系，认为"君臣一伦尤为黑暗否塞，无复人理，沿及今，方愈剧矣"。他对自古以来的君权神授理论持否定态度，认为君臣不通造成上下阻塞不通，封建专制制度是根本原因。他认为父子、夫妻、兄弟之伦上存在严重的不平等，"强遏自然之天乐，尽失自主之权利"。他只认为在朋友之伦上存在一种值得肯定的平等关系。

　　谭嗣同对荀子的"群"说持肯定态度，他在《壮飞楼治事十篇》中的第九篇专门论及"群学"，该篇说："荀子曰：'人之所以异于禽兽者，以其能群也。'是则但为人之智力所能为，而为禽兽所不能为者，无不可以学而学，会而会，且通为一学一会也。儒而入会……大哉学会乎！所谓无变法之名而有变法之实者，此也。"②谭嗣同也引用荀子的"群"说为变法维新作理论宣传，他高度重视"群"的作

---

① 谭嗣同：《仁学》，加润国选注，辽宁人民出版社1994年版，第10页。
② 《谭嗣同全集》（增订本）下册，蔡尚思、方行编，中华书局1981年版，第443—444页。

用，认为"群"能达到通学入会的目的。他这里的"群"是"开群立会"的意思，他认为通过开群入会能改变书院、宗教，设立矿务局、工会、商会、农会等机构，也能在戒除鸦片、缠足等事务上发挥作用，达到无变法之名而有变法之实的作用，这也是维新党一贯的主张。

章太炎的"群"思想别具一格。章太炎尊荀，认为荀子是儒家中仅次于孔子的人物，他尤其看中荀子的"群说"，认为"群说"是荀子政治思想的核心。他在《订孔》一文中说："荀卿以积伪俟化治身，以隆礼合群治天下。"他在《菌说》中更引《荀子·王制》中关于"群"的那段话，并解释说："是故合群明分，则足以御他族之侮；涣志离德，则帅天下而路。"[①] 他将"明分使群"看作促进群体团结抵御外族入侵的措施。章太炎对"群"产生的原因的看法和荀子观点近似，即认为群是人类为应对自然资源匮乏、自然灾害、猛兽袭击以求得生存与发展的手段。他也认为社会分工是必要的，人们的需求是多样的，而能够从事的职业是有限的，有了各种职业的分工，才能更好地满足人类的需要。

章太炎在性善性恶问题上，深受佛学影响，他认为人性本无善恶之分，这一点与荀子"性恶"说不尽一致。他在《菌说》中有云："或曰：性善性恶之说，皆不如言无善无恶者。曰：子将言人性乎？抑自有所谓性乎？夫言人性，则必有善有恶矣。彼无善无恶者，盖佛之所谓性海，而非言人之性也。自其未生言，性海湛然，未有六道，而何人性之云。自既有六道言，亦各有如来藏隐伏其中，而人与鸟兽，初未尝异，又岂得专为人之性也。孟荀所言，专为人言之也。"[②] 章太炎受到进化论的影响，认为荀子的"群"非常契合社会进化论的学说。他认同荀子所说的人力不若牛、行不若马，但牛马为之用，说明人有群体活动能力。章太炎进一步引申认为和自然界一样，人类在种族之间也存在竞争，而"群"是决定种族存亡、优胜劣汰的关

---

① 章炳麟：《章太炎政论选集》，汤志钧编，中华书局1977年版，第137页。
② 同上。

键因素之一。他关心的核心仍是以怎样的手段在中国建设和组织可行的政治秩序，认为"群"在建构国家的政治秩序上可以发挥重要作用。

章太炎认为"群"与"独"是相反相成的关系，他看重"群"但也不忽视"独"的价值，认为"群"是以"独"为前提的，这一点在清末普遍重群的氛围中颇有新意。《明独》即表明他对"群"与"独"的看法，"与群而成独，不如独而为群"。他认为有三类人表面上看起来像"独"，而实际上不是"独"：一是"卓诡其行，虓然与俗争"的"鸷夫"；二是"厚其泉贝，膏其田园，守之如天府之案"的"啬夫"；三是"深溪博林，幽闲以自乐"的"旷夫"。他提出以"大独"来完成"大群"的想法，"大独必群，群必以独成"，"夫大独必群，不群非独也"。① 他所谓的"大独"是与"小独""小群"相对的，是超越私利、超越乡土及血缘纽带的宗派、家族、宗族等狭隘的小团体，"大独"要求人们保持独立，发展自己的个性。"大群"就是"大独"与"合群"的融合，既保证群体内个体的独立自主性，又能使群体协调起来共同发展，"大群"包括社会、民族、国家等群体。章太炎以为欲达"大独"必以"大群"灭"小群"，"小群"是障碍，必须要予以灭除，"小群，大群之贼也；大独，大群之母也"。章太炎思想激进，他1907年写作的《社会通诠商兑》一文，甚至主张以军国主义为救国和破除传统的宗法社会的手段。"今吾党所言民族主义……惟自训国人，使人人自竞为国御侮之术，此则以军国社会为利器，以此始也，亦必以终，其卒乃足以方行海表，岂沾沾焉维持祠堂族长之制以陷吾民于大湫深谷中者？"② 在《社会通诠商兑》发表六个月后，章太炎又写作了《五无论》与《国家论》，激烈地主张将个人从家庭、社会、国家等所有的组织中解放出来。

章太炎强烈抵制西方的"公理群体主义"，认为是"以众暴寡"。他对晚近西学发展起来的世界、国家、社会等群体至上的"公理群体

---

① 《章太炎全集》第三集，上海人民出版社1984年版，第53—54页。
② 《章太炎全集》第四集，第328页。

主义"持排斥态度，认为其社会危害性尤为巨大，压抑人性，控制人身，是"无所逃于宇宙"。他认为自然的人对世界、社会、国家、他人的所谓责任、义务原本是不存在的，这些只是"后起之事"。他批评公理说："公理者，犹云众所同认之界域。譬若棋枰方卦，行棋者所同认，则此界域为不可逾。然此理者，非有自性，非宇宙间独存之物，待人之原型观念应于事物而成。……若其以世界为本根，以陵藉个人之自主，其束缚人亦与言天理者相若。……其所谓公，非以众所同认为公，而以己之学说所趋为公。然则天理之束缚人，甚于法律；而公理之束缚人，又几甚于天理矣。"[①] 他认为个人不是为世界而生，不是为社会而生，不是为国家而生，也不是为他人而生，个人对于这些本没有责任。由此他认为不能假公理的名义，以为个体的利益应无条件地服从群体的利益。

严复是晚清对"群"和"群学"的兴起做出开创性贡献的第一人，其对"群"的理解突破了传统士大夫只从荀学等传统资源来阐发其学理的路径，他真正确立了"群"对应于"社会""群学"对应于"社会学"的概念。这当然得益于他独特的经历，他出生在福建侯官，14岁入福州船政学堂，学堂是洋务运动的产物，他在那里接触到西方的自然科学知识，学堂毕业5年后的1877年他被派往英国留学，得以全面学习西学。他在英国学习自然科学与军事技术的同时，对西方的社会、政治学说产生浓厚兴趣，阅读了大量书籍并有所思考，乃至常与驻英公使郭嵩焘彻夜辩论。与维新派通过日本等传译接触了解西学不同，严复精通英文，置身当时最发达的西方世界，其对西学的理解自然与一般的维新派不可同日而语。严复同时也受到良好的中国传统文化的教育，有精深的古文修养，他在翻译国外论著时着意以"桐城派"笔法进行翻译可证明这一点，为了能在官场上名正言顺地受到重视，他甚至于1885—1893年先后4次参加科举考试，均以失利告终，使他对科举考试深恶痛绝。

---

① 章太炎：《四惑论》，《章太炎全集》第四册，上海人民出版社1984年版，第444页。

1895年甲午战败使他深受刺激，决定以文警世启迪国民，该年他连续在天津《直报》上发表《论世变之亟》《原强》《辟韩》《原强续篇》《救亡决论》等文章，表明他对时局的看法。他认为西强我弱的原因，并不仅仅在于武器和技术，也不仅在于经济、经济组织或制度设施，而在于"对现实的完全不同的体察"，应该在"思想和价值的领域里去寻找"。① 他在《论世变之亟》里提到中西对自由的观念不同造成中西社会的不同，"自由既异，于是群异丛然而生"。《原强》一文在简要介绍了达尔文的生物进化论后，以较大篇幅介绍了斯宾塞及其学说，明确地将斯宾塞的"社会学"翻译为"群学"，直言称之为"群学"是受到荀子"群说"的启发。他还认为斯宾塞的学说与《大学》是相通的，但斯宾塞在论证说理的透彻方面远超《大学》，"约其所论，其节目支条，与吾《大学》所谓诚正修齐治平之事有不期而合者，第《大学》引而未发，语而不详。至锡彭塞之书，则精深微妙，繁复奥衍。其持一理论一事也，必根柢物理，征引人事，推其端于至真之原，究其极于不遁之效而后已"。② 严复依据斯宾塞的社会进化论学说分析了西洋之所以强中国之所以弱的原因，他提出了著名的"民力、民智、民德"说，③ 这一点对维新派尤其是梁启超影响甚大，梁启超在《新民说》中详细论述了民力、民智、民德。

给严复带来卓著声誉的是他翻译的《天演论》，多数学者认为译稿完成于1896年，出版于1898年，这本书不仅对他同时代的文人学士产生震动，也对20世纪初的青年一代产生重大影响。这本原名为

---

① [美] 史华慈：《寻求富强：严复与西方》，叶凤美译，江苏人民出版社2010年版，第29页。

② 严复：《论世变之亟——严复集》，胡伟希选注，辽宁人民出版社1994年版，第8页。

③ 严复在《原强修订稿》中提道："夫如是，则一种之所以强，一群之所以立，本斯而谈，断可识矣。盖生民之大要三，而强弱存亡莫不视此：一曰血气体力之强，二曰聪明智虑之强，三曰德行仁义之强。是以西洋观化言治之家，莫不以民力、民智、民德三者断民种之高下，未有三者备而民生不优，亦未有三者备而国威不奋者也。"参见前注《论世变之亟——严复集》书，第24—25页。

《进化论与伦理学》的著作，赫胥黎原本是反对斯宾塞将达尔文的生物进化论伦理引入社会领域的，但严复在翻译时则加入了自己的理解和按语，为斯宾塞辩护，这是他选择性翻译的体现，反映了他急于为贫弱中国寻求一种富强的理论支持。[1]

严复在1897年12月到1898年1月公开发表《群学肄言》，在1895年发表的《原强》一文中他已经对该书大旨进行过介绍，1898年他将《砭愚》《倡学》两篇合为《劝学篇》在《国闻报》上首刊。《群学肄言》共分为16篇，他在《译余赘语》中说："《群学肄言》非群学也，言所以治群学之途术而已。"使用古雅的"群"指代"社会"、"群学"指代"社会学"是严复的创造，他对此有深入的思考，他自己说常常为翻译中找不到合适的中文对应词汇而苦恼，"一名之立，旬月踟蹰"。对于严复翻译语言的古奥难解，梁启超曾经提出过批评，但严复解释说精深的理论非以精美古雅的语言翻译不能传其精髓，且他的目标读者群是受过良好教育的士大夫阶层，而不是普通的百姓。之所以选用"群"一词，不仅因为著名的荀子"群说"众人皆知，而且因为"群"的含义较东学的"社会"一词更为宽泛，"群也者，人道所不能外也。群有数等，社会者有法之群也。社会，商工政学莫不有之，而最重之义，极于成国。尝考六书文义，而知古人之说与西学合"。[2]

英人穆勒的《论自由》（*On Liberty*）出版于1859年，严复1900年初译全书，1903年由上海商务印书馆出版，书名为《群己权界论》。严复认为国人对自由都不甚了解，或者视为洪水猛兽，或者以自由为泛滥无涯，于是翻译该书，以明群己权界。严复认为中文"自由"原本无善意也无恶意，个人自由无所限制，"但入群之后，我自由者人亦自由，使无限制约束，便入强权世界而相冲突。故曰人得自由，而必以他人自由为界"，他认为这符合《大学》的絜矩之道。严

---

[1] ［美］史华兹：《寻求富强：严复与西方》，叶凤美译，江苏人民出版社2010年版，第65—75页。

[2] ［英］赫伯特·斯宾塞：《群学肄言》，严复译，北京时代华文书局2014年版，第19页。

复在《译凡例》中谈到他对自由的看法:"须知言论自由,只是平实地说实话求真理,一不为古人所欺,二不为权势所屈而已。使理真事实,虽出之仇敌,不可废也。是理谬事诬,虽为君父,不可从也。此之谓自由。"① 穆勒写《论自由》的主要目的是保护个人自由的独特价值不受"社会"干涉,与严复所关心的自由本不属相同类型,但严复将穆勒的自由思想塞入了斯宾塞的框架中,认为自由是提高社会功效的工具,是使国家富强的手段。

综上所见,严复是将"群""群学"赋予西方"社会"和"社会学"意义的开创者,同其他士大夫一样,身处乱世心忧国民,以他独特的西学经历,开启了一条以翻译西学启迪国民的新路,他的翻译实反映了他救民富国的思想。他介绍了西方理论中认为切合时需的观点,也因为受传统文化教育的影响,他以古雅深奥的文言来表述现代的思想,企图将西方的现代思想与古老的中国传统思想缝合起来,一定程度上他达到了目的,他的翻译在士大夫阶层产生巨大影响,但也存在曲解西学理论的弊端。

---

① 严复:《群己权界论·译凡例》,见《严复全集》卷三,福建教育出版社2014年版,第256页。

杨开道与梁漱溟乡约改造思想比较研究

徐其龙[*]

民初国家建构的失败,使知识分子纷纷转向社会改造。面对日益加深的农村衰败现象,有识之士发起了乡村建设运动,开始了自下而上的探索,试图以建设农村来拯救中国,其中杨开道(1899—1981)和梁漱溟(1893—1988)两人均是从传统的乡约中寻求乡村建设的理论支持和现代方法,形成各自的乡村建设理论体系。杨开道是燕京学派的早期代表人物之一,是中国农村社会学的创立者之一,作为主持者之一的清河实验也是民国时期乡村建设运动中唯一一支由社会学家所主导的脉络。[①] 梁漱溟所领导的山东邹平实验,是当时最有影响的三大乡建团体之一,学术界已有不少的研究。作为同时代人和同道中人,两人关注农村问题并投身乡村建设,在乡村问题上也多有切磋。

1929 年正月,梁漱溟在《北游所见纪略》中说道:"我从广东出来考察,原希望我心中所抱几个难题(指村治)……不但无人解答,并且无人在这上边用心……无人留意。"[②] 10 月,杨开道提出商榷文,连发七篇文章《梁漱溟先生村治七难解》,回应道:"梁先生说'无人在这上边用心,直是无人留意',作者却有一点不服气。作者从民国十三年起到现在,对于乡村自治十分用心,十分留意,曾教过乡村

---

[*] 徐其龙,中国社会科学院研究生院博士,广西师范大学教师。
[①] 闻翔:《梁漱溟与现代中国社会学——以"中国问题"与"人生问题"为线索》,《江海学刊》2019 年第 2 期。
[②] 梁漱溟:《北游所见纪略》,《村治月刊》1929 年第 4 期。

自治功课，写过《农村自治》小书，自己虽然十二分不满，但是心是用的，意是留的。"① 并对梁漱溟指出的村治的七大难题一一提出解决方案。1933 年 7 月，梁漱溟、杨开道等人发起组织了全国性的乡村工作讨论会，并在此基础上组建了乡村建设学会。梁漱溟在《乡村建设理论》中提到，杨开道对于乡约的研究用过相当功夫，梁漱溟对于乡约制度在清代衰落及对现代组织建设的启示也吸收了杨开道的研究成果。② 杨开道在《中国乡约制度》中也说道："梁漱溟先生是中国乡村建设理论的引导人，他理想中的乡村社会组织，乡村下级机构，便是中国古代的乡约制度。"③ 可见，两人的工作交集甚多，乡村建设理论也多有共通之处，曾相互借鉴和影响。但是杨开道受西方思想影响，是乡村建设的"新派"，梁漱溟在中西文化比较下坚持中国文化的优越性，是乡村建设的"旧派"，一旧一新的两人为什么均从村治问题转向传统的乡约研究？两人的乡约改造思想有何不同？这正是本文的研究问题。

一 乡约的由来和界定

杨开道的《中国乡约制度》是目前关于乡约研究的最详细的著作，也是对乡约的开创性研究。④ 学者朱鸿林评价道："以后相当多的乡约论著……所举说的乡约都没有超出此文的范围，而且在分析论说方面还多不及此文客观和深入。"⑤ 本文对乡约的讨论也自然需从此书开始。那么，什么是乡约？其与我们常说的乡规民约有何不同？

乡约，1067 年产生于北宋的陕西蓝田，由吕氏兄弟（主要为吕和叔）所创。乡约，是乡里公约的意思，是中国古代农村以教化为主

---

① 杨开道：《梁漱溟先生村治七难解》，《农业周报》1929 年第 1 期。
② 李爽：《杨开道的乡约研究与乡村建设思想》，《史学集刊》2008 年第 4 期。
③ 杨开道：《中国乡约制度》，商务印书馆 2016 年版，第 1 页。
④ 常建华：《乡约往事——从杨开道〈中国乡约制度〉说开去》，《读书》2016 年第 9 期。
⑤ 朱鸿林：《二十世纪的明清乡约研究》，《历史人类学学刊》2004 年第 1 期。

要目的农村组织,其内容为德业相劝、过失相规、礼俗相交、患难相恤,一般设有约正、直约等,通过定期的聚会、读约、彰善纠过、记录于簿等实体化组织程序,谋求教化和公共利益。产生于民间的乡约,具有自动和互相的精神,到了明代末年,已经完全成熟,宗族有约,学人有约,乡里有约,艺人亦有约①。但是随着明清以来官治的介入,如王阳明的南赣乡约、吕新吾的乡甲约和清朝的上谕十六条等,使乡约逐渐变成了地方吏治工具和御用的宣传工具,其内容也由以上四条变为圣谕,到清末甚至完全变成了民众教育和政府役使的"衙役"。相反的是,乡约的理论发展却逐渐完善,明末时陆桴亭的《治乡三约》使乡约理论得以成熟。

乡约与乡规民约有什么不同呢?将两个概念做区分,更能理解乡约的本质。乡规民约由规约扩展而来,是指村民就某一事项,经过相互协议规定下来的,供大家共同遵守的行为规范。② 作为一种行为规范,源于生活的实际需要,制定的主体是乡民,其约束力来自乡民对规则的多数同意,是村中的习惯法。而乡约是乡规民约发展到一定程度的产物,具有乡规民约的一般特征,但乡约在规约之上发展出一套较完整的组织和管理体系,演变成一种民间基层组织,③ 包括一整套的组织构成、组织程序、定期的活动、固定的活动场所、读约仪式等。组织化和教化就是乡约的实质,这两点也可以说是杨开道和梁漱溟均关注乡约的关键所在。

二　杨开道与梁漱溟乡约改造的相同之处

同为民国时期研究乡约的两位知识分子,有其相同之处。两人都注意到了乡约的教化功能是乡约的根本功能;两人都认为乡约的主体是农民,人民能够并且有责任对自己的事情负责,相信人民可

---

① 杨开道:《中国乡约制度》,商务印书馆2016年版,第145页。
② 董建辉:《明清乡约:理论演进与实践发展》,厦门大学出版社2008年版,第16页。
③ 同上书,第25页。

以按照自己的意愿治理好农村社会，主张发动每一个人力量，使之参与乡村的事业建设，使物能尽其用、人能尽其才；两人都看到了中国社会的散漫消极问题，都试图对作为组织的乡约进行改造来改变农村；两人都试图从乡约中的一村一地做起，以自下而上的方式至乡县省和全国，从而建设新的社会；两人都比较认同陆桴亭的《治乡三约》的系统性、整体性和积极性，均是在其基础上对乡约进行再次发挥，比如梁漱溟的乡农学校，杨开道的地方社会组织；两人都注意到了乡约中士人（知识分子）的作用，强调知识分子与村民打成一片。

可见，两人的相同之处，主要在于乡约的民间组织性、动力和知识分子的作用上，但相同之处也往往是两人不同之处的生发点。作为一新一旧的代表，不同的理解视角对乡约进行的中西改造，背后是对村治与乡约结合的不同路径的深层思考。

三 杨开道与梁漱溟乡约改造的不同之处

1. 从事乡村工作的促发点不同

少年时杨开道阅读浦化人的自述和《黑伟人》，深受其感染和熏陶，决定放弃家人期望的商业前程而立志从事乡村教育工作。1920年，杨开道报考南京高等师范学校却阴差阳错地成为一名农科生。1923年杨开道在国立东南大学洪武棉场实习时，感受到农村问题的迫切性，他一方面发现农民个人知识的缺乏，另一方面强烈感受到农村团结不坚、组织不好，进而认为中国农民问题不单是农民问题，而且农村问题，不单是个人问题还是社会问题[1]，同时农民"和国内农学士，国外的农博士没有一点缘份……不愿意再作和农民不相干的助教、专家、教授，而愿意作农民的朋友，作农民和专家中间的介绍人，使专家能够服务农民，农民能够利用专家"[2]，此时，"如何可以

---

[1] 杨开道：《我为什么参加农村工作》，《民间（北平）》1935年第1期。
[2] 杨开道：《农村自治》，世界书局1930年版。

根本认识中国农村社会"和"如何可以重新组织农村社会"① 便成为他时刻不能忘记的问题。1924年赴美留学，杨开道先后在艾奥瓦农工学院和密歇根农业大学师从美国社会心理学家霍索和美国农村社会学先驱巴特菲尔德学习农业经济和农村社会学，回国先后在大夏大学、燕京大学讲授农村社会学并主持开展清河实验。由此可见，杨开道是在农村的实践中，发现和反思农村存在的问题，将改善农村生活作为他求学的目的，组织农村社会是他思考和改造乡约的动力所在。

而梁漱溟曾说自己有"四不料"，其中之一便是"不料我自己生长于北京而且好几代皆生活于北京，完全为一都市中人，未尝过乡村生活，而近日乃从事乡村工作，倡导乡村建设运动"②。在《自述》中，梁漱溟详细地介绍了自己参加农村工作的缘由。梁漱溟在少年时就很关注社会问题。在顺天中学时立志"愿为国家做一番事业，慷慨陈词，自命不凡"，经常阅读各种时事报纸，关心政治，佩服西洋近代的政治制度，总是梦想着如何使西洋的政治制度到中国来实现，但是民国成立以后政治制度的建设"反至一年远似一年，一年不如一年，越来越失望"，大多数人责难袁世凯和军阀等几个强有力者破坏政治制度，但梁漱溟认为这不是几个人的问题，梁漱溟深悟到制度与习惯之间关系重大，制度是依靠习惯的。③ 中国政治制度的建设和中国人民习惯有很多不合之处，革命苦苦争取的民权和选举权，让农民来投票时，他们却说没有时间，他们不要选举权。梁漱溟认识到在这样的习惯下，西洋的制度根本在中国建立不起来，梁漱溟遂转向人民新习惯和新习俗的养成。而培养新政治习惯，必须从小范围着手，这个小范围就是乡村。梁漱溟从政治的失败，看到与人民习惯基础不相适应的问题，从习惯基础问题到民众团结力的培养，由自上而下转向自下而上，于是就有了乡村建设之主张和实践。梁漱溟从事乡村运动是为了培养新事实，产生新秩序，乡约改造的出发点也完全在此。

---

① 杨开道：《我为什么参加农村工作》，《民间（北平）》1935年第1期。
② 梁漱溟：《自述》，《梁漱溟全集》第二卷，山东人民出版社2005年版，第31页。
③ 同上书，第7—21页。

杨开道在乡村生活的经验中发现农村存在的社会问题和组织问题，留学美国之后，在西方农村社会学的视角下试图在中国的历史组织传统中建设农村，而梁漱溟目睹政治制度建设的失败，转变认识到培养人民新习惯而加入乡村建设。两人不同的出发点，也预示着两人研究乡约的不同的理论视角和不同的乡约改造路径。

2. 研究乡约的理论视角不同

梁漱溟的乡村建设理论是建立在他对于中国问题及中国社会文化特质的认识与判断的基础上。[①] 梁漱溟认为相对于西方的"个人本位、阶级对立"的社会，中国是"伦理本位、职业分立"的社会。伦理关系始于家庭，以家庭关系向外拓展，形成社会的家庭化、伦理化，产生了自然的情谊关系与亲疏厚薄，这种情谊关系是相互间以对方为重的义务关系，乃使社会中每一个人对于其四面八方若远若近的伦理关系，负有若轻若重的义务，同时四面八方与其有伦理关系的人也对他负有义务[②]。因生产工具和资本没有被一部分人垄断（土地可自由买卖，遗产均分等），中国社会只有不同的职业，没有两面对立的阶级，为一种职业分立的社会，士农工商并各有前途，升沉不定，充满无限可能性。在梁漱溟看来，伦理本位、职业分立的根本皆为理性，理性既是人生向上和伦理情谊，又是中国文化的民族精神。在《东西文化及其哲学》一书中梁漱溟认为人类的未来是中国文化的复兴。但是近代以来，在外来西方文化的冲击和中国人对自身文化厌弃反抗的交替作用下，产生了严重的文化失调，表现出来的就是社会构造的崩溃[③]，但同时新者未立，使中国陷入左右来回的双重矛盾和无秩序之中。在这样的认识下，梁漱溟提出问题的关键就在于如何建设新的社会构造，建设出新礼俗、新习惯。新礼俗是什么？就是以中国固有精神为主吸收西洋人的长处，二者沟通调和[④]，促逼

---

① 熊春文：《以理性复兴中国、以学校组织社会对梁漱溟乡村建设及乡村教育思想的社会学解读》，《社会》2007年第3期。
② 梁漱溟：《乡村建设理论》，上海人民出版社2011年版，第33页。
③ 同上书，第23页。
④ 同上书，第133页。

形成一个新的团体组织，仿佛在父子、君臣、夫妇、朋友、兄弟这五伦之外，又加了分子对团体一伦。① 而建设新组织的合适入手处就是乡村。乡村是一个适当的范围，乡村村民心理宽舒自然，家庭经营，富于情感，乡村秩序靠理性维持，具有乡土观念，伦理情谊重，容易培养新的政治习惯。从理性求组织，从乡村入手，而具备这两点的就是中国古人所谓的乡约。以上认识就是梁漱溟研究乡约的理论视角，他对中国文化本质主义的认识，是对乡约进行改造的指导思想。

不同于梁漱溟的文化视角，杨开道更多是从地方共同社会和组织视角研究乡约。他在《中国乡约制度》开篇说道："我们要研究中国乡约制度的进展，一定要了解整个农村组织的进展；我们要研究乡约制度在中国乡治里面的地位，在中国乡治里面的贡献，尤其要了解整个农村组织的进展。"② 由此可以看出，杨开道是将乡约放在中国古代农村组织的大背景下，考察其在中间的地位、贡献和进展的，而这个组织视角是来自其所研究的欧美农村社会学理论。杨开道吸收美国社会学家马岐味（Robert M. MacIver）的 community 概念，译为地方共同社会，认为地方共同社会除了有集合的团体外，还有共同生活、共同目的和共同事业。在共同社会中，各个部分相互帮助、相互依赖，形成互倚的关系，组织协调人们之间的关系，让人们力量变得伟大，"有组织的总是胜利，没有组织的总是失败"③，而金钱、武力、政治的势力都是表面的势力，根本的势力是组织的势力，各个部分互相结合截长补短便产生了组织的势力。所以，农村作为一个整体，构成的各个部分休戚相关，利害相同，只能共生共存，共依共赖，决不能单独生存于世界。在杨开道看来，乡约发起的动机完全合于现代地方共同社会 community 的原理④，我们现在所说的社会的许多概念，如邻里社会、共同利害、互相依赖、社会互助等都可以从乡约条文里

---

① 梁漱溟：《乡村建设理论》，上海人民出版社 2011 年版，第 160 页。
② 杨开道：《中国乡约制度》，商务印书馆 2016 年版，第 3 页。
③ 杨开道：《农村社会学》，世界书局 1929 年版，第 97 页。
④ 杨开道：《乡约制度的研究》，《社会学界》1931 年第 5 期。

面找出。① 吕氏乡约中"人之所赖于邻里乡党者，犹身有手足，家有兄弟，善恶利害，皆与之同"对于社会组织和农村组织的基本理论，也可以发挥尽致了。② 杨开道在这一理论视角下，看到了吕氏乡约的四个特色：乡村是一切社会的基础、乡约可以避免人存政举人亡政息的学者政治和领袖政治、因共同需要产生了农村事业组织、成文的乡约法则容易维持社会秩序和社会合作。所以，梁漱溟从中国文化精神和本质出发，杨开道从地方共同社会理论出发，可见两人的中西方视角差别之大，导向了两人不同的乡约改造之路。

3. 对乡约的改造不同

在梁漱溟看来，有形的事实是乡村，无形的道理是理性，这两者原来就是中国社会的根，除此外都不算。③ 乡约是最合乎中国文化的理性精神，是一个伦理情谊化和以人生向上为目标的农村组织。乡约的补充改造后所建立的新组织，就是从老根上产生的新芽。梁漱溟以蓝田乡约为蓝本，借鉴陆桴亭的《治乡三约》，改造的方向是将乡约由消极变为积极的精神，具体如下：④ 第一，将消极的彼此顾恤，变成积极的有所进行。即不等到事情发生再进行补救，而是要事先讲求积极地做好准备。第二，把偏乎个人的一点看成社会的，把有限的一点看成永远展开的。第三，广大地联合和设计讲求进步的机关。以村、乡为单位，由乡与乡的联络，逐渐及于县与县的联络和省与省的联络。而这个机关和组织，就是乡农学校（或乡学村学）。第四，以社会运动和团体的方式来推行，政府只是起到间接帮助和不妨碍的作用，不可借助政治力量来推行。乡约补充改造后的乡农学校，由校董会、校长、教员和乡民（学生）组成，把地方领袖与农民组织起来，大家向上学好求进步。乡约中的约长，相当于乡农学校里的校长，值约相当于常务校董，约众相当于学生。只有教员这一项，是传统乡约里所没有的，教员是从外面聘请的，是有知识、有眼光、有技术的知

---

① 杨开道：《中国乡约制度》，商务印书馆2016年版，第68页。
② 同上。
③ 梁漱溟：《乡村建设理论》，上海人民出版社2011年版，第171页。
④ 同上书，第181—184页。

识分子，起到启发、撮合人民，提引问题，指引道路和商讨办法的作用，这就是梁漱溟的现代乡约组织。

不同于梁漱溟的消极变积极，杨开道更注重的是乡村中已有的众多组织如何以乡约为中心组织起来。在考察乡约的演变历程中，他最赞赏的是明代陆桴亭的《治乡三约》的乡治系统，他一直在强调的是中国古代固有的农村组织（如保甲、社仓、社学等）之间的关系，是否打成一片，强调农村社会的完整性。杨开道总结了乡约制度的五个优势：①士人阶级与乡村人民的联合；②乡约中蕴含着中国的民治精神；③乡约的根本政策是中国传统的感化政策，乡约是感化的中心，形成感化的波浪，逐层推进至于无穷；④乡约树立了共同的道德标准和礼俗标志，使之具体、有形和团体化，大家可以遵守并易于执行；⑤陆桴亭的《治乡三约》，一纲三目，虚实结合，成为系统。但他也看到了乡约的不足，包括三点：①乡约条文空洞，过于强调道德，对于事业发挥不足，有补充的必要。①专讲道德，不讲经济建设人民没有财力，不讲心理建设人民没有知识，不讲政治建设人民没有秩序。但是道德也不能少，有金钱没有道德人民会骄奢淫逸，有知识没有道德人民会欺诈盗伪，有政权没有道德人民会鱼肉乡里，所以道德中心的政治学理，乡约中心的乡治系统，是纯正的乡治系统，是整个的乡治系统。②②乡约的精神和官府推动二者之间的平衡，乡约的效力或者因为官府的提倡可以增加，但是乡约的精神也许因为官府的提倡愈加丧失。③没有把乡村的整个性质，乡村的全体问题，以及各个问题中间的关系看得清楚，提倡乡约的时候，便只提倡乡约，提倡社仓的时候，便只提倡社仓，提倡小学的时候，便只提倡小学，而没有把他们打成一片，达到一种分工合作的地步。③可以看出，乡约中德业关系、民治和官治、农村各种组织的关系是杨开道所要的改进之处。于是杨开道认为从现代社会组织的原理来看，乡村建设运动若要

---

① 杨开道：《中国乡约制度》，商务印书馆2016年版，第156页。
② 同上书，第175页。
③ 同上书，第87页。

成功，就必须改良乡约制度，使之具备三方面的条件：第一，乡约制度要根植于农村；第二，中国的乡村建设需要有高尚的领袖和专业的人才；第三，乡约制度的实行要地方自动。他最终强调的也是村民的主体性、德业相合、地方自动三点。所以他主张使地方社会组织和事业组织形成一个组织系统，地方社会组织是一种"组织的组织"，一切事业的组织，一种普通的组织，一方面避免农村因组织太多不成系统而陷入组织失灵和资源浪费，对于各种组织负有监督指导责任，但不能包办，使政教合一变为政社双规；另一方面，地方社会组织执行政府的政令，使上下相通，官治和民治相协调，保持地方社会的活力。重要的是，地方社会组织使全体人民，在同一目的下面联络起来，成为一个整体的农村社会。虽然他没有更为清晰地阐述，但这种农村组织形式与陆桴亭的《治乡三约》相符合，[①]使乡约改造成一个地方社会组织和事业组织相结合的组织体系。

4. 乡约改造的目标不同

从某种程度上可以说，两人的乡约改造的目标都是应对当时实行的地方自治的弊端，杨开道从制度设计和村民主动性上修正地方自治，注重的是地方自治中的村民自主和组织建设。而梁漱溟以村学乡学取代地方自治，是对当时的地方自治的根本不认同。

梁漱溟认为当时的地方自治很注意眼前事情的解决而不注意人生向上，地方自治没法包含乡约伦理情感方面的内容，只是一个机械性的、国家治理的工具而已，地方自治利用西方的互相制衡之道，如监察委员会，不合中国实际，只会扰乱农村社会，百弊丛生。[②]在梁漱溟看来，地方自治只是用行政手段解决农村的散漫问题，依靠的是政府的强制力，走向的是中国的吏治传统，随着机械和强制的官僚体系进入农村，农村也会失去活力，甚至劳民伤财。而乡约能够包含地方自治，包含伦理情谊和人生向上，把农村生活上的一切事情都包括在内，他用乡约补充改造后的乡学村学从根本上取代地方自治。所以梁

[①] 李爽：《杨开道的乡约研究与乡村建设思想》，《史学集刊》2008年第4期。
[②] 魏文一：《梁漱溟乡村建设理论中的村学与乡学》，《学海》2017年第5期。

漱溟说："我所主张之乡村建设，乃是解决中国的整个问题，非是仅止于乡村问题而已。"① 梁漱溟以中国文化的本质精神为理论指导，吸收西方的团体和科学两大长处，对乡约进行积极的补充改造。他想要实现的是一个农业工业相结合且均宜发展的、乡村城市相沟通调和的、政治经济教育三者合一的、以理性形成的自觉的社会秩序的新社会②，这一个新社会依然是"伦理本位"的。

而杨开道站在乡治或村治的立场，借鉴古代以乡约为中心的乡治理论与实践，探索解决中国农村自治的合适办法。③ 他认为，我们不欲振作国民精神则已，要想振作国民精神，乡约制度实在是一个适当的办法。④ 民国初年推行的乡村自治出现了机械、僵化、水土不服的弊端，说明来自外国的地方自治制度似乎不一定可以实行于中国，并且中国的制度也许还可以存在——社学变成了小学，保甲变成自卫，社仓旨在调节粮食提倡合作，乡约旨在教育民众，振作精神，似乎均有复生的可能。杨开道的主张是，既不能生搬硬套地抄袭西方，拾人牙慧，也不能故步自封，泥于古制，⑤ 传统的乡约制度树立了中国民治的基础，是中国自治的胚胎，现代的民治思想强调人们自己的能力、责任和实务，"会走路的人应该自己走，会做事的人应该自己做，会组织自己的人应该自己组织自己，会治理自己的人应该自己治理自己"⑥，这样看来，杨开道是在共同社会理论的视角下，希望能够吸收中国古代乡治的传统和原理，借用中国乡约传统对当时的农村自治进行修正，乡约和地方自治互相融合吸纳，破除僵化和机械，进行农村组织建设，以实现民治社会，从而"由村自治而区自治，由区自治而县自治，由县自治而省自治，一步一步的上升，以完全民治的国家"。⑦

---

① 梁漱溟：《自述》，《梁漱溟全集》第二卷，山东人民出版社 2005 年版，第 31 页。
② 梁漱溟：《乡村建设理论》，上海人民出版社 2011 年版，第 387—395 页。
③ 董建辉：《中国乡村治理道路的历史探索——杨开道及其〈中国乡约制度〉》，《宁德师范学院学报（哲学社会科学版）》2015 年第 4 期。
④ 杨开道：《乡约制度的研究》，《社会学界》1931 年第 5 期。
⑤ 杨开道：《中国乡约制度》，商务印书馆 2016 年版，第 26 页。
⑥ 同上书，第 133 页。
⑦ 杨开道：《农村自治》，世界书局 1930 年版，第 10 页。

四 乡约改造的当代价值

两人在不同的理论视角下对乡约的不同解释，走向了不同的改造道路。杨开道以西方农村社会学理论为指导，结合乡约中存在的民治的精神，进而改进当时正在实行的地方自治，使之更适合中国。梁漱溟从中国传统文化精神的角度，吸收西方的两大长处，将乡约补充改造为乡学村学，创造新文化新习惯。其实，不管两人对地方自治的态度如何，两人都在努力地进行地方自治的建设，行自治之实。我们比较两人的异同，也是为了努力找到他们的思想对地方自治的启发和启示。地方自治如何更好地引导人生向上学好，充实乡村的精神？在地方自治中，如何处理政府、社会组织、乡村之间的关系并系统化？如何处理官治和民治的关系？如何使不同阶层的农民打成一片，激发农民的主体性力量？如何以整体性视角进行农村的组织建设？如何破除地方自治中日益面临的行政化问题，引发农村治理的活力和生命力？两人对乡约的改造中，都是在回应这些基本的问题。

最后，让我们再回到杨开道和梁漱溟的出发点和不同的理论视角，无论是杨开道始终不能忘记的"如何组织中国农村"，还是梁漱溟的农民"团体力培养、新习惯养成"问题，我们发现两人之所以从村治转向了乡约研究，最终回应的都是农村的组织建设问题，两人都试图以农村的组织建设来求得乡村问题的解决，都对作为民间教化组织的乡约进行了创造性转化。在西方农村社会学理论启发下，杨开道倡导的组织建设是在有限自治下，既能满足政府的威权和社会控制，又能满足农民的生活共同需要，以使地方自治发挥实在的效力；他提出的政社双规下的组织系统建设，使地方社会组织及其下的事业组织形成一个整体，以组织分工来补充以前的空洞的道德建设，在家本位的格局下建设出社会的空间，建设民治的社会基础。在中国传统文化的背景下，梁漱溟的组织建设是在中国文化的本质精神的指导下，注重的是挖掘乡约的精神所在，通过政教合一的组织建设引导人

▶▶▶ 中国社会学学科自信

民积极向上，是寻求人生价值和中国问题的解决。两人不同的视角对于地方自治中如何进行组织建设，如何能够使政令通行的同时也能满足人民生活的共同需要和人生价值的实现，如何使上下相通并发挥效力，均可以带来很好的启示。

［原载《哈尔滨工业大学学报（社会科学版）》2020 年第 1 期］

中国社会学学科自信的
基础与实现路径*
——以时空社会学为例

林聚任**

一 中国社会学发展需要学科自信

中国社会学恢复重建四十余年来已取得了快速发展，科研队伍日益壮大，科研成果和影响显著提升，学者们在社会学中国化道路上已做了不懈探索和努力。特别是近年来随着中国社会的快速发展和整体实力的提高，2017年5月中央印发了《关于加快构建中国特色哲学社会科学的意见》之后，社会科学家们对中国特色的哲学社会科学话语体系建设问题的关注进入一个新阶段，相继发表了大量相关成果[①]。在当前全球化背景和话语体系多元化竞争发展的形势下，探讨中国社会学的学科自信，构建中国特色的社会学学科体系和话语体系，具有更加重要的时代意义。

尽管自西方社会学引入本土以来，学者们就开始思考社会学的中国化问题。早在20世纪40年代，著名社会学家吴文藻在主编的《社

---

* 本文受国家社科基金重点项目"空间社会学的新发展研究"（项目编号19ASH002）资助。
** 林聚任，山东大学哲学与社会发展学院社会学系教授，博士生导师。
① 如社会学领域在《社会学研究》等刊物开设专栏讨论"中国特色社会学学术体系建设"问题；2017年"浦东论坛"召开专题研讨会并编辑出版了《浦东论坛（2017）·社会学》集中介绍了学者们的主要观点。

会学丛刊》总序中，就明确指出了中国社会学家的首要任务在于社会学之中国化。他提出："以试用假设始，以实地证验终。理论符合事实，事实启发理论，必须理论与事实糅和一起，获得一种新综合，而后现实的社会学才能植根于中国土壤之上，又必须有了本此眼光训练出来的独立的科学人材，来进行独立的科学研究，社会学才算彻底的中国化。"① 他们所倡导的"社区研究"在一定程度上实践了吴文藻的中国化理念，像费孝通等许多社会学家通过本土化经验研究和实践探索，在寻求中国社会学的学术独立与创新发展上做了很大努力，也取得了一些值得肯定的成就。

但是，时至今日，社会学本土化实践尚有争议②，在学科话语体系的创新性发展和学科自信等方面仍存在一些不足。例如，郑杭生曾指出："（国内社会科学专家）往往养成一种根深蒂固的'边陲思维'，往往习惯于用西方的概念来裁剪中国的社会现实，而不善于用正确的立场观点方法把西方社会科学中的精华用来分析快速转型中的中国社会的实际问题和理论问题，还自以为走在正确的路子上。"③ 景天魁则关注了当代中国社会学"学科自信"不足的问题，大力倡导建立具有中国本土特征的概念和话语权。他说："如果没有自己的核心概念、提不出基本命题、形不成有影响的理论，总是拾人牙慧，哪里会有属于自己的话语权？可见，对于争取话语权来说，理论是制高点，提出概念是关键。所以，社会学中国化必然的发展逻辑是从自己的土壤中生长出自己的理论，也就是从特殊性走向普遍性。"④

因此，在新的社会发展背景和世界学术格局下，我们关注"学科自信"对促进中国社会学的创新发展具有极为重要的意义。

首先，学科自信是学科走向成熟的重要标志。社会学引入中国已逾

---

① 吴文藻：《社会学中国化》，商务印书馆 2010/1947 年版，第 4 页。
② 如谢宇在《走出中国社会学本土化讨论的误区》（《社会学研究》2018 年第 2 期）一文中提出，中国社会学本土化是个伪问题，由此引发了关于社会学中国化的新讨论。
③ 郑杭生：《"理论自觉"与中国风格社会科学——以中国社会学为例》，《江苏社会科学》2012 年第 6 期。
④ 景天魁：《从社会学中国化到中国社会学普遍化》，《人民日报》2015 年 11 月 23 日，第 16 版。

百年，特别是改革开放以来社会学的快速发展，在学科知识体系和应用研究方面日益成熟。现在，随着研究的深入和学者们学科自觉意识的提高，中国的社会学已经超越了早期以学习和模仿西方社会学研究范式为主的阶段，近年来越来越多的社会学家开始反思中国社会学的现状和不足，开始更加明确地发展具有自身特征或意涵的概念、理论或学派。

其次，学科自信是学科实现创新性发展的必由之路。长期以来，社会学作为舶来品以西方社会学理论和西方话语体系为主导，以西方研究范式为圭臬，国内学者虽然开展了大量本土化研究，但是在学科理论体系和话语创新方面显得缩手缩脚，难以突破。而要实现学科的创新性发展，就需要一定的"范式革命"或话语创新，超越已有的西方话语体系束缚。在这一过程中，学科自信是必不可少的。

学科自信对中国当前的社会学发展及其未来在世界社会学中占有一席之地显得尤为迫切。正如景天魁所指出的："当代中国社会学应该具有的理论自信包括两个层面：一是坚信从中国土壤里生长出来的社会学，一定能够自立于世界学术之林；二是坚信中国社会学不仅能够回答中国自身的问题，也能够对回答人类面临的共同性问题作出贡献，因而具有普遍的学术意义。前者是社会学中国化，后者是中国社会学普遍化，二者虽然方向相反，但既是相互补充的两个方面，也是相互融通的两个阶段。"[①] 下文中，我们以景天魁所倡导的时空社会学研究为例，讨论学科自信对促进社会学中国化的重要性。

时空社会学作为一个新兴的分支领域近一二十年来随着社会研究的"时空转向"在西方学界受到广泛关注，更多的社会学家把时空分析当作重要的研究视角加以应用，这极大地改变了以往社会研究忽略时空要素的不足。特别是，随着新马克思主义和后现代主义等新理论观点的流行，学界关于时空问题认识出现了重要转变，时空所蕴含的社会建构意义受到前所未有的关注。因此，作为新的学科或理论生长点，或者说，时空社会学或"社会空间理论的兴盛，是在多学科交

---

① 景天魁：《从社会学中国化到中国社会学普遍化》，《人民日报》2015年11月23日，第16版。

叉研究的新背景下，各种新思潮共同影响的产物，体现出理论新融合与创新性发展的特征"。①

国内关于时空社会学的研究虽晚于西方学界，但是近年来在这一领域的研究取得了较快进展，并体现出一些不同寻常的研究尝试。开始是从事马克思主义哲学研究、城市研究、地理学和文化研究的学者，较早地关注了新马克思主义者亨利·列斐伏尔（H. Lefebvre）等西方学者的社会空间观点，并做了相关译介和研究。社会学界关于社会时空问题的研究稍晚一些，但近年来得到迅速发展。学者们不但从社会学角度介绍了相关理论观点，而且结合中国社会发展的实践经验开展了一些专门的应用研究。

其中，景天魁及其团队是引领国内时空社会学研究的一支主要力量。他们不但系统译介了一批国外的代表性成果，而且在本土化研究方面发表了具有自己创新性的研究成果；他们既重视学科基础问题研究，所出版的《时空社会学——理论和方法》是国内第一本系统论述时空社会学基本理论和分析方法的专著，又重视开展应用性的专题研究，从而为建立中国社会学的学科自信和创新性发展提供了突出例证。

例如，景天魁明确提出："构建中国社会学话语体系的任务非常迫切，在这方面时空社会学可以大显身手。因为学术话语与时空场景关系密切。"②他又说："时空社会学对于解释中国崛起，对于构建新的社会学理论框架，对于形成新的社会学话语体系，也能够展出诱人的前景。"③ 早在1999年发表的《中国社会发展的时空结构》一文中，景天魁就强调时空特性是研究社会发展的重要维度，并把时空结构看作社会的基本结构，他运用时空观点论述了当代中国发展中传统、现代和后现代的关系，表明了社会时间和社会空间概念的解释力。④ 特

---

① 林聚任、申丛丛：《后现代理论与社会空间理论的耦合和创新》，《社会学评论》2019年第5期。
② 景天魁：《时空社会学在中国的兴起》，《西北师大学报（社会科学版）》2018年第2期。
③ 景天魁：《时空社会学研究（专题讨论）》，《人文杂志》2013年第7期。
④ 景天魁：《中国社会发展的时空结构》，《社会学研究》1999年第6期。

别是,他对"时空压缩"和"超越进化"两个概念做了新的解释,并把它们作为解释中国社会发展的核心概念,形成了自己的理论解释框架。"我们用这两个概念概括'中国特色'现代化的基本含义,把中国现代化过程的特点表述为'传统性、现代性和后现代性压缩在同一个时空之中',三者不是取代关系而是包容关系,三者的统一过程是制度机制创新过程,并且是超越进化的过程。在这个过程中,形成了传统、现代、后现代的新的时空结构。"①

时空社会学本身的理论属性也可以表明,知识的发展具有时空结构特征。从建构论观点也可以解释,在不同的时空背景下会形成不同的话语知识体系,任何知识的建构都受到一定的社会时空因素的影响。可以说,社会时空因素构成了社会研究或知识生产的重要维度,甚至科学知识的发展也受到一定时空因素的影响。"科学不是一些天然地享有必然性和优越性的注定的存在;相反,科学是人类的事业,它受时间和空间的制约。"② 另外,从社会学理论的属性来说,社会学是关于一定社会发展及其现实的研究,而现实的社会发展与过程发生在一定的社会时空之中。因此,时间和空间实际构成了社会过程的内在因素或内在变量,时空分析自然也就可以成为社会学研究的重要理论视角。

所以,景天魁指出,时空社会学在中国得以迅速发展的根本原因,在于它能够对中国的崛起过程从时间性和空间性上做出刻画和解释,同时中国社会学话语体系的构建也倚重于时空转换。他说:"时空社会学具有基础性学科地位,它将成为重建社会科学、走向'统一科学'的枢纽和平台,并可助力构建适应中国崛起需要的学术话语体系。"③ 因为"中国社会学不可回避的根本问题是中西古今问题。中西会通,这是空间性的一维;传承和弘扬中国社会学的优秀传统,这

---

① 景天魁、何健、邓万春、顾金土:《时空社会学:理论和方法》,北京师范大学出版社 2012 年版,第 265 页。
② [英]大卫·利文斯通:《科学知识的地理》,孟锴译,商务印书馆 2017 年版,第 14—15 页。
③ 景天魁:《时空社会学:一门前景无限的新兴学科》,《人文杂志》2013 年第 7 期。

是时间性的一维。二者结合起来就是实现中国社会学崛起的两翼"。①下文我们将结合时空社会学研究讨论中国社会学学科自信建立的基础和实现路径。

二 中国社会学学科自信的基础

学科自信作为理论自信或学术自信的重要方面，是一个学科独立发展和实现创新的必然要求。它既需要符合整个学科知识发展的基本规律，同时也要求本学科研究者形成自觉的主体意识，并付诸实践。尽管不同学科之间存在一定差异，关于自身学科的认识也有所不同，但是从寻求学科自主性和创新发展方面来说，学科自信是实现创新性发展的基本要求。尤其是相对于西方社会学主流话语体系而言，学科自信对建立中国社会学本土的话语体系更是必不可少。学科自信的基础一方面是来自充分的理论储备，另一方面需要有坚实的实践经验根基。

（一）理论基础：话语建构论观点

学科自信要以理论自信为基础。因为理论是构成一个学科知识的核心要素，没有自己的系统化理论，一个学科难以独立发展。因此，理论创新历来是一个学科实现突破与创新发展的重要形式。对中国社会学而言，长期以来我们所接受的理论主要来自西方，本土化理论创新明显不足，这在很大程度上制约了中国社会学的创新发展。

而要实现理论的创新首先需要树立起自己的理论自信，有意识地进行自己的理论探索或建构。在这方面，话语建构论（discourse constructionism）作为社会建构论的重要观点可为我们提供理论依据。因为理论是一种话语表达的形式，是借助于一定话语体系建构而成。话语（discourse）构成了理论建构的资源要素，这是由话语的理论属性

---

① 景天魁等：《中国社会学：起源与绵延》（上册），社会科学文献出版社2017年版，第1页。

和社会属性所决定的。

社会建构论的主要观点可概括为如下几点：首先，把社会研究和理论发展看作是一个建构过程，主张一切社会存在物，包括理论知识和各种认知都是社会建构的产物。其次，提倡多元方法论。建构论者主张一切理论知识并不是简单地对外部"实在"的反映，而是与一定的社会和文化情境因素有关，在不同情境下通过话语建构等方式而获得关于社会的知识。因此理论也是多元的。再次，主张相对主义知识观，认为不存在关于科学或知识统一的标准，人类的认知是相对的，评价的标准也是相对的。总之，"知识作为人类活动的产物，其生产过程跟知识生产者及其社会文化环境或特定情境密切相关，它是人们社会建构的结果"。[1]

我们认识到了理论知识的社会建构性，也就认识到了进行理论发展和创新的可能性，这是树立学科自信的理论基础和依据。因此，我们应该在继承国内外已有理论观点的基础上，探索具有本土意义的理论建构和创新之路。特别是面对西方社会学主流的话语体系，争取自身的话语权既是理论发展自身的要求，也是作为"非主流"话语实现由弱变强、地位反转的要求。

因此，理论自信的确立，首先要有理论的自觉。郑杭生曾指出："所谓'理论自觉'是中国社会学在世界社会学格局中改变话语权状况的必要条件，是指'理论自觉'能使我们增强学术的主体性、反思性，从而使我们觉悟到，适合西方社会概括出来的那些话语，并不都适合中国的实际情况，我们要根据中国的情况，概括、创造出适合中国实际情况的学术话语，从而打破、改变学术话语权一直为西方社会学垄断的状况。"[2] 其次，要确立起有竞争力的理论话语权，需要在学科中能够形成理论对话并产生影响力。而这种竞争力和影响力的形成一方面需依赖本土的学术资源和经验总结，另一方面需要学者们

---

[1] 林聚任等：《西方社会建构论思潮研究》，社会科学文献出版社2016年版，第248页。

[2] 郑杭生等：《社会转型与中国社会学的理论自觉》，中国人民大学出版社2011年版，第3页。

在话语权的有意识建构上实现突破。

（二）现实基础：中国发展实践与经验

任何学科的发展既要有充分的理论基础，又离不开坚实的经验基础。社会学作为一门经验性和应用性很强的学科更是如此。它随着现代社会的发展和进步应运而生，不断回答人类社会发展中所遇到的各类问题。当代中国社会的发展离不开社会学，同时也为中国本土社会学的发展提供了前所未有的条件和现实基础。尤其是中国改革开放以来，在经济和社会发展等方面所取得的显著进展和独特经验，显而易见也受到特定时空因素的影响，这更值得我们从时空社会学角度去研究中国社会发展的突出现象和实践经验。

例如，景天魁在一系列著作中用时空角度研究了中国社会发展和中国的崛起问题，运用时空维度解释了不同于西方的中国发展实践和经验。他 2006 年在剑桥大学所作的演讲中强调用时空视角解释中国崛起之谜，明确指出："中国这些年的发展，对于中国人和西方人都提出了一个问题，就是中国的发展在时间和空间的特征方面，超出了以往西方现代化过程已有的经验，所以，看起来都是在搞现代化，都是在搞工业化，都是在搞城市化，都在那儿发展经济，但是不论是已经现代化的国家还是正在现代化的国家，都感到中国的经验相当独特，用以往的经验很难去理解它。因此，这里从时间和空间社会学的角度，谈谈怎样理解中国的发展。"[1]

中国社会发展经验和发展模式的独特性为中国社会学研究提供了最丰富的素材，为发展中国本土的社会学提供了丰厚的土壤。与此同时，回顾中国社会学家几十年来的研究与探索，我们也可以清楚地看到，许许多多的社会学家在本土化社会学研究和促进中国社会学的发展方面做出了重要贡献。不但有老一辈社会学家费孝通，也包括当代社会学家陆学艺、郑杭生、景天魁、李培林等著名学者。景天魁特意

---

[1] 景天魁、何健、邓万春、顾金土：《时空社会学：理论和方法》，北京师范大学出版社 2012 年版，第 265 页。

撰文充分肯定了陆学艺所走的"植根于中国土壤之中"的学术路线。"其目标追求的是'中国社会学',是'中国化'的社会学,是直面中国问题,运用适合中国的概念,得出对中国有用的结论,提出符合中国实际的方案,促进中国富强、民主、和谐的'富民学''强国学'。这才是中国风格、中国气派,才是可能给世界社会学增添新内容、带来新气象的学问。"①

基于"中国经验"的社会学研究为发展中国本土社会学提供了前所未有的机遇和可能,且逐步形成了社会学研究的"中国风格"。如李培林指出:"改革开放以来,我国社会学以中国特色社会主义理论为指导,立足国情,以重大现实问题为主要研究方向,走出了一条具有中国社会学风格的学术道路。'问题导向'就是当代中国社会学风格的最鲜明的体现。"② 也就是说,特别关注与当代中国社会密切相关的一系列重大现实问题研究,是社会学突出的"中国风格"。

总之,中国社会学的发展不但需要本土化理论上的自信与创新,更需要"中国经验"的强大支撑。改革开放以来中国的发展经验实际上也为构建中国社会学本土话语体系创造了坚实基础,值得社会学家们去做深入系统的研究和总结。

三 中国社会学学科自信的实现路径

中国社会学学科自信的确立以及本土话语体系的形成是一个复杂而艰辛的过程,不可能一蹴而就。这也是一项需要中国众多社会学家自觉地协同努力的任务。就其实现路径而言,会存在不同的选择和侧重。比如,景天魁重点关注了中国社会学话语体系建设的历史路径。他指出:"从中国社会学的历史基础,可以找到中国特色、中国风格、中国气派的基因和源头;可以找到厘清当代发展来龙去脉的头绪,找

---

① 景天魁:《"植根于中国土壤之中"的学术路线——怀念与学习陆学艺先生》,《社会学研究》2014年第3期。
② 李培林:《中国社会学的历史担当》,《社会学研究》2016年第5期。

到构建新的发展逻辑的深厚根基；可以找到与西方社会学对话，并能弥补其不足的中国话语基础。"① 当然，他同时指出，"历史路径"跟"现实路径"等是相关联的，也承认其他发展路径的存在。但本文侧重于讨论构建中国社会学话语体系的理论路径和经验路径。

（一）理论路径：话语建构与理论创新策略

中国社会学学科自信的确立以及本土话语体系的形成首先是一个理论话语体系建构的问题。从前文的建构论观点我们可以看到，理论建构的重要形式是借助于话语建构。这是由于话语具有社会属性，它在人类社会行动中具有极其重要的作用，成为社会建构的重要因素，因此社会建构论者都非常重视话语使用和修辞问题。例如，米歇尔·福柯（Michel Foucault）曾指出，话语不是简单的语言表达，而是体现一定的权力或秩序问题，不同社会历史时期的话语使用跟社会规则和社会实践密切相关。他把话语看作一种社会实践（话语实践），并把话语置于社会实践的中心地位。福柯重视分析话语与权力及知识之间的关系，比如通过对西方社会关于性的知识和话语的考察，认为："话语既可以是权力的工具，也可以是权力的结果，但也可以是阻碍、绊脚石、阻力点，也可以是相反的战略的出发点。话语传递着、产生着权力；它强化了权力，但也削弱了其基础并暴露了它，使它变得脆弱并有可能遭受挫折。"② 因此，话语建构论强调的是话语表达所具有的社会文化意义。用社会建构论者的观点来说，"建构"意味着：首先，对事物的解释是建立在已有的多种多样的语言材料基础上的；其次，建构意味着主动筛选：对材料有所取舍；最后，建构概念强调解释的效力性、结果性。或者进一步说，"解释'建构'现实"。③

---

① 景天魁等：《中国社会学：起源与绵延》（上册），社会科学文献出版社2017年版，第21页。

② [法]米歇尔·福柯：《性史》，张廷琛、林莉、范千红等译，上海科学技术文献出版社1989年版，第98—99页。

③ Jonathan Potter and Margaret Wetherell, *Discourse and Social Psychology: Beyond Attitude and Behavior* (London: Sage Publications, 1987), p. 34.

那么，关于中国社会学本土话语体系如何去建构呢？我们主张，"学术话语体系和话语权的建构涉及多个层面的因素，既包括发掘和弘扬中国传统的文化资源，也包括充分利用当下的中国社会发展实践经验。其实，学术话语权的建构需要一定的社会文化实力为基础，并符合社会建构的基本规律"。[①] 可从如下方面加强中国社会学学术话语体系的建构与创新。

第一，注重发掘利用中国自身的话语资源，包括传统的学术资源。中国的学术话语资源极其丰富，值得我们深入挖掘和开源利用。第二，逐步确立自身的学术话语优势。在各种话语体系或话语权的竞争中，话语优势至关重要。面对西方的强势话语，我们更应该重视自身话语权和自信心的提高，力争使中国社会学在世界学术舞台中获得越来越突出的地位。第三，积极构建有效的学术话语影响路径。相比于西方社会学的主流话语，本土话语处于弱势地位，因此中国话语影响力的提升需利用有效的传播渠道去实现。第四，自觉培育独立的学术话语意识。话语权的提升还需要学者们具有更强的学科自觉和自信，这要求在社会学研究中能够有意识地主动培养学术独立的精神。第五，正确对待不同话语体系的对话与创新。因为社会学中存在各种不同的理论话语体系或流派，在本土话语的建构和发展中，既要处理好主流话语与非主流话语之间的关系，也要处理好普遍性话语与地方性话语之间的关系。第六，重视话语理论与实践应用的结合。理论话语的生命力和竞争力来自社会实践，同时又能够很好地解释或指导社会实践。

从这些方面来说，景天魁等在时空社会学、关于中国本土社会学源流等方面所做的研究进行了有开拓意义的尝试。他们一方面注重挖掘中国历史上的学术资源，通过对"群学"的社会学学科意义的创新阐述，去重新定位和探讨中国本土社会学的源流问题，肯定了中国社会学具有自己的优秀传统。他提出："从学科发展来看，不重视中

---

① 林聚任：《理论自觉与中国社会学话语体系建构——从郑杭生的理论自觉观谈起》，《社会学评论》2017年第2期。

国本土的学术资源，无法解决中国的学术话语权问题。"① 在其《中国社会学：起源与绵延》一书中，他们通过对群学概念的重新梳理，提出了"群学"就是中国古典社会学这一重要观点。"群学的要义，在于合群、善群、能群、乐群。这就是中国社会学的基因。"② 他们的前提假设是：学术标准是相对的；社会学可以有多种起源；社会学可以有多种形态。

景天魁他们不但深入挖掘了中国社会学的传统学术资源，而且指出了自身话语所具有的优势，即"在着眼于未来、积极参与塑造世界新文明的过程中，更加重视人本性、具有整合性、体现贯通性、强调致用性的中国社会学（群学），必将凸显出独特的学术优势"。③ 因此，景天魁强调，经过对传统学术资源（群学）的发掘、申义、辨识、梳理，形成概念体系，是确立中国社会学话语权的基础性工作。景天魁同时也指出："群学话语体系建设的追本溯源，就中国学术史而言，虽然可能具有某种特殊性，但是却体现了话语体系建设本身带有普遍规律性的途径。"④ 这就为中国社会学本土话语体系确立了合理性。

另一方面，景天魁等学者的研究非常重视概念话语的创新，努力提出具有本土意义或解释性的理论观点。比如在时空社会学研究方面，他对"时空压缩"和"超越进化"做了新的解释。这些概念既跟西方学者的有关概念相联系，同时又赋予了新的意涵。像著名的西方学者大卫·哈维（D. Harvey）用"时空压缩"（time-space compression）这一概念对资本主义后现代社会的新特征做了概括说明。但是，景天魁依据中国情景所定义的时空压缩概念，则具有很不同的含义，主要用以说明当前中国社会发展所体现出的特征，即中国现代化

---

① 景天魁等：《中国社会学：起源与绵延》（上册），社会科学文献出版社 2017 年版，第 21 页。
② 同上书，第 11 页。
③ 同上书，第 15 页。
④ 景天魁：《中国社会学话语体系建设的历史路径》，《北京工业大学学报（社会科学版）》2019 年第 5 期。

过程的特点："'传统性、现代性和后现代性压缩在同一个时空之中'，三者不是取代关系而是包容关系，三者的统一过程是制度机制创新过程——这构成了'中国特色'现代化的基本含义。"①

从以上方面可以得出，中国社会学本土话语体系的建构，是一个理论创新过程，更是一个突破已有理论体系进行话语建构的过程。但客观而言，目前中国社会学话语体系的创新还不够，学科自信有待提高。我们应该在借鉴中外一切优秀学术资源基础上，努力构建具有中国特质和中国立场的有竞争力的理论话语体系，从而逐步确立起中国社会学的独立地位。

（二）经验路径：积累与创新

社会学是一门强调经验研究的学科，必须走经验研究之路，特别是重视对中国本土社会的系统深入研究。改革开放四十余年来中国社会学在经验研究方面已有大量积累，对中国社会发展和社会转型所带来的突出社会变迁和发展经验做了系统总结分析。"中国社会学当前面临难得的发展机遇。这个机遇的到来，与和谐社会建设重大战略任务的提出、中国社会的巨大变迁、'中国经验'产生的广泛影响及中国社会学多年来基于深入调查积累的研究成果，都是密切相关的。"②

中国社会学的经验研究不但要关注重大现实问题和社会发展问题，同时更要重视在研究积累的基础上实现创新。我们要建立和发展具有自己特色的社会学，中国学者需要在经验议题的本土化和概括化方面有创新性的成果，形成具有一定解释力和影响力结论，或者形成具有学科范式意义的经验研究案例。

景天魁结合时空社会学研究视角，在这方面提供了可行的实践路径。他在《建立具有中国时空特征的理论框架》一文中，尝试以时空视角建构发展社会学理论框架。"我国的改革开放重塑了社会的时

---

① 景天魁：《时空社会学在中国的兴起》，《西北师大学报（社会科学版）》2018年第2期。

② 李培林：《社会转型与中国经验》，中国社会科学出版社2013年版，第185页。

▶▶▶ 中国社会学学科自信

空结构,而从社会的时空结构中又可以更好地解读我国的改革开放,这就是改革开放的社会学意义。由此出发,我们就能够更深刻地理解我国社会发展的经验……"① 他提出应重视以下几方面的研究工作:一是梳理我国改革开放鲜活的经验事实;二是阐释我国改革开放特殊经验的概念和命题;三是建立具有我国改革开放新时空特征的理论框架。他说:"有了丰富的经验事实,有了大量的概念和命题,再建立相应的理论框架,具有中国特色、中国气派的中国社会学就具备了经验基础、认识基础和必要的学术积累。"② 他还以城镇化问题为例,强调随着时空转换而形成中国社会学问题意识的重要性,"只有确立起与中国崛起相适应的新的问题意识,敢于回答西方社会学没有很好回答或没有回答过的新问题,才能实现中国社会学的崛起"。③ 因此,景天魁等中国社会学家立足于本土社会,在大量经验研究基础上,正在尝试建立和发展具有中国特色的社会学。

当然,中国社会学的地方性知识不但要重视地方经验和解释力,同时也要重视跟一般性理论观点的对话,以寻求更大的学科认可和影响。基于中国本土经验的社会学并不意味着脱离一般的社会学理论原理,而是力争丰富和发展后者,这也是中国社会学走向世界社会学的目标选择。

总之,无论是理论创新之路,还是经验积累创新之路,甚至"历史路径",都是建立中国社会学学科自信的可行选择。随着中国的崛起,社会学的发展需要学科自信,也能够树立起坚强的学科自信。而从"根本上说,'社会学中国化'这一个要求,其意义在于中国学者一种知识上的自觉与反省"。④ 因此可以说,中国本土社会学话语体系的形成,是一个理论话语建构的过程,更是一个理论自觉和学科自信的过程。

---

① 景天魁:《建立具有中国时空特征的理论框架》,《人民日报》2004年10月28日(理论版)。
② 同上。
③ 景天魁:《时空转换与中国社会学的问题意识——以城镇化问题为例》,《人文杂志》2015年第7期。
④ 金耀基:《社会学的中国化:一个社会学知识论的问题》,见《金耀基自选集》,上海世纪出版集团、上海教育出版社2002年版,第218页。

参考文献

［英］大卫·利文斯通：《科学知识的地理》，孟锴译，商务印书馆 2017 年版。

［法］米歇尔·福柯：《性史》，张廷琛、林莉、范千红等译，上海科学技术文献出版社 1989 年版。

金耀基：《金耀基自选集》，上海世纪出版集团、上海教育出版社 2002 年版。

景天魁、何健、邓万春、顾金土：《时空社会学：理论和方法》，北京师范大学出版社 2012 年版。

景天魁等：《中国社会学：起源与绵延》（上册），社会科学文献出版社 2017 年版。

景天魁：《中国社会发展的时空结构》，《社会学研究》1999 年第 6 期。

景天魁：《时空社会学：一门前景无限的新兴学科》，《人文杂志》2013 年第 7 期。

景天魁：《"植根于中国土壤之中"的学术路线——怀念与学习陆学艺先生》，《社会学研究》2014 年第 3 期。

景天魁：《从社会学中国化到中国社会学普遍化》，《人民日报》2015 年 11 月 23 日，第 16 版。

景天魁：《时空转换与中国社会学的问题意识——以城镇化问题为例》，《人文杂志》2015 年第 7 期。

景天魁：《时空社会学在中国的兴起》，《西北师大学报（社会科学版）》2018 年第 2 期。

景天魁：《中国社会学话语体系建设的历史路径》，《北京工业大学学报（社会科学版）》2019 年第 5 期。

李培林：《社会转型与中国经验》，中国社会科学出版社 2013 年版。

李培林：《中国社会学的历史担当》，《社会学研究》2016 年第 5 期。

李友梅：《中国特色社会学学术话语体系构建的若干思考》，《社会学研究》2016 年第 5 期。

林聚任等：《西方社会建构论思潮研究》，社会科学文献出版社 2016 年版。

林聚任：《理论自觉与中国社会学话语体系建构——从郑杭生的理论自觉观谈起》，《社会学评论》2017 年第 2 期。

林聚任、申丛丛：《后现代理论与社会空间理论的耦合和创新》，《社会学评论》2019 年第 5 期。

论坛组委会编《浦东论坛（2017）·社会学》，上海人民出版社 2019 年版。

吴文藻：《社会学中国化》，商务印书馆 2010/1947 年版。

谢宇：《走出中国社会学本土化讨论的误区》，《社会学研究》2018 年第 2 期。

郑杭生等：《社会转型与中国社会学的理论自觉》，中国人民大学出版社 2011 年版。

郑杭生：《"理论自觉"与中国风格社会科学——以中国社会学为例》，《江苏社会科学》2012 年第 6 期。

Jonathan Potter and Margaret Wetherell, *Discourse and Social Psychology*: *Beyond Attitude and Behavior*（London：Sage Publications，1987）.

独辟时空读中国
——景天魁的时空社会学研究

宋国恺[*]

"讲好中国故事，传播好中国声音，阐释好中国特色"是包括社会学研究者在内的所有中国知识分子的义务和责任。作为我国著名的社会学家，景天魁以其深厚的学术造诣，经过长期不懈的辛苦耕耘，逐步形成了以"底线公平"为理念，以重新书写中国社会学史为基础，以时空社会学为研究视角，以普遍福利论为功用，以和谐社会建设研究为着力点的理论体系，并致力于用中国话语讲清中国故事，用中国社会学解读中国社会发展之谜。这一理论体系始终贯穿于《底线公平：和谐社会的基础》《社会发展的时空结构》《发展社会学概论》《时空社会学：理论与方法》《基础整合的社会保障体系》《福利社会学》《当代中国社会福利思想与制度——从小福利迈向大福利》《中国社会学：起源与绵延》等著作之中。景天魁提出"底线公平"这样的大创造、具有普遍福利这样的大胸怀、提出时空社会学这样的大构想、重新书写中国社会学史这样的大魄力、潜心于构建和谐社会研究这样的大目标，体现了其致力于"社会学中国化"这样大手笔的学术思想。这既是现代社会学与中国学术传统接续的典范，也是对当代中国社会发展的认识和解释。景天魁长期致力于时空社会学的发展

---

[*] 宋国恺，社会学博士，北京工业大学文法学部教授，首都社会管理研究基地研究人员，硕士研究生导师，《北京工业大学学报（社会科学版）》编辑部主任。研究领域：社会结构研究、农村社会学、社会工作。

和建设，更是集中反映了这种学术思想和学术追求，"我的学术研究所致力的目标，主要是对中国社会发展做时间和空间分析，以期建立一种能够解释中国社会发展经验的'时间空间社会学'"。① 正所谓独辟时空社会学之蹊径，解读中国社会发展之谜。

一 时空视角："解读中国发展之谜"的独特路径

吴文藻等老一辈社会学家始终坚信，中国社会学一定是"'植根于中国土壤之中'的社会学"。② 费孝通在20世纪30年代倡导"社会学中国化"，改革开放以后费孝通主持恢复和重建社会学工作，始终强调"社会学中国化"这个方向，并为此做出了不可磨灭的重要贡献。陆学艺同样执着坚守"社会学中国化"这个方向，并指出，"我们这一代知识分子，正遇上我们伟大祖国经济社会发生历史性变迁的时期……这些转变发生在拥有10多亿人口的大国之中，其规模之宏大，形式之多样，波澜壮阔，错综复杂，这是难逢的历史机遇。不仅我国的前代学人没有遇到过，就是欧美工业化国家的学者也没有遇到过，他们只经历了工业化过程中的某个阶段，而我们这一代人却经历了我们国家工业化的前期、初期，直到现在中期阶段的整个社会变迁的历史过程"③。

景天魁把"社会学中国化"同样作为中国社会学发展道路和目标予以强调和坚持。景天魁认为，当代中国社会学者的研究条件是得天独厚的，"我们有幸身处中国社会大转型的历史时期，得以观察和体验到传统的、现代的、后现代的大时空跨度、时空交错下的社会冲突和融合、继承和扬弃、压缩和延伸，并且我们得以在个体的有限时间

---

① 景天魁：《理解中国发展：在剑桥大学三一学院的演讲》，载《底线公平：和谐社会的基础》，北京师范大学出版社集团、北京师范大学出版社2009年版，第1—18页。

② 吴文藻：《社会学丛刊总序》，《论社会学中国化》，商务印书馆2010/1947年版，第3—7页。

③ 陆学艺：《自序》，载《陆学艺文集》，上海辞书出版社2005年版，第9页。

和获得范围内，亲身'参与旷世难逢的大变局'，这是那些生活在西方已经定型化了的社会中的学者们难以得到的机遇和条件"。[1]

然而，在景天魁看来，我们这一独特优势，并没有充分地转化为大胆创新的强烈的自信心。恰恰相反，这一优势却被掩盖了、弱化了。因为在当今世界体系中，正如在经济上，发展中国家处于被边缘化的地位一样，在学术上，我们也没有什么话语权。因此，景天魁极力呼吁"社会学中国化"，"今天，我们的国运昌盛了，连西方学者都承认中国创造了经济'奇迹'，转而尊重中国的经验，我们何苦非要把西方学者在对不比我们复杂的社会对象的研究中形成的概念奉为圭臬，而把我们自己的成功经验视为敝屣呢？"[2] 经过几十年的发展，中国在经济上取得了举世瞩目的伟大成就，但对于中国发展之"谜"却没有给出足以令人信服的解释。希望从事社会科学的工作者，特别是社会学研究者，从中国发展的时空情景出发，能够充分发掘当代中国社会，尤其是改革开放以来40多年中国社会发展这个"富矿"，总结中国经验、中国模式，解释中国社会发展。因此，早在1999年，他就提出"对于中国社会发展的许多问题，要想取得深入的认识，就有必要寻求新的研究视角"。并由此引入了时空结构论，指出："从研究社会发展的角度看，时空特性也是一个基本的因素，或者说，也是研究社会发展的一个重要视角。"[3] 景天魁甚至以"解读中国发展之谜"[4] 为题，尝试从时空结构的视角解读中国发展之"谜"。

景天魁认为中国社会学恢复重建已有40多年，中国社会学家已经形成了可观的阵容，学术成果有了比较丰厚的积累。无论是社会学专业人员的数量、专门的教学和科研机构的数量，学术出版物的数量，在世界上都已名列前茅，问题是要提高质量，而提高质量的

---

[1] 景天魁：《总序》，载《福利社会学》，北京师范大学出版集团、北京师范大学出版社2010年版，第4—5页。
[2] 同上。
[3] 景天魁：《中国社会发展的时空结构》，《社会学研究》1999年第6期。
[4] 景天魁：《解读中国发展之谜》，《中国社会科学院研究生院学报》2007年第5期。

关键在于学术创新。他指出，社会学中国化的首要含义"就是怎样使外来的好东西变得更能够适合中国社会的需要，让社会学这个'舶来品'能够在中国土地上开花结果，这就首先要学习借鉴、吸收消化；当然也有进一步的含义，那就是在此基础上，根据中国的实践经验，创造出具有中国特质和风格的社会学。这种社会学也不是固步自封的，而是能够与国外社会学对话、交流和开放的"。[1] 事实上，《中国社会发展与发展社会学》《社会发展的时空结构》《建立具有中国时空特征的理论框架》《发展社会学概论》《时空社会学：理论和方法》等著作和论述，都体现了其推进"社会学中国化"的不懈努力。

强烈的"问题意识"不仅是一种学术研究取向，同时也是"社会学中国化"的不竭动力。景天魁最感兴趣的是社会哲学，以后其学术历经从社会哲学走向社会学的重要转变。但其问题意识的学术研究取向始终如一贯穿于其研究之中。他提出"底线公平"的概念时，是基于民生问题的"问题意识"：民生问题"已经成为全社会关注的焦点，也是党和政府工作的重点。那么，为什么民生问题会凸显为一个焦点问题，这里面是否具有必然性？如果具有必然性，其中起重要作用的因素是什么？我们可以从中得到哪些教训和启示，怎样才能更好、更快地解决民生问题？"[2] 1999年在引入时空结构和时空分析时，其强烈的问题意识是，中国改革开放取得了举世瞩目的发展成就，但作为中国人，没有把自己的发展及发展成绩和问题说清楚，西方社会学概念和理论也不适合解释中国的现实，甚至无法做出令人信服的解释。正如景天魁所指出的那样："中国自1978年以来已经连续近30年高速经济增长，'理解中国发展'已经不只是中国学者的事。前英国驻香港总督、'中国通'彭定康说，中国对他而言是个'谜'。有的诺贝尔经济学奖获得者也说过解释中国经济发展是极其困难的，秉

---

[1] 景天魁：《总序》，载《福利社会学》，北京师范大学出版集团、北京师范大学出版社2010年版，第4—5页。
[2] 景天魁：《底线公平理论与民生建设研究（代序言）》，载《底线公平福利模式》，中国社会科学出版社2013年版，第1页。

持着西方政治理念的人更感到理解中国的发展尤其困难。中国的发展既是一个现代化、城市化和工业化的普遍过程，也是一个非常复杂和特别深刻的特殊过程。像彭定康这样的'中国通'为什么会感到中国发展是个'谜'呢？"①

事实上，早在1994年，针对推动对中国社会发展问题的研究，即研究中国如何走向世界，世界如何接纳中国的问题时，景天魁就提出了"扩展社会发展研究的宏观背景"，把对中国问题的研究置于对世界总格局研究的框架内。② 中国40多年的发展，在时间和空间的特征方面，超出了以往西方现代化、工业化、城市化过程已有的经验，所以从表象上看似乎都在进行现代化，都在发展工业化，都在推动城市化，都在大力发展经济，但不论是已经实现了现代化的国家，还是正在走向现代化的国家，都感到中国的经验相当独特，用以往的经验很难去理解它，包括像欧美汉学界学者和研究人员，乃至"中国通"，都难免感到困惑和不解。

二 时空理论：将中国社会发展解读与学术传统的接续

老一辈社会学家对中国学术传统的坚守，不仅是推动"社会学中国化"的一个成功经验，而且是推动"社会学中国化"的重要方法。孙本文倡导"建设一种中国化的社会学"，其中两个重要方面是"整理中国固有的社会学史料""实地研究中国社会之特性"，"并由此综合而成有系统有组织的中国化的社会学"。③ 费孝通明确指出，"中国丰厚的文化传统和大量社会历史实践，包含着深厚的社会思想和人文精神理念，蕴藏着推动社会学发展的巨大潜力，是一个尚未认真发掘

---

① 景天魁：《理解中国发展：在剑桥大学三一学院的演讲》，《底线公平：和谐社会的基础》，北京师范大学出版集团、北京师范大学出版社2009年版，第1—18页。
② 景天魁：《扩展社会发展研究的宏观背景》，《哲学动态》1994年第6期。
③ 孙本文：《中国社会学之过去现在及将来》，载中国社会学社编辑《中国人口问题》，世界书局1932年版，第1—20页。

的文化宝藏。从过去二十多年的研究和教学的实践来看,深入发掘中国社会自身的历史文化传统,在实践中探索社会学的基本概念和基础理论,是中国学术的一个非常有潜力的发展方向,也是中国学者对国际社会学可能做出贡献的重要途径之一。"[1] 陆学艺指出,"21世纪中国社会学的发展重点,已不是把西方社会学引入中国并在中国生根的问题,而是要创建中国社会学。与此相应,已不是用中国语言和社会事实诠释西方的社会学理论和概念,而是要实现中西方学术平等的原则……要古为今用,吸收中国前代社会学家的研究成果和系统地发掘中国传统社会思想精华,集中前人的智慧结晶为现代中国社会发展和中国社会学建设服务"。[2] 社会学本土化,其目的无非"在于增进社会学学科对本土社会的认识和在本土社会进行应用",[3] 认识和解释中国社会发展。

哲学背景出身的景天魁,即使在引入和发展较为抽象时空结构和时空分析时,也从不"言必称希腊",相反,其在引入时空结构论解释中国社会发展时,"努力用中国话讲清楚中国事、探讨对中国有用的道理",并没有忘记从中国传统学术中发掘"根植于中国土壤之中"的学术理念甚至概念。景天魁指出,中国社会发展既要讲农民工,同时还要讲存在于中国的巨大的内部差距,如城乡差距、地区差距等。他认为,"拉开差距可以促进发展,缩小差距也可以在新的阶段促进发展。如果在同一时间空间内,又要拉开差距,又要缩小差距,是相互矛盾的,是不可能的。但在不同时间、不同空间内,拉开差距和缩小差距不仅不矛盾,而且还是相辅相成的"。这就是古人所说的"文武之道,一张一弛"。研究文武之道,重要的是找到适度差距的"度"。扩大差距不是越大越好,而是要有一个适当的"度";缩小差距也不是越小越好,同样要有一个适当的"度"。而这个"度"不可能是一个固定的量,适当与否,要依具体的时间空间而

---

[1] 费孝通:《试谈扩展社会学的传统界限》,《北京大学学报》2003年第3期。
[2] 陆学艺:《序》,《中国社会思想史》(上),南开大学出版社1989年版,第3页。
[3] 郑杭生、王万俊:《二十世纪中国的社会学本土化》,党建读物出版社2000年版,第50页。

定。同时还批判了"那些前前后后鼓吹'中国崩溃论'的人,却对连中国老百姓都懂得的文武之道一窍不通"[①]。

在论述关于中国发展的目标时,景天魁指出:"中国崛起,主要不是表现在经济上,更不是在军事上,而是在文化上。所谓文化,含义是多方面的,主要是指一种生活方式:钱不必太多,够用就好,物质享受适可而止,生活不求奢华而求滋润,精神健康向上、充实而不空虚。创造一种中国人的活法,让世界上这个人口最多的国家,达到现代化的物质文明和精神文明相结合的生活水平,这就是文化崛起,也是中国传统文化的继承和发扬"。[②]

景天魁从时空社会学的视角出发指出,文化传统主要是一种时间性的存在。如果中国发展的目标追求的仅仅是经济崛起,第一,受到资源和环境的严重的约束,这样路径不可行;第二,中国人的文化传统对物质的追求不是楼越高越好、路越宽越好、车跑得越快越好、吃得越贵越好。在这个意义上,景天魁主张要记住梁漱溟先生说"中国文化就是中国人的'活法'"。指出"中国要向世界贡献一种'活法'。不能'把生活的美满全放在物质享受上',要'改换那求生活美满于外边享受的路子,而回头认取自身活动上的乐趣'。梁漱溟曾断言:'中国不复活则已,中国而复活,只能于此得之,这是唯一无二的路。'"[③]景天魁满怀信心地指出,"在全世界创造出一种最滋润的生活方式——中国人的活法。可以说对人类的未来是一个巨大的贡献,对中国的老百姓是一个巨大的贡献,对人类文明的发展也是一个巨大的贡献"。[④]

景天魁在传承中国学术传统方面,做了一项非常值得令人尊敬的"社会学本土化"工作。中国改革开放40多年来的大发展是人类史上

[①] 景天魁:《理解中国发展:在剑桥大学三一学院的演讲》,《底线公平:和谐社会的基础》,北京师范大学出版集团、北京师范大学出版社2009年版,第1—18页。
[②] 景天魁:《解读中国发展之谜》,《中国社会科学院研究生院学报》2007年第5期。
[③] 同上。
[④] 景天魁:《理解中国发展:在剑桥大学三一学院的演讲》,《底线公平:和谐社会的基础》,北京师范大学出版集团、北京师范大学出版社2009年版,第1—18页。

罕见的社会事实，就其蕴含的理论意义而言，并不亚于形成发展社会学原初概念所依据的那些社会事实。因此而呼吁我们应当从中国发展的时空情景出发，做好从"中国经验"走向"中国概念"这项重要的基础性工作。在他看来，小康社会、社会转型、以人为本、自主创新、和谐发展、科学发展、改革开放、合作共赢、生态文明、四位一体（经济建设、政治建设、文化建设、社会建设）、统筹兼顾、时空压缩、超越进化、学习型社会、创新型国家等，这些概念深深根植于中国改革开放40多年来的伟大实践，是对中国发展经验的恰当概括，而且它们都在创造了发展奇迹的中国人民的行动中、言谈中得到了体现和应用，得到了检验。这些概念是根据中国社会发展现实中的一些共同的特征而被定义的，虽然它们未必能完全表达现实的本质，但是它们的确可以使我们能够与各种事物建立起某种内在的联系。并且指出："在中国实践基础上形成的概念，既然能够在实践的过程中起到很好的沟通和解释的作用，那么它们对于作为实践结果的事实就应该有表达和解释力……为什么在实践中取得了成功概念就没有表达和解释力，而那些离实践很远的概念反而就有表达和解释力呢？"[1]

为了将"社会学本土化"这项工作"彻底""植根于中国土壤"，近年来景天魁带领其学术团队，将荀子的"群"的概念与严复"群学"跨越时空地关联起来，将中国社会学的历史延伸到2000多年前的荀子学说里，以"淘宝"方式，精选出34个概念，其中4个概念为基础性概念，其余30个为基本概念，并区分为修身、齐家、治国、平天下4个层次，探讨了中国社会学崛起的历史基础[2]，并提出了中国社会学话语体系建设的历史路径，[3] 正在形成一系列有影响力的研究成果，推动了一项前人想做而没有做成的探索性工作，尝试着解答

---

[1] 景天魁、邓万春、何健：《发展社会学概论》，中国社会科学出版社2011年版，第339页。

[2] 景天魁：《中国社会学崛起的历史基础》，《北京工业大学学报（社会科学版）》2017年第4期。

[3] 景天魁：《中国社会学话语体系建设的历史路径》，《北京工业大学学报（社会科学版）》2019年第5期。

长期以来学界想解答而未能解答的铁案性难题。

景天魁认为，形成和阐释这些植根于中国优秀传统文化和社会发展中的概念，特别是那些被赋予了中国特色和新含义的、具有很好解释力、被公认和广泛接受了的概念，不仅是总结中国社会发展经验的一个重要步骤，因为"社会学家的第一步工作应该是界说他所研究的事物，以使自己和他人知道他在研究什么"，①也是对中国社会发展经验的敬重，更是对中国学术传统的敬畏和传承。

融通古今，其时空社会学与中国学术传统的成功接续，不仅体现了其深厚的学术造诣，也实实在在地表明了其对中国学术传统的深刻理解，"中国学术传统深入骨髓，脚下有根，就有独立的自我，因而能够站着学习西方学术；脚下如果无根，就只能躺着或飘着学习西方学术……做不出令中国人和外国人都尊敬的学术成果就几乎是注定的了"。②

三 时空分析：中国社会发展经验的分析工具

老一辈社会学家吴文藻促使社会学之中国化的设想是"理论符合事实，事实启发理论，必须理论与事实糅和一起，获得一种新的综合，而后现实的社会学才能植根于中国土壤之上，又必须有了本此眼光训练出来的独立的科学人材，来进行独立的科学研究，社会学才算彻底的中国化"③。费孝通谈到"社会学中国化"问题时，指出："用现在语言来说，意思是主张中国的社会学应当联系中国的社会实际。社会科学理论的来源是当时当地的社会实际，而且应当为当时当地社会发展服务。"④"我国的社会学既以结合中国社会实际，为建设社会

---

① [法] E. 迪尔凯姆：《社会学方法的准则》，商务印书馆1995年版，第5页。
② 景天魁：《植根于中国土壤之中的学术路线》，《社会学研究》2014年第3期。
③ 吴文藻：《社会学丛刊总序》，《论社会学中国化》，商务印书馆2010/1947年版，第3—7页。
④ 费孝通：《从实求知录》，北京大学出版社1998年版，第2—3页。

主义现代化国家服务为其目标,这就决定了我们的社会学必须在我们自己的国土上成长起来……要批判地继承所有过去社会学的成果和批判地吸收西方社会学的成果,但必须以立足当前中国社会实际为主,通过实践的考验逐步发展我们自己的社会学"①。陆学艺指出我们在发展过程中,"遇到了许许多多的新问题、新困难,有一大堆的难题要解决。要做出回答,需要提出新的措施,很多问题在本本上没有过,与传统做法都不同。作为社会学工作者、社会学理论工作者,有责任、有条件通过调研对问题做出理论和说明,做出对策研究,为改革服务。""哪怕能有一个方面的回答,一个问题的解决。对改革发展都是有利的"。②

景天魁在"社会学中国化"的历程中,同样坚持这样一条学术理路。即使是在发展和建设时空社会学过程中,也不例外,"我的时空研究有一个贯彻始终的特点,就是时空研究与社会发展研究紧密结合:一方面,努力结合中国发展问题研究时空社会学;另一方面,尝试运用时空社会学的视角方法,研究中国发展特别是改革以来的具体发展问题"。③ 正是基于这样的学术理路,2006 年景天魁在剑桥大学三一学院发表了题目为"理解中国发展"的演讲,运用时空视角和时空分析,尝试向英国听众解释应该如何理解中国改革开放以来取得的巨大成就。通过"时空转换:似曾相识不相识""时空改换:道是平凡却不凡""时空变换:文武之道在于度"等三个突出时空特色标题,分析了中国的工业化过程与英国当年的工业化过程在时空结构上的深刻区别。并理直气壮地特意在著名社会学家安东尼·吉登斯曾经供职的学府批评了他的"时空延伸"的概念,针锋相对地阐述了自己所提出的"时空压缩"的概念;在进化论创立者达尔文的母校,

---

① 费孝通:《建立我国社会学的一些意见》,《费孝通自选集》,首都师范大学出版社 2008 年版,第 13 页。

② 陆学艺:《当代中国社会学要实现三项历史任务》(1998 年 5 月 26 日在中国社会学会学术年会上的讲话),《中国式社会结构与社会建设》,中国社会科学出版社 2013 年版,第 391—392 页。

③ 景天魁:《前言》,《时空社会学:理论和方法》,北京师范大学出版集团、北京师范大学出版社 2012 年版,第 1 页。

阐述了自己的"超越进化"观念；在号称"第一个福利国家"的英国讲述了自己的"底线公平"理论。景天魁这种底气源于何处呢？

源于对中国优秀传统文化的自信，尤其是中国社会学崛起历史基础的自信。景天魁指出中华民族创造了灿烂的农业文明，积淀了厚重的乡村文化，这是中华文明的根。不论时空怎样转换、社会怎样转型、时代怎样变迁，中国人传统上"合群""能群""善群""乐群"的特点不变，自古形成的"大同理想"的追求不变，解决中国社会发展实际问题的深厚根基和优秀传统不变。在讨论当下中国社会建设问题时，景天魁指出时空压缩条件将"传统性、现代性、后现代性相互融通，实现综合创新"是搞好社会建设的关键①，并强调了正确发挥传统的优势、用本土眼光理解中国。这足以彰显有根基的自信。

源于对中国社会发展的深刻认识。景天魁的研究不是在书房闭门完成的，多年来在完成中国社会科学院社会学研究所大量行政事务以及作为全国政协委员担负的政协社会事务的同时，他把大量的时间花在了基层的调查研究上。无论是东部还是西部，无论是发达地区还是老少边穷地区，无论是工厂还是农村，都留下了他的足迹。走访了大量的工人、农民、企业员工、社区成员和各级领导干部，了解社会发展成就，更了解社会矛盾和问题，思考解决问题的策略和和谐社会发展的战略。

源于对中国复杂的社会结构和巨大的社会变迁是无与伦比的社会学资源的深刻认知。对社会学这样的学科来说，研究对象越是复杂，探究、想象的空间就越是广阔，发展前景就越是无可限量。因为科学的发展不会止于简单，而是从简单到复杂的不断求索。正是因为这样，景天魁发出了这样的呼吁："中国学者坐享近水楼台之利，到处都是值得开采的'富矿'，不乏世界级的学术难题，客观条件是非常优越的，问题在于我们自己是否善于提炼，是否能够驾驭。"②

---

① 景天魁:《时空压缩与中国社会建设》,《兰州大学学报（社会科学版）》2015年第5期。
② 景天魁:《总序》,载《福利社会学》,北京师范大学出版集团、北京师范大学出版社2010年版,第4—5页。

>>> 中国社会学学科自信

源于作为一门前景无限的时空社会学在中国大有作为的深刻认知。现在全世界公认的趋势是经济中心从西方移向东方，美国的战略中心也转向亚洲。其实这都是时空结构的变化。经济中心的转移应该伴随学术中心的转移，尽管许多人不诚愿、不接受，学术中心的转移意味着学术话语体系的重构。这其实也是一个时空重构问题。不管诚愿不诚愿，当人们接受了中国经济长期持续较快增长的事实，接受了中国社会长期持续稳定发展的事实，下一个必须接纳和接受的就是中国的学术话语体系。"当今中国的发展乃至世界的演变，在时间性和空间性上出现了不容忽视的新特性，迫切需要从时空角度建构新的分析框架。"[1] 由此，时空社会学可以助力构建中国学术话语体系。与此同时，时空社会学具有基础性学科地位，以及可以作为重建社会科学、走向"统一科学"的枢纽和平台的学科优势和特点，正好适应了这一新特性和需要。

景天魁将致力于社会学教材建设作为推动"社会学中国化"的一个重要方面，并且重视创新力求创新。将时空结构和时空分析引入我国发展社会学教科书，是其进行的一项具有创新意义的有益尝试。"我国的改革开放重塑了社会的时空结构，而从社会的时空结构中又可以更好地解读我国的改革开放，这就是改革开放的社会学意义。由此出发，我们就能够更深刻地理解我国社会发展的经验，在社会学教材建设中充分反映我国改革开放的社会学意义。"这项工作包含以下几方面的内容：梳理我国改革开放鲜活的经验事实；阐释我国改革开放特殊经验的概念和命题；建立具有我国改革开放新时空特征的理论框架。并认为有了丰富的经验事实，有了大量的概念和命题，再建立相应的理论框架，具有中国特色、中国气派的中国社会学就具备了经验基础、认识基础和必要的学术积累。[2] 1995 年，当景天魁在中国社会科学院以"发展社会学"为专业方向招收博士研究生时，发现国内仅有两本译介国外发展社会学的教科书，国内作者虽有一些发展研

---

[1] 景天魁：《时空社会学：一门前景无限的新兴学科》，《人文杂志》2013 年第 7 期。
[2] 景天魁：《建立具有中国时空特征的理论框架》，《人民日报》2004 年 10 月 28 日。

究的专题性著作，但比较系统性的还处于空白状态。因此，写一本教科书成为其一项重要使命。2011年他主编的《发展社会学概论》，在引入时空视角的基础上，试图通过较为系统地梳理发展社会学的思想和学术脉络，正视这个学科面临的新问题和新挑战，并在阐发中国改革开放以来的发展经验的学术意义的基础上，论证了走向一种新的发展社会学的必要性和可能性。在他看来，"新发展社会学"就是时空视角的发展社会学[①]。

四 简短结语

社会学家景天魁长期致力于发展和推动时空社会学，并始终秉持社会学中国化的学术思想和学术道路。在他看来，改革开放以来中国社会的巨大发展，需要新的独特视角加以分析和解释，因而在其引入时空社会学的过程中，坚持将时空理论与中国学术传统恰当接续、坚持将时空分析与中国社会发展实际有机结合，发展对中国社会发展具有很强解释力和分析穿透力的时空社会学，并不遗余力地发展具有中国特色和中国气派的"根植于中国土壤之中"的社会学。独辟时空社会学之蹊径解读中国社会发展之谜。

---

① 景天魁、邓万春、何健：《发展社会学概论》，中国社会科学出版社2011年版，第339页。

从时空压缩概念到时空社会学框架
——景天魁的时空社会学研究

邓万春[*]

一 《景天魁文集》第四卷的写作背景和研究过程

《景天魁文集》第四卷收录了景天魁关于时空社会学以及相关问题的研究成果。这些作品主要是在1999—2019年写作的。这一时期，景天魁的主要学术研究成果是重新定义了"时空压缩"概念，提出了"超越进化"概念，在此基础上尝试构建时空社会学的理论框架和方法体系，并运用这些概念、理论和方法解释中国的改革开放、社会发展和社会建设。

1995年，景天魁在中国社会科学院研究生院以"发展社会学"为专业方向招收博士研究生，他发现由20世纪50年代的"发展研究"建立起来的发展社会学框架，对新的发展实践，尤其是中国改革开放的发展实践的解释力有限，且局限性较多，于是尝试从时空视角来建构发展社会学的基本框架。1999年，景天魁在《社会学研究》上发表了《中国社会发展的时空结构》一文，在国内较早地开启了时空社会学的研究之旅。文章首次从时空视角研究中国的社会发展问题，尝试从时空社会学的角度概括改革开放以来中国经济与社会发展的新经验，试图构建研究中国改革开放实践的分析框架。文章界定的

---

[*] 邓万春，武汉理工大学政治与行政学院社会学系教授。

时空压缩和超越进化两个概念，成为贯穿他此后的时空研究和发展研究的基本线索。

2000年，景天魁主持写作《中国社会发展与发展社会学》，在该书的第一章和第二章中，他将上文提出的"时空压缩""超越进化"等概念和理念做了进一步的阐发和深化，并贯穿在全书的整体结构中。这本书也是国内首次从社会时空视角探讨中国发展问题和发展社会学的著作。

2002年，景天魁编辑出版自己的第一本文集——《社会发展的时空结构》。这本文集从书名到全书结构，都突出了把社会发展研究与时空研究紧密结合的特点。编辑这本文集，景天魁还有一个理论企图，即把关于社会发展时空结构的研究，与他在20世纪70年代到80年代初关于社会发展逻辑结构的研究，以及1983—1993年这十年关于社会认知结构和社会科学方法论的研究"贯通"起来。在文集中，景天魁第一次明确表述了他贯通研究的学术路径，指出了社会发展时空结构研究的逻辑和方法基础。

有了以上研究的基础，景天魁开始探索从时空视角概括改革开放以来中国社会发展基本经验的理论框架。2004年，他在《人民日报》发表题为《建立具有中国时空特征的理论框架》的文章。该文从空间角度讨论了诸如经济规模、收入差距等空间性特征的社会学意义，从时间角度讨论了诸如机遇、速度等时间性特征的社会学意义，从经验事实、概念命题、理论框架三个层次探讨了中国发展社会学的理论建设。

2006年10月景天魁访问英国剑桥大学，11日，在剑桥大学三一学院发表了题为"理解中国发展"的演讲，从时空视角和时空分析的角度解释应该如何理解中国改革开放以来取得的巨大成就；分析中国的工业化过程与英国当年的工业化过程在时空结构上的深刻区别；向英国听众阐述了他定义的"时空压缩"概念和"超越进化"观念。

在访问剑桥大学期间，景天魁与访学英国的朱红文教授合作，精选了10本英、法、德、美等国学者关于时空社会学的有影响的著作，并制订了翻译出版计划。2009—2011年，"时空社会学译丛"陆续出齐,这是国内第一套专门的时空社会学丛书。

从 1999 年发表《中国社会发展的时空结构》一文,到 2012 年,景天魁经过 13 年的时空社会学研究积累,《时空社会学:理论和方法》一书的出版就几乎是水到渠成的,是对他多年时空社会学研究的一个阶段性总结。在此书出版之前,国内已经出现了一批从实证角度研究时空问题或从时空视角研究具体经验性问题的成果。但有一些著述,可以明显地看出只是受到某种已有研究的影响,在这种情势下,系统而概括地阐述时空社会学的基本理论和方法,就显得特别必要。为此,该书意在基于中国发展实践系统阐述时空社会学的理论和方法,重点论述时空结构、时空视角和时空分析(方法)。作为国内第一本时空社会学著作,该书在时空结构、时空视角、时空分析方面做了有益探索。

其后,景天魁将时空社会学的理论视角和分析方法分别运用于对中国社会建设、社会治理、社会政策等现实问题的探讨。发表于《人文杂志》2015 年第 7 期的《时空转换与中国社会学的问题意识》一文,提出时空是社会学问题意识的构成性要素,时空转换对社会学问题意识的形成和演化具有决定性意义,并指出中国社会学的问题意识随时空转换发生了三个时期的变化,当前已经进入中国社会学的崛起时期。发表于《兰州大学学报》2015 年第 5 期的《时空压缩与中国社会建设》一文,从时空压缩视角探讨中国社会建设的特点,认为从传统性、现代性和后现代性的关系来看,社会建设任务异常艰巨;应抓住时空压缩条件下社会建设的特点,开辟社会建设的新局面。发表于《人民论坛·学术前沿》2016 年第 1 期的《探索复杂社会治理之道》一文,认为时间交叠和空间压缩等时空因素导致了中国社会治理的复杂性,复杂社会的治理之道,应该尊重多元、承认多样,坚持特殊性与普遍性相统一、多样性和一致性相统一,因地制宜、与时俱进。

二 《景天魁文集》第四卷的核心思想和内在逻辑

景天魁从探讨中国社会发展问题的解释框架入手,重新界定了

"时空压缩"概念，以此概念工具把握中国社会的发展场景与发展经验；在此基础上构筑了时空社会学的理论体系和方法架构；并以时空视角和时空分析方法广泛、深入地研究中国的社会建设问题、社会治理问题和社会政策议题。

（一）时空压缩

在《中国社会发展的时空结构》一文中，景天魁创造性地重新界定了"时空压缩"概念，并提出了"超越进化"的概念。

景天魁认为，对社会现象而言，既存在一种外在的自然时间和空间，也存在一种作为社会现象的内在因素的社会时间和空间。这一社会时空对于形成社会运动、社会生活和社会过程具有构成性的意义。因而，时空特性就可以作为社会发展研究的一个重要维度。从社会时空这一维度出发，传统并不等同于过去，传统是形塑现实的东西，在社会发展中，传统代表了时间的连续性、空间结构的稳定性，时空特性的同一性。相对于传统性而言，现代性的时空特性主要是非连续性、断裂性、非确定性和风险性。后现代性则致力于形成对于时间和空间的新概念，主张建立过去、现在和未来的和谐关系，反对现代性把过去、现在和未来割裂和对立起来的思想。传统、现代性和后现代性的一些引申含义，如地域性与全球性、特殊性与普遍性、一元性与多元性、封闭性与开放性等问题，也可以在时空框架内进行讨论。传统社会一般是地域性的、内向的，倾向于强调和固守自己的特殊性；现代性意味着向外扩张，扩展生存和交往空间；后现代性的取向是走出要么封闭要么开放的怪圈，力图摆脱特殊主义和普遍主义的对立。因此，他指出，"社会发展的许多重要问题是可以纳入时间和空间这个对话框内加以研究的"。

就中国发展社会学而言，中国社会发展所面临的时空特性与西方国家相比，一个重要的特点就是对话结构的不同。景天魁指出，在西方社会的发展进程中，先是传统与现代性的对话，然后是现代性与后现代性的对话，对话结构总是二元的。而当代中国就不同了，"改革开放的中国就面对着传统性、现代性与后现代性的前所未有的大汇集、大冲撞、大综合"。"第一，传统性、现代性和后现代性这三个不同时代的东西集中压缩到了一个时空之中，对话结构由二元变成了三元；第二，在欧美，这三者是一个取代另一个，一个否定另一个，一个排斥另一个。在当代中国，却必须把这三个本来相互冲突的东西形成相互协调、相互包含、择优综合的关系……第三，这个过程是学习过程，但又不能照抄照搬，而必须进行制度创新、机制创新，走出一条既不脱离世界文明大道、又适合国情的属于自己的道路；第四，这个过程不容许是一个慢慢进化的过程，还必须在一个不太长的时间里解决中国历史性的任务。"[①] 他指出，具备这四个规定的时空特性就称之为时空压缩，意思是说，中国当前社会发展的时空条件是有限的，而且难以延伸，是相对紧缩的、被挤压的。

这种紧缩和挤压，一是来自内部，二是来自外部。就内部而言，我国的人均资源占有量低，对实现现代化发展是极大的约束。外部的挤压和压缩主要是由世界资本主义体系的全球扩张和中国的后发劣势造成的。在世界资本主义体系的全球扩张过程中，落后国家要么被拉进这一体系受挤压，要么被排斥在这一体系之外受打压，总之，中国社会发展"所处的时空是已经被建构了的，是紧缩和挤压的结构"。

"时空压缩"（Time-space Compression）概念由戴维·哈维（David Harvey）于1989年在《后现代的状况》一书中正式使用。他在社会时空的意义上运用这个概念分析了资本主义的历史发展，从文化变迁角度研究了后现代状况。他说，时空压缩"这个词语标志着那些把空间和时间的客观品质革命化了，以至于我们被迫，有时是用相当激进的方式来改变我们将世界呈现给自己的方式的各种过程。我使用'压缩'这个词语是因为可以提出有力的事例证明：资本主义的历史具有在生活步伐方面加速的特征，而同时又克服了空间上的各种障碍，以至世界有时显得是内在地朝着我们崩溃了"[②]。哈维用"时空

[①] 景天魁：《中国社会发展的时空结构》，《社会学研究》1999年第6期。

[②] ［美］戴维·哈维：《后现代的状况——对文化变迁之缘起的探究》，阎嘉译，商务印书馆2003年版，第300页。

压缩"这一概念表明了现代人对时空的体验,即时间加速和空间扁平化甚至时间和距离消失的体验。景天魁鉴于时空压缩这一概念对于思考和表述中国的发展问题很有意义,认为有必要结合中国的社会历史和改革开放以来的社会实践将这一概念重新定义。因此他从社会发展角度,使用并重新定义了时空压缩概念,用这个概念刻画中国社会发展的基础结构。

景天魁的"时空压缩"概念同时也是针对英国社会学家吉登斯的"时空延伸"的概念而提出的。吉登斯说:"全球化的概念最好被理解为时空延伸的基本方面的表达。……我们应该依据时空延伸和地方性环境以及地方性活动的漫长的变迁之间不断发展的关系,来把握现代性的全球性蔓延。"[①] 吉登斯作为一个西方发达国家的社会学家,他所感受到的时空结构是延伸性的。他是站在全球化过程的全球扩张这一极来理解全球化的,因此他只看到了"时空延伸"这一面,它的另一面就是时空压缩,对于广大发展中国家的人们而言,全球化给他们的感受主要是时空压缩。

此文提出的"时空压缩"和"超越进化"概念成为景天魁时空社会学理论的核心概念,也是他从时空视角研究中国改革开放、社会发展和社会建设最具解释力的概念。

(二)时空视角下的发展社会学与中国社会发展

在《中国社会发展的时空结构》一文中,景天魁用时空压缩概念解释了中西方发展的不同时空结构以及中国在时空压缩条件下的发展处境和选择。

他说,西方国家的现代化过程预设了一个基本前提,即:资源的供给是无限的,环境的承受能力是无限的。但是,实际上大多数发达国家资源并不丰富,它们依靠对发展中国家的掠夺和不等价交换来解决资源供给和环境承受的难题。而我们所处的时空条件是有限的,不

---

① [英]吉登斯:《现代性与自我认同》,赵旭东、方文译,生活·读书·新知三联书店1998年版,第23页。

但难以延伸,而且是相对紧缩的、被挤压的。

景天魁用时空压缩概念解释了发展中国家发展中的"后发优势"。他认为,脱离后发现代化国家的具体时空特性而对现代化的优势和劣势作抽象的推论,有想当然之嫌。关键是要理性地认识自己国家社会发展的时空特性。他认为,如果忽略后发现代化国家时空结构的紧缩和挤压特性,把先发国家和后发国家的关系看作在同一时空结构下平等的学习者和被学习者、模仿者和被模仿者的关系,那么说存在"后发优势",应该是很自然的事。但如果考虑到"后发"国家的时空特性,那就不能不承认"后发"本身基本上是一种劣势。因为发达国家的技术优势不仅可以形成技术垄断,获得垄断利润,而且可以巩固对"后发"国家的支配关系,强化"后发"国家的依附地位。因此,只有付出巨大努力,并且适时抓住机遇,才有可能把劣势转化为有限的、相对的优势。

景天魁从时空压缩概念出发讨论了"可持续发展"概念。他认为要从时空特性的角度看待"可持续发展"这个概念。对于尚处于发展起步阶段的大多数发展中国家来说,持续发展应该是不成问题的,为什么其不但成了问题而且是更加严重的问题呢?一个重要原因就在于发达国家和发展中国家的时空特性不同。发达国家已经有了充分的发展,这种发达状态是靠极大的资源消耗来支持的,同时也给全球环境造成了难以承受的威胁。为了维持发达国家的发达状况,发展中国家则不得不在时空压缩的结构中求发展:一方面,必须自己承受资源短缺、人口增长过快的压力;另一方面,必须承受发达国家工业化过程中造成的生态环境破坏对农业乃至整个国民经济、人民日常生活所造成的影响。在这种局面下,发展中国家的可持续发展就成其为问题。因此,"可持续发展"概念在不同的时空特性中包含了迥异的含义、不同的运作逻辑和利益关联。

在主编《中国社会发展与发展社会学》一书时,景天魁试图以中国社会发展的经验事实对此前提出的"时空压缩"和"超越进化"概念进行论说和检验,并以这些概念为基础建构中国发展社会学的概念框架。在本书的"前言"中,他指出:"本书的目的就是尝试以理论研究和经验研究相结合的形式，提出时空压缩和超越进化这两个概念，以此对中国发展社会学作出概念描述。然后用若干方面的经验事实和实证分析对这个概念模型进行论说和发挥。"①

在"前言"中，景天魁还以其时空视角为理论工具，提出中国当代的社会学主要就是发展社会学的论断。他指出，既然当代中国的最大问题是发展问题，那么以研究社会为己任的中国社会学就应以发展为主题。他讲："在一定意义上可以说，中国当代社会学主要就是发展社会学，或者直接研究发展，或者间接研究发展"，各种社会研究总会以某种方式被牵扯进"发展"这个话语中。中国发展社会学的问题意识是自1840年鸦片战争以来就开始出现的，从那时起，中国人就不懈思考中国社会的现代化发展问题。到了当代，中国发展社会学的问题意识以更加紧迫和严峻的情势表现出来，因为当代中国发展的时空结构是时空压缩的。时空压缩是中国发展社会学问题意识的"建构性场景"。他说"时空压缩"这个概念，"在这里被用来描述中国发展社会学的问题意识在当代、在中国实现现代化过程中的建构性场景"。②

《社会发展的时空结构》一书分为三个部分，第一部分论述社会发展的逻辑结构，第二部分论述社会发展的认知结构，第三部分论述社会发展的时空结构问题。景天魁认为，第三部分是从社会学的层次和视角研究社会发展问题。这里所说的"时空"，在广义上是指社会发展的条件、环境和现实可能性，是社会活动以时间为纵轴、以空间为横轴的展开过程。"这样理解的时空结构，就是理论所指向的实践，就是作为理论的落脚点的现实。因此，从社会发展的逻辑结构、认知结构到时空结构是一个从抽象到具体的完整过程。"③ 社会发展的时空结构是社会发展的逻辑结构和认知结构的目的和应用，同时也为它们提供了现实的经验基础。这三个部分构成了一个从理论到实践，从概念到经验，从逻辑推理到经验实证，社会哲学、社会科学方法论、

---

① 景天魁主笔：《中国社会发展与发展社会学》，学习出版社2000年版，前言第1页。
② 同上书，前言第4页。
③ 景天魁：《社会发展的时空结构》，黑龙江人民出版社2002年版，序言第7页。

社会学这三个层次相互依存的系统结构。而"社会发展的时空结构"作为目的和归宿，不仅具有总结以往的性质，还具有在经验基础上开启理论未来的性质。

在总结以上研究的基础上，景天魁在《建立具有中国时空特征的理论框架》一文中提出了从时空视角概括改革开放以来中国社会发展基本经验的理论框架，从经验事实、概念命题、理论框架三个层次探讨了中国发展社会学的理论建设。他提出，要从改革开放的角度理解中国社会学。中国社会学是因改革开放而得以恢复和重建的，是伴随着改革开放而得到发展的。改革开放既为中国社会的现代化提供了强大的动力，也给中国社会学提出了极具学术意义的课题。他认为，同世界其他国家相比，中国的改革开放对于社会学具有独特的空间意义和时间意义。

一个是空间性问题。任何国家的现代化过程，都脱不开工业化、城市化、全球化。但由于空间性的不同，看似相同的现代化过程却可以具有不同的社会学意义。另一个是时间性问题。中国改革开放的一个重要特点，是本来应该发生在不同历史阶段的事情，被压缩和重叠在同一个时间段内。那些在西方早期现代化过程中被认为是矛盾的东西，如传统和现代、政府和市场、国家和社会，在中国的改革开放和社会发展过程中却既相互冲突，又相互协调。

因此，中国的改革开放重塑了社会的时空结构，而从社会时空结构又可以更好地解读中国的改革开放，这就是改革开放的社会学意义。由此出发，我们就能够更深刻地理解中国社会的发展经验，很好地反映中国改革开放的社会学意义。景天魁认为，这至少应该包括以下三个层次：第一，要从社会学、从时空视角去解读中国改革开放鲜活的经验事实；第二，要解释反映中国特殊经验的概念和命题；第三，要建立具有中国时空特征的理论框架，建构具有中国特色的"中国社会学"。

（三）时空社会学

《时空社会学：理论与方法》一书着眼于总结改革开放以来中国

社会发展的基本经验，既注重对时空社会学理论和方法做系统阐述，也努力运用这一视角和方法，对中国崛起的条件和过程展开经验分析。

国内外的时空社会学研究尚未形成关于时空结构、时空视角、时空分析的明确界定，本书在这方面有了突破：力求概括出社会时空结构的特征、要素、转换类型；概括了社会时空视角和社会时空分析的内涵和类型，提出社会时空分析的基本原则；系统分析了现代社会生产、管理、发展、社会分层、时空体验的状况，揭示了时间和空间在现代社会实践和理论建构中的核心地位。

1. 时空社会学的学科定义与学科特点

在《时空社会学：理论与方法》一书中，景天魁对时空社会学的学科定义和学科特点做了明确的界说和概括。

景天魁对时空社会学的界说，以三个命题为基础，即：时间和空间是现代社会生产和生活的构成性要素，社会时空是建构社会理论的核心范畴，社会时空成为理解现代社会的重要视角和方法。因此，时空社会学是以社会时空为社会基础结构的学科，是以社会时空为核心概念的学科，是以时空为基本视角和方法的学科。综上，景天魁提出：时空社会学"是从时间和空间特别是社会时空的特性和视角出发，运用时空分析方法，研究社会的结构和过程的一门分支社会学"。[①] 时空社会学是研究社会的空间结构和时间变化的社会学。

时空社会学有两个鲜明的学科特点。其一，时空社会学是最具基础性、开放性和渗透性的学科。时空社会学因其独具三个"基础"——社会的基础结构、社会研究的基础视角和基础方法，而居于社会理论的核心地位。时空社会学的开放性和渗透性突出表现在它跨越和突破了传统的学科界限。其二，时空社会学是对象研究与方法研究的高度契合。社会时空作为研究对象与作为研究方法是自我缠绕、

---

① 景天魁、何健、邓万春、顾金土：《时空社会学：理论与方法》，北京师范大学出版社2012年版，第10页。

紧密结合、高度统一的。在时空社会学里，结构即视角，视角即方法，时空总以某种结构性形式存在，同时它就是一个视角。

2. 时空社会学与中国发展研究

在《时空社会学：理论与方法》中，景天魁对时空压缩概念的源流进行了系统梳理，在此基础上以中国情景为依据重新界定了时空压缩概念，然后以此概念为工具解析中国崛起的时空条件与时空结构。

（1）系统梳理、界定"时空压缩"概念

时空压缩概念很难断言唯一的是谁提出来的。在不同学科，从不同角度，形成了不同定义的时空压缩概念。美国社会学家 R. D. 麦肯齐于 1933 年在《都市社区》一书中提出了时空压缩概念，这在社会学概念史上被认为是最早的。他所讲的时空，属于自然时空。德国哲学家海德格尔在 1950 年的一次演讲中揭示了现代人对于时空压缩的体验，海德格尔所体验到的时空压缩，也是技术进步引起的自然时间和自然空间的变化。麦克卢汉提出的"地球村"概念，是对现代技术进步引起的时空压缩体验的形象表达。地球村是时空压缩的结果，也是对时空压缩的一种表达。时空压缩概念在当代之所以发生重要影响，在较大程度上应该归功于戴维·哈维，他在社会时空的意义上运用这个概念分析了资本主义的历史发展，从文化变迁角度研究了后现代状况下人们对时空的体验。

哈维的"时空压缩"概念，虽然也有它的物质技术基础，但它基本上不是物理的现象，时空具有社会的性质。景天魁也是在这个意义上使用时空压缩概念的。

在梳理了时空压缩概念的谱系后，景天魁依据中国情景重新定义了时空压缩概念。用这个概念刻画改革开放的中国所面对的传统性、现代性与后现代性的大汇集、大冲撞、大综合。重新定义的时空压缩概念有三个特点。其一，兼顾时间性与空间性。从时空视角讨论中国发展问题，其实总是要归结为中西古今问题。而"中西古今问题"就是时空问题。景天魁主张兼顾时间性与空间性，将古今关系、中西关系联系起来、结合起来，做多维度的综合分析。其二，着眼于中国崛起的时空条件。从中国崛起的时空条件来看，时空压缩是最大的制约，这是无法回避的现实。其三，对话吉登斯的"时空延伸"概念。安东尼·吉登斯提出了"时空延伸"概念，英国的强国之路当然是时空延伸。但是，中国当前的发展，从时间和空间来说，却是时空压缩，是在时空压缩中求发展。中国的现代化过程，不仅内部环境是时空压缩的，它还被置于经济全球化过程之中，全球化背景下的时空特质是时空的进一步压缩。

（2）中国崛起与时空转换

景天魁指出，中国这些年的发展，在时间和空间的特征方面，超出了以往西方现代化过程已有的经验。其一，"时空转换：似曾相识不相识"。中国目前的发展条件、国际环境不同于当年英、法、德、美以及后来的日本这样一些国家，虽然在形式上都是工业化、城市化、现代化，但是在时间、空间特征上不一样。表面上看和西方曾经发生过的过程似曾相识，但因为时空转换了，就带来了巨大的差异。其二，"时空改换：道是平凡却不凡"。要理解中国的高速发展必须理解中国农民。中国经济的高速增长，农民，特别是农民工做出了重要贡献，这是中国现代化过程中看似平凡实则不凡之处。其三，"时空变换：文武之道在于度"。要理解中国发展，就要理解中国内部差距的时间和空间意义。改革开放以来，中国城乡差距、地区差距迅速拉大。差距对于发展，既有积极作用又有消极作用。研究文武之道，重要的是找到适当差距的"度"。而这个"度"要依具体的时间空间条件而定。

（四）时空视角与中国社会建设、社会治理、社会政策

景天魁从时空视角出发，以时空压缩概念、时空分析方法对中国的社会建设问题、社会治理问题和社会政策问题进行了广泛而深入的研究。

1. 时空压缩与社会建设

在《时空压缩与中国社会建设》一文中，景天魁提出，现在我国发展已经进入"新常态"，应从时空压缩的视角探讨"新常态"下的社会建设可能出现的新情况、新机遇，以及应对思路。

(1) 时空压缩与中国社会建设的特性

其一，社会建设的艰巨性。经济发展得快，往往社会矛盾也多；快速的时空变化，使得社会流动性增强，社会适应和社会认同的问题突出；忽略经济快速增长消耗的社会成本，导致社会成本严重透支，加剧社会建设的艰巨性。其二，社会建设的扭曲性。社会建设长期被视作经济建设的附庸，几乎失去了独立存在的地位；社会建设机制扭曲，以市场机制取代社会机制。其三，社会建设的滞后性。发展经济的正当性、维稳的绝对性、市场的决定性，消耗了社会成本，如果未予补偿，就会造成社会建设的滞后。

(2) 时空压缩与中国社会建设的机遇

时空压缩对于中国社会建设有负面影响，但是也完全可能为社会建设带来新的机遇。其一，时空压缩既可能造成传统性、现代性、后现代性相冲撞，也为它们相互融通提供了方便条件。传统、现代和后现代，凡是有利于中国发展和民族振兴的，都应该尊重和正视，将它们融为一体。而时空压缩可以为实现这种包容和综合提供条件和机遇。其二，"新常态"也是一个时空问题。新常态将使过去在经济高速运行时绷得很紧的资源与生态等方面的紧张状态得以舒缓，备受挤压的社会建设得以舒张。其三，机会窗口具有时空有限性。时空压缩给我们预留的社会建设的机会窗口是有限的。

(3) 时空压缩条件下搞好社会建设的关键

从时空压缩视角看，将传统性、现代性、后现代性相互融通，实现综合创新，就是社会建设的一个关键。具体而言，要从轻视家庭作用，到重视家庭建设；要从熟人社会到"社会化"，再到社区建设；要从削弱农村，片面城市化，到城乡一体化框架下的城镇化；要从崇尚平均，到拉开差距，再到逐步缩小城乡、地区、收入差距，形成橄榄型社会结构；要从补缺型福利，到社会保障制度全覆盖，再到建设既普遍整合，又可持续的社会福利体系；要从政府包揽，到社会发育，再到政社良性互动。

2. 时空结构与社会治理

在《探索复杂社会治理之道》一文中，景天魁提出，开展社会治理和社会建设必须要准确地把握我们所面临的社会情境，它是我们推进社会治理和社会建设的现实基础与可靠前提。从时空视角来说，社会情境就是社会时空结构。当前，复杂性构成了中国社会固有的属性，讨论中国社会治理与社会建设必须要立足于这一复杂的社会现实。

（1）中国社会治理情境的复杂性

中国社会复杂性主要表现在四个方面：第一，时间交叠是中国社会治理不同于西方国家的显著特性。不同时代、不同时期、不同时点形成的社会产物，以复杂多样的形式不同程度地交叉重叠在当下的中国。这种时间交叠，带来了社会规范的错位、社会秩序的无序和价值评价的混乱，给社会治理带来了难以想象的难度。第二，空间压缩是中国社会治理面临的另一个复杂情境。农业社会、工业社会以及后工业社会所面临的问题同时堆积在我们当下这个场域中，而且经济和社会的方方面面在空间分布上不均衡。第三，人口数量和结构变化是我国社会治理必须面对的现实情境。人口总量大，流动人口多，各地人口的年龄结构、收入结构差异显著，边富边老、未富先老、先老还穷等问题同时存在。第四，多元社会思潮的冲击陡增了中国社会的复杂性。

（2）复杂社会治理的基本逻辑

追求单一性和简单化是西方社会治理的基本逻辑。强调综合性与整体性是中国社会治理的基本逻辑。复杂社会治理要求采取适应复杂性的思维方式。我国与西方国家所处的发展阶段与发展水平不同，社会生活存在差异，文化类型明显有别，我们的社会治理模式应该讲究层次性、强调阶段性、尊重多元性、承认多样性、长于综合性、注重整体性，而不宜也不可能单一化。

（3）复杂社会治理的基本策略

第一，完善适合中国复杂社会的民主治理形式。中国社会的民主治理，应该浸润中华文化的特质，而不是纯粹的西方式民主；是内涵中国化与科学化的民主，以实现国家富强与统一为目的的民主，而不是西方民主的简单扩展版。第二，形成"看得见的手"与"看不见的手"相结合的治理机制。处理好经济与社会、企业与社会、政府与市场的关系,对社会治理具有非常重要的意义。第三,秉持兼容并包、合作共进的治理理念。学习世界各国的先进文化,在推进文化多样化的同时实现包容、合作与共治式社会治理。第四,坚持底线思维,构建民生为本的治理体系。社会福利是现代社会治理的重要组成部分,要努力探索更加公正并可持续的社会福利模式。

3. 时空视角与社会政策

在《社会发展的时空结构》一书的第三部分,景天魁从时空角度考察社会保障问题,提出了"基础整合的社会保障体系"的概论框架。他指出,中国的社会保障问题是在时空压缩的发展过程中出现的具有特殊性的社会现象。确定了时空压缩的概念框架,就会确信中国的社会保障体系应该是"基础整合"的,而不应该是模仿西方的,奢侈型的。

在《底线公平:和谐社会的基础》一书的第二十四章第一节"中国社会政策的特殊性和基本经验"中,景天魁从时空视角分析了中国社会政策的特殊性和基本经验。

(1) 中国社会政策面对的难题

关于中国社会政策,他觉得应该特别强调认识其特殊性,我们在社会政策上常犯的错误就是没有吃透中国国情的复杂性。中国社会政策的特殊性表现在:其一,基本国情。中国人口多,又是发展中国家,而且存在严重的收入差距、地区差距和城乡差距。这个基本国情决定了中国社会政策面对的基本矛盾就是需求巨大而供给不足。其二,体制转轨。中国从计划经济体制转变为市场经济体制,原来在计划体制下实行的低水平但基本公平的社会保障,在市场经济体制下就很难再继续了。其三,城乡二元结构的松动。城乡二元结构松动后,城乡之间人口流动加快,农民工的社会保障、公共服务等问题成为社会政策要面对的新问题。其四,经济增长和社会发展不平衡。中国经济增长速度很快,但对社会事业的投入长期不足。

(2) 中国制定和实行社会政策的基本经验

中国社会政策的基本理念,第一,它不是自由主义的,但是在相当程度上采取了用市场机制配备资源的形式；第二，它不是合作主义的，但是在协调阶级和阶层关系，实行不同利益集团、不同利益群体之间的合作；第三，它也不是社会民主主义的，但是提倡社会公正，保证广大人民群众的基本福利。中国的社会政策模式要适合中国的国情，形成在中国行得通，能够解决中国难题的政策模式。

这种政策模式有几个特点：其一，鼓励在模式上的探索和创新。合理的社会政策模式：应该使社会保障水平与经济水平相适合；应充分发挥社会政策在缩小差别中的作用，实行基本公平的社会保障；要强调政府、市场、社会和家庭的结合和功能互补，防止过分市场化和泛市场化；要兼顾眼前和长远；应保持社会保障制度建设自身的相对独立性、完整性。其二，国家、社会和个人实行责任共担。依据不同项目，针对不同对象、不同主体，责任比例不同，但总体上，形成合理的三方共担机制。其三，加强社会政策决策的民主化、科学化。

三　学术影响

1999年，景天魁在《社会学研究》第6期发表《中国社会发展的时空结构》一文，在国内社会学界较早地开启了时空社会学的探路之旅。就中国期刊网的搜索结果来看，在此之前，国内也出现了一些时空研究方面的成果，但是多为哲学、经济学领域的研究，例如刘文英的《中国古代的时空观念》（《兰州大学学报》1979年第1期）、刘志光的《论时间对人类发展的意义》（《华南师范大学学报》1985年第4期）、刘立林的《社会时空关系与人生价值标准》（《湖南师范大学社会科学学报》1985年第6期）、包哲兴的《时空转换——科学研究的一种方法》（《宁夏社会科学》1989年第5期）、刘奔的《时间是人类发展的空间——社会时—空特性初探》（《哲学研究》1991年第10期）、俞吾金的《马克思时空观新论》（《哲学研究》1996年第3期）、王锐生的《唯物史观的时空观》（《人文杂志》1996年第6期）、王朝增的《社会时空应是历史唯物主义的重要范畴》（《山东师范大学学报》1997年第3期)、刘修水的《时空理论与社会主义经济建设》(《陕西师范大学学报》1994年第4期)、刘多斌的《中国经济台阶式发展的时空结构与运行机制》(《科学·经济·社会》1995年第1期)。因此,如果严格地区分学科界限,景天魁的这篇文章可以视为国内时空社会学研究的开先河之作。

据中国期刊网的统计,至2016年10月,《中国社会发展的时空结构》一文总共被引用达130次。这足以说明这篇文章在学界的影响力。

进入21世纪以后,时空研究在国内成如潮之势。2012年,景天魁等人所著的国内第一本时空社会学专著——《时空社会学:理论与方法》出版。2014—2019年,景天魁又先后组织推动了六届时空社会学论坛的顺利召开,社会学界的时空社会学研究也如火如荼地开展起来。在这种情势下,景天魁作为国内时空社会学研究开创者和推动者的角色在社会学界愈发凸显,他为国内时空社会学所做的贡献也越来越得到学界认可。正如林聚任教授所言:"近年来随着国内外社会空间研究思潮的持续高涨,国内的社会学者也在这方面做了有益的探讨。尤其是以景天魁教授为代表的一批学人,组织推动了对时空社会学的相关研究。他们明确提出了研究中国社会发展的时空结构议题,认为时空结构是社会发展的基础结构。他指出:'从研究社会发展的角度看,时空特性也是一个基本的因素,或者说,也是研究社会发展的一个重要视角。'"[①] 林聚任教授还说:"在国内,景天魁教授特别提出了关注研究中国社会发展的时空结构议题","他运用这一时空分析视角研究了中国社会发展问题,尤其是尝试以此视角对改革开放以来中国快速发展的新经验提供理论解释。景天魁主张:时空结构是社会发展的基础结构,时空特性确实如吉登斯所说在建构社会理论中处于核心地位。而把时空压缩和超越进化这两个概念看作是解释中国社会发展的核心概念"。"由此他们倡导时空社会学研究,把时间和空间看作构成社会对象的内在因素和理论分析的内在变量,作为认识

[①] 林聚任:《论空间的社会性》,《开放时代》2015年第6期。

和研究社会现象的重要手段。其研究充分说明了时空分析视角的有效性和重要性。"①

鉴于景天魁在中国时空社会学研究领域的长期耕耘和丰硕成果，一些学者和国内知名媒体对景天魁的时空社会学研究进行了专门的探讨和报道。例如北京工业大学人文社会科学学院副教授宋国恺就在《社会建设》（2015年第5期）上以《时空社会学：中国社会发展研究的新视角——以景天魁的时空社会学研究为例》为题，专门撰文对景天魁的时空社会学研究进行介绍、探讨。宋国恺认为："景天魁以其深厚的学术造诣，长期致力于发展和推动时空社会学来解读当代中国社会建设和发展。景天魁认为改革开放以来中国社会的巨大发展成就，需要新的独特视角加以分析和解释。因而在其引入时空社会学的过程中，坚持将时空理论与中国学术传统恰当接续、坚持将时空分析与中国社会发展实际有机结合，发展对中国社会发展具有很强解释力和分析穿透力的时空社会学。"宋国恺从时空视角、时空理论、时空分析三个方面介绍、评价了景天魁的时空社会学研究。他提出，景天魁时空社会学的时空视角是"解读中国发展之谜"的独特路径，景天魁的时空理论是中国社会发展解读与学术传统的接续，景天魁的时空分析是中国社会发展经验的分析工具。他认为，景天魁的时空社会学"既是现代社会学与中国学术传统接续的典范，也是对当代中国社会发展的认识和解释"。②

景天魁在国内学术界较早地开启了时空社会学的探索，以中国社会发展的场景和经验为基础创新性地界定了"时空压缩"概念，并使这一概念成为解释中国社会发展和建构中国发展社会学的有力理论工具，继而出版国内首部《时空社会学》，建构了时空社会学的理论体系和方法架构。景天魁在时空社会学领域的开创性和突破性研究写下了中国时空社会学学科发展进程中浓墨重彩的一笔。

---

① 林聚任、王兰：《时空研究的社会学理论意蕴》，《人文杂志》2015年第7期。
② 宋国恺：《时空社会学：中国社会发展研究的新视角——以景天魁的时空社会学研究为例》，《社会建设》2015年第5期。

参考文献

景天魁:《中国社会发展的时空结构》,《社会学研究》1999 年第 6 期。

景天魁主笔:《中国社会发展与发展社会学》,学习出版社 2000 年版。

景天魁:《社会发展的时空结构》,黑龙江人民出版社 2002 年版。

景天魁:《建立具有中国时空特征的理论框架》《人民日报》2004 年 10 月 28 日。

景天魁、何健、邓万春、顾金土:《时空社会学:理论和方法》,北京师范大学出版社 2012 年版。

景天魁:《时空转换与中国社会学的问题意识》,《人文杂志》2015 年第 7 期。

景天魁:《时空压缩与中国社会建设》,《兰州大学学报》(社会科学版) 2015 年第 5 期。

景天魁、高和荣:《探索复杂社会治理之道》,《人民论坛·学术前沿》2016 年第 1 期。

景天魁:《底线公平:和谐社会的基础》,北京师范大学出版社 2009 年版。

林聚任:《论空间的社会性》,《开放时代》2015 年第 6 期。

林聚任、王兰:《时空研究的社会学理论意蕴》,《人文杂志》2015 年第 7 期。

宋国恺:《时空社会学:中国社会发展研究的新视角——以景天魁的时空社会学研究为例》,《社会建设》2015 年第 5 期。

王俊秀、邹珺、邓万春:《从哲学到社会学——景天魁的学术探索历程》,《社会科学战线》2003 年第 6 期。

[美] 戴维·哈维:《后现代的状况——对文化变迁之缘起的探究》,阎嘉译,商务印书馆 2003 年版。

[英] 安东尼·吉登斯:《现代性与自我认同》,赵旭东、方文译,生活·读书·新知三联书店 1998 年版。

(本文合作者:顾金土、何健、蔡静、吕庆春、赵春燕)

超越进化的发展逻辑
——景天魁的发展社会学研究

何 健[*]

一 《景天魁文集》第五卷的写作背景和研究过程

进入20世纪90年代,中国开始了真正的快速发展时期,景天魁个人的学术旅程显然一开始就与中国社会的发展相伴相随,社会发展催生了他个人的社会科学研究,这些研究成果也贡献于这个急剧变革的时代。如果说80年代是景天魁社会哲学思想的成熟时期,那么进入90年代以后,则是他作为一个中国知识分子以知识参与社会,并在实践中再创造中国社会学的历程。

《景天魁文集》第五卷收录了景天魁关于社会发展理论的主要研究成果。这些作品大部分是在1991—2016年形成的,跨度达25年,而且在不断拓展。作为时代的一员,这些研究在一定意义上反映出一个中国研究者的研究历程、研究兴趣、研究视角和气魄心胸,作者从全球着眼,同时也从本国本地着手,坚持社会科学的比较视角,通过对比中国和西方的发展经验,把时间(历史)和空间(国别与区域)作为社会发展的内在维度,提出了中国社会发展的超越进化理论。超越进化理论作为一种理论,不是凭空提出来的,它既是对西方社会发展理论的回应,也是对中国社会发展经验的概括,展现的是中国迈向

---

[*] 何健,西南大学国家治理学院副院长。

复兴的可能性，因此具有重要的理论价值和实践意义。

对著者个人而言，超越进化理论是在一系列思考摸索之后自然形成的。1991年，景天魁在《哲学动态》第10期发表了《"社会发展"概念的思考框架》一文，该文最先是在"哲学与社会发展"学术报告会上提出，论文的最初起因是回应孟宪忠、丛大川二同志的《发展哲学论纲》，但是目的不限于此，而是在争鸣中提出建立中国社会发展理论的宏愿。这篇文章在立意、宗旨、框架上具有十分博大的气魄，表现为这么两点：第一，不只是一般地关注传统与现代之间的关系，而且将发展置入时间维度，或者说，作者一开始就把时间纳入社会发展理论的内在维度，以有助于揭示社会发展的过程性。作者后来所做的时空社会学研究可以看作从此文生发出来的。第二，一开始就很鲜明地将中国特色社会主义与其他发展理论相并列，突破了意识形态上的争论，而归入一个人类发展经验和实践的问题。在此基础上，景天魁继续推动中国知识界"共同"研究社会发展问题。1994年4月22日，由中国社会科学院社会发展研究中心和《哲学动态》编辑部联合发起的"全球化与社会发展"学术研讨会在北京召开，从事不同学科研究的20多位学者参加了这次研讨会。时任该中心首任主任的他在会上作了名为《扩展社会发展研究的宏观背景》的发言。发言的内容正如题目所言，一是强调打破学科壁垒、扩展学科界限；二是强调"中国特色"不仅出自中国现实及其自身历史文化传统，也出自中国与世界的关系。

1997年12月，《中国社会发展观》一书出版。这本书是对过去六年里关于中国社会发展研究期许的落实和具体化。这篇文献除了继续比较中西社会发展观的差别以外，更为重要的意义在于：本书第一次较为系统地提出了中国社会发展研究的纲要，这项研究在某种意义上正是景天魁后来强调的中国社会学传统研究，力图系统揭示"天人""人伦""仁义""大同""礼乐""惠民""德化""修身""参赞""经权""因革""述作"等传统概念的社会学含义。尽管这项研究还不太全面，不过其探索性是明显的，它为后来的中国社会学传统研究铺成了一条可为之路。20年后，中国社会学传统研究再度成为景天魁在学术生涯后期最为关注的事业。

个体的学术生活始终随着中国经济社会发展的巨大变化而发展。身在如此广大的剧场，个人并不只是简单扮演角色，而是积极主动地用思想去回应社会，在社会经验过程中丰富个体的认知。中国经济发展进入20世纪90年代中期以后，和全球经济联系的程度加深，经济发展过程中的一些普遍性问题开始显现，比如经济危机、社会分化、分配正义、贫富差别等问题开始成为社会问题。这些问题是社会发展研究必须考虑的问题。景天魁敏锐地意识到，中国社会发展研究必须和中国的发展现实密切联系才可能做出真学问。因此在这一时期，他多方面关注市场转型和社会转型、农民工流动、失业就业、社会公正等问题。在对这诸多发展难题的关注中，推动景天魁深入思考中国社会发展的特点和模式，思考中国现代化应走什么样的道路，这就促使他主动进行社会发展理论研究的创造性思考。他首先意识到发展理论需要新视角、新方法和新概念。经过对国外各种发展理论进行的比较性、整合性研究后，他注意到时空视角引入发展社会学的重要性，继而提出了"超越进化"这一符合中国经验的新发展观。在1998—1999年，景天魁陆续提出并论证了"超越进化"理论。1998年3月5日，他首先是在对研究生的一次内部交流以"'超越进化的发展'概念的提出——建设社会发展理论的中国学派"为题的发言中正式提出了这一概念。1999年，他领衔的"社会结构与市场发育"研究项目完成，在中国市场体制发展经验的基础上检视西方社会发展理论中的进化主义假设，提出并论证了"超越进化的发展"这一概念。

鉴于"超越进化"理论在景天魁社会发展研究历程中的重要性，《景天魁文集》第五卷围绕这一核心概念来进行编排，以期全面而明确地展现他在中国社会发展研究上的探索与贡献。

二 《景天魁文集》第五卷的核心思想与内在逻辑

（一）超越进化：中国社会发展的逻辑

探察"社会奥秘"是著者一以贯之的诉求，本卷收集的论文、著作和谈话更多偏向"社会发展"方面的奥秘。从事社会研究，一般有经验论式的和观念论式的两种，但是，大凡偏向一端者都有研究上的弊端，景天魁对社会发展的研究采取的是综合式的，这种方法我们在塔尔科特·帕森斯那里感受得非常明显，帕森斯在《社会行动的结构》中旗帜鲜明地强调"理论的也是经验的"，社会研究需要基于一定的"概念图式"（吴文藻称之为"概念格局"），与此类似，景天魁应用"虚实相应、上下贯通"的方法去理解中国发展的经验，超越进化就是他在理论与经验之间往复思考、摸索和提炼的成果。

本卷分四编，第一编《中国发展的奥秘：超越进化》由8篇不同时期的论著构成，共同反映了"超越进化"概念的形成过程和内涵。

《理解中国发展》这篇文章是作者2006年10月11日在剑桥大学三一学院所作演讲的基础上形成的。这篇文章虽然不主要是谈"超越进化"这一概念，但它很好地总结了"超越进化"这一概念要回答的时代性问题，即"怎样认识中国发展""怎样研究中国发展""怎样推动中国发展"这三个根本问题。这三个问题的着眼点都是"中国发展"。中国发展处于什么样的时空情境，中国发展的逻辑是什么，中国发展向何处去？在这篇演讲中，景天魁基于中国经验以讲故事的方式对剑桥听众讲解了这三个问题。景天魁有一个看法，他认为，"中国目前的发展困境，基本条件、国际环境不同于当年英、法、德、美以及后来的日本这样一些国家，可以说，在形式上都是工业化、城市化、现代化，都是这样一个发展过程，但是在时间、空间特征上不一样"。这个看法虽然是景天魁个人的，但多少代表了中国学界中的一种声音。虽然西方可能不承认有所谓的中国学界，虽然部分国人也不屑提有中国学界，但是，存在的具体中国社会条件是确实的，这就像虽然有现代西方医学的原理、知识和技术，但中国人的体质和西方人的体质可能确实是不一样的，按西方人体质标准形成的免疫剂种植到中国人的身体里，可能部分人就会过敏出问题，因为剂量是有差别的，免疫系统也可能有差别。《理解中国发展》这篇文章很好地解说了中国社会发展的条件问题，那么，这篇文章自然带出了另一个问题，中国社会发展是怎样的？条件问题涉及时空条件，比如时空伸延与时空压缩，而怎样发展的问题则是更进一步问题，所以，本卷把《理解中国发展》放在首篇，作为问题的提出。

中国社会发展是怎样进行的？从20世纪90年代初期开始，景天魁就努力研究这个问题，陆续发表了《"社会发展"概念的思考框架》（1991）、《扩展社会发展研究的宏观背景》（1994）、《社会发展的层次含义和中国特色》（1997）、《中国社会发展观（节选）》（1997），这些文章的目的在于搞清楚中国发展和西方发展在发展条件、历史、发展话语、发展方法等方面之间存在的不同与关联。比如，他在《"社会发展"概念的思考框架》提出，"现代发展观必须有一种大视野，把社会系统和自然系统、环境系统都纳入统一的系统发展观念之内"。在这种大视野之下，他在《扩展社会发展研究的宏观背景》指出，"中国与世界的关系，迥然不同于美国、日本、新加坡等国家与世界的关系。这种差别不能不影响到中国的发展道路和社会特点"。他还在《中国社会发展观》提出，"与西方社会发展规以'两极对立'为特征恰好相反，中国传统的社会发展观是以整体和谐为特征的。不是不讲矛盾，不讲对立，而是在统一中把握对立，不走极端，允执其中"。

有了以上准备之后，1998年3月5日，景天魁在与研究生的一次内部谈话中提出了一个《"超越进化的发展"概念的提出——建设社会发展理论的中国学派》（以下简称《超越进化》）的大胆设想。这个设想不是一时兴起，而是准备了十多年。他在《超越进化》讲了提出这一设想的动机，"中国的社会学有可能对中国问题研究在学术上作出成绩，并得到国内和国际的承认，可能是一种宏观的社会发展理论。为什么这么说呢？就社会学而言，我们现在不可能搞出新的不同于西方的一般社会学，去取代韦伯，去取代帕森斯，就像经济学上要创造一种取代被视为经济学原理的东西是不可能的一样。将来中国学术界在世界上真正最有发言权的，说白了就是这个问题：中国这样的悠久的巨型社会怎样才能起飞和崛起？这个发展过程有什么特点？我认为，将来的中国社会学将主要是关于中国的发展社会学；经济学也是这样，主要是中国的发展经济学。"基于这个判断，景天魁在该文中提出一个基本命题，"中国的发展不是一个自发的、渐进的西方意义上的进化过程，而是一个超越进化的过程"。在他看来，"超越进化的发展"是一个可以真正和西方对话的命题，是一个真正从中国社会发展经验里生长出来的概念。一方面，中国社会的独特发展逻辑在于，她自古以来就不是进化主义的，即使想用进化主义解释也解释不了。另一方面，可以和诸如以哈耶克为代表的自生自发秩序进化论对话。

进入2000年以后，景天魁继续对超越进化进一步思考和研究，在他发表《超越进化的发展——"十二五"时期中国经济和社会发展回眸与思考》（以下简称《回眸与思考》）（2016）之前，他又经历了一个准备阶段，就是对中国社会发展过程中公正问题的研究。正如《超越进化》指出，"'超越'这个词并不意味着'反对'，也不意味着赶超，发展得比人家快。这个概念主要强调的是中国的发展所具有的相对于西方的特殊性。进化……是按阶段、有顺序的连续过程。而发展则可能是一种创造、一种创新、一种超越，但也可能是一种回复，甚至是一种挫折、一种危机"。2000年后的中国经济社会发展确实非常迅速，相比同时期的西方阶段而言，可谓压缩后的爆炸式增长，在快速发展的同时，社会问题同时迅速爆发，超越进化的发展作为一种中国式社会发展观，首先要处理社会发展中的不公正、不平等的问题。

景天魁在《社会发展与社会公正》（2007）中指出，在以往的研究中，公正和发展被人为割裂了，要么是就公正论公正，要么是就发展谈发展，各自惯性运行，互不搭界，"而事实上，把社会公正纳入社会发展视野之内，正是发展观发生变革的转折点"。在景天魁看来，"社会公正和社会发展是同一个社会过程的两个密不可分的方面。社会公正决定着社会发展的目的和形式，而社会发展则决定着社会公正的类型和实现程度"。他在该文中梳理了社会学各流派中的社会公正概念，看到了社会公正议题正成为21世纪全球社会学研究的主题，涵盖社会结构的合理性、社会分层与不平等、性别歧视、教育不公平，当代社会发展研究日益形成新平等主义、国际公正与全球不平等、环境公正等热点领域。在此基础上该文认为，中国正确处理好社会发展与社会公正的根本是坚持科学发展观，因为，"科学发展观明确了科学发展和社会和谐的内在统一性。构建社会主义和谐社会是在经济、政治和文化发展的基础上正确处理各种社会矛盾的历史过程和社会结果。落实科学发展观，构建社会主义和谐社会，既对中国社会学提出了更高的要求，也为社会学的发展提供了实践基础，开辟了广阔空间，可以说社会学的春天来到了"。

在论证了社会发展与社会公正的同一性后，景天魁开始考虑"超越进化的发展"这一命题在经验上是可以验证的。在《回眸与思考》一文中，景天魁以中国"十二五"经济社会发展经验为基础进行了社会学阐释。在他看来，超越进化是中国社会发展过程中表现出来的一种事实。"超越进化"在含义上是指"一是超越传统与现代的二元对立，实现二者的结合和统一；二是超越连续性与非连续性的二元对立，实现二者的结合和统一；三是超越普遍性和特殊性的二元对立，实现二者的结合和统一；四是超越时空压缩和时空延伸的二元对立，实现二者的结合和统一"。

（二）超越进化与市场发育

进入20世纪90年代中期以后，中国经济快速发展推动了这一时期国内外的中国研究都集中考察中国的市场发展问题。伴随这一学术趋势，景天魁对企业组织、农民工流动性、劳动就业、市场发育也有相当深入的调查和思考。这一时期的成果有《两个轮子一起转——转换企业经营机制难点探讨》（1992）、《农民工流出地调查——中部东涧村：非农活动的多样选择》（1994）、《市场体制与文化转型》（1995）、《构建市场化的新型劳动就业体制——海南就业制度改革调查》（1998）、《市场发育：进化抑或超越进化》（1999）、《关于市场过渡理论的讨论》（2000）等。从内容上看这些研究包括两个方面：一方面是关于市场发育的经验观察，另一方面是关于市场发育的理论探讨；从目的上看，这些研究试图解释中国市场实践的逻辑。因此，这里着重介绍一下景天魁在市场发育问题上的看法。

在市场发育的问题上，哈耶克的"自生自发秩序"解释无疑最具话语权，但这种背景明显是以西方市场经济过程为背景的，对于中国这类后发展国家，虽然传统的集市也具有自生自发特征，但是在现代西方市场体制占据主导地位的背景下，人为的发展市场则是不得不做的"计划"，是一个非进化的进程。中国要搞的市场经济不可能把过去英、美、德、荷的道路和模式重走一遍，虽然可以借鉴、利用对方，但是中国发展的时空条件已经根本不同，文化移植不同于生物移植，变异、创生都是可能的。景天魁因此认为，如果中国的发展要保持在正确的轨道上，那么必须破除发展观上的意识形态。显然，在市场发育问题上的最大"牢结"就是哈耶克的基于进化主义思想的"自生自发秩序观"。

在《市场发育：进化抑或超越进化》一文中，景天魁提出了五组论题，四组假设：

论题一：中国改革开放中的市场发育过程，不是或在很大程度上不是自生自发过程，而是超越进化的过程。

假设（1）：对于后发展国家来说，哈耶克关于内部规则和外部规则的划分基本上是不恰当的，它不能恰当处理接受性和创新性的关系。

假设（2）：在全球化背景下，在时空压缩的结构中，存在着"外部规则"内部化，"外部规则""外来化"，"内部规则"与"外部规则"共生化的可能。

论题二：中国的市场发育过程，不是政府和市场相互排斥、相互替代的过程，而是相互建构、相互塑造的互动过程。

假设（3）：在市场化改革过程中，长期存在所谓"体制内"与"体制外"的区分，不论国有企业、集体企业还是私营企业，都不仅尽可能地利用体制外资源，也尽可能地利用体制内资源。因此，在政府和企业之间，普遍存在"共生型"关系。

假设（4）：在超越进化的情况下，存在着一般进化过程很难出现的制度"移植"、制度"嫁接"和组织化的制度创新过程。

论题三：市场发育一般是经济自由度增大的过程。但经济自由度并不简单地等于经济自由化，对于经济主体来说，在市场发育过程中，可能获得自由，也可能丧失自由，关键在于经济主体的自立自生能力。

论题四：在全球化及全球市场竞争加剧情况下，对于发展中国家正在发育中的市场来说，既需要政府的培育，又需要政府的保护。自由市场加"强势政府"是最容易取得快速发展的一种组合。

论题五：掌握经济自由化的时机、进度和顺序，对于正在发育中的市场经济来说，具有生命攸关的意义，这是政府的头等责任。

在这篇文章中，作者梳理出进化主义发展观的"贫困"，同时理顺了中国市场发展的逻辑，中国的市场发育走的是一种超越进化之路，不是从社会主义的市场过渡到资本主义的市场，是社会主义体制的内部转型，即从计划向市场的转型。

《关于市场过渡理论的讨论》一文是景天魁与日本上智大学社会学系教授王大伟（L. Wank David）一场对话，主题仍是市场发育问题。王大伟充分认可景天魁强调的中西变革中"质"的不同，中西不是"你我"关系，更不是"我们"关系，具体是什么，既尚待发展，也尚待确认。由于发展上"质"的差异，所以，关注测度社会现象量变程度的社会科学研究对于解释制度和社会结构的革命性变化是无能为力的，从中国正在经历的机遇、价值观和网络组织等方面的制度性巨变，说她正在发生从理想的计划经济到市场社会系统的巨大结构变迁更为适宜。如果说作为西方学术群体中一员的王大伟体认到了中国发展的这种特点，那么景天魁在对话中强调的"国家与社会在中国并非预先分离"才是中国市场发育研究的前提，正是在这个前提下，他看到了"超越进化的发展"概念的合理性。

（三）超越进化与社会转型

市场发展和社会转型是同步的，经济转型要以社会转型为基础。对于中国市场发展的解释，用"转型""过渡""转轨"的都有，具体使用的差别牵涉一个重大的理论和实践问题,中国到底是什么样的发展,是往资本主义转呢,还是保持社会主义形态下的市场体制转轨?因此,对市场发育的解释会自然牵扯到对社会转型的解释。景天魁认为,这个问题必须说清,而且必须科学地说清。

景天魁曾经接受过极深的现代系统论思想训练,这一背景使得他对社会结构的解释更显综合性。和其他社会学家一样,虽然景天魁也认为社会转型是指社会结构的转型,但是他并不太满意以往各门各派的解释。他在《社会转型界说》(1994)中对各派的社会结构概念进行了评述:功能主义虽重视了社会结构的整体性,但丢掉了灵活性,因此冲突论、均衡论、符号互动论、现象学社会学出现了,但是物极必反,后起的学说又排斥了整体性,结果结构主义又一次返回理论舞台的中心,但是结构主义变成了绝对主义。在他看来,科学的社会结构观应该是马克思主义社会学的解释:(1)社会结构是人们行动的结果,反过来它又规定和制约着人们的行动;(2)在人们的一切社会活动中,物质生活资料的生产活动是最基本的活动,在构成社会结构的各个层次中,物质资料的生产方式是最基本的层次;(3)社会结构既是经验性的现实,又(就其概念而言)是逻辑性的"构造"。这种解释既非实证主义的激进经验取向,也非结构主义,相反,它是综合性的,它是行动和结构的统一、决定论和非决定论的统一、现实与逻辑的统一。

在对社会结构做了界定之后,景天魁开始处理"社会转型"概念。他给出了"社会转型"概念的三重规定性:(1)社会转型的事实性规定,社会转型是指"中国社会从传统社会向现代社会、从农业社会向工业社会、从封闭性社会向开放性社会的社会变迁和发展";(2)社会转型的实质性规定,即"在传统与现代(性)的张力作用下实现的社会变迁和发展";(3)社会转型的结构层次性规定,即从中国的传统社会结构向现代社会结构的转换,是在社会形态层次之下的社会生活具体结构形式和发展形式的转变。

这三重规定性意味着中国社会转型面临的有序无序、分化整合的张力将比其他社会的转型都更突出。景天魁对此巨大张力问题的化解遵循了一种系统论思想，并着力寻找各种化解问题的机制，比如在《社会结构》一文中的探讨了反馈、补偿、等级控制等机制，探讨了社会运行中社会结构的"过度分化和适度分化""过度整合和适度整合""开放和闭合"等问题，虽然他目前在此路径上对超越进化内在机制的研究是试探性的，但无疑很具有启发性，这可以让后来人在此基础上探究"中国社会系统超越进化的发展"的内在机制。

《制度创新的机制和途径——苏南农村发展过程的制度分析》一文就是本着"上下贯通、虚实相应"的学术理念，将社会系统理论、社会结构转型理论、制度变迁理论从不同层次结合来探讨苏南制度变迁这一事实。制度作为总的规范，是社会结构与人的行为之间相互联系的中介。制度变迁因此意味着新规范的形成要受既定社会结构的影响，但又会影响和改变社会结构。他总结苏南太仓的制度变迁机制有：精英创新与集体创新相结合，自发创新与自觉创新相结合，传统与现代性相结合。这种看法是历史与实践的结合、系统与环境的结合、结构与行动的结合。苏南制度变迁在本质上符合他提出的"超越进化的发展"的事实。除了苏南，他在东莞的发展中也看到了"超越进化的发展"，东莞正在推进经济社会双轨型发展战略，强调新的经济转型要以社会转型为基础。这一思路也延续在往后的讨论中，比如在《社会发展与两岸交流》一文中，他着眼于中国发展中连续性与断裂性、开放性与封闭性、自由与限度等历史性挑战，认为两岸差异并非两岸不可交流的限制，反倒是两岸交流的条件。显然，两岸发展也符合"超越进化的发展"。

（四）超越进化的新发展社会学

发展是中国的第一要务，理解发展、设计发展、推动发展因此是中国学者的第一义务，这种义务也成为当代中国学者的幸运。当代中国面临的发展境况远不是1840年后的局面，那时发展的主要内容是求强求富，而今的发展要求则是中国经济社会已经取得了基本发展后的"全面稳定发展"的问题。但是，现今的难度并不亚于过去，中国学者亟须对现实做出正确回应。虽然景天魁可能不是这样做的先行者,但肯定无疑的是时代同行者,1993年,他在"谈中国社会科学院社会发展中心的宗旨"时指出,必须紧扣时代主题,实现多维综合,应该立足中国实际,形成研究社会发展问题的新学科,发展研究、发展社会学具有这种功能,但是,发展研究和发展社会学也是发展的,不能死捏住现有的西方发展理论不放,而是应该立足于东亚和中国改革开放的实践,形成中国自己的社会发展理论,在这个领域,完全有可能形成社会科学的一门综合性的但又是专门的新学科。我们从中可以看到一种行动取向,即,从中国超越进化的发展的事实去构建一种"超越进化的新发展社会学"。

　　景天魁身体力行,不仅组织了中国社会发展研究中心这样的研究机构,也推动人才培养,1995年在中国社会科学院研究生院以"发展社会学"为专业方向招收博士研究生,同时也谋划一种新的视角下的发展社会学著作。2008年,景天魁带领邓万春、何健完成了一部基于时空社会学视角和中国社会超越进化发展事实的发展社会学教科书。虽然本书完成得还相当仓促,经验材料的运用也还不够充分,具体发展问题的论述也还略显单薄,但是,该书在发展社会学的研究对象、研究主题、学科视角、基本概念及其框架等基本问题上还算是用了心、用了力,显现出在中国发展经验的基础上走向一种超越进化的新发展社会学。尤须提出来的,该书对很多见诸中国各类国家报告上的一些用语进行了社会学的阐释,这些用语是最近几十年以来中国新的时空条件下得出来的,是实践过程中产生的术语,语言作为一种观念结构必定是奠定在一定的行动结构之上,因此,这样去解释、组织这些术语是具有相当意义的,因为不能否认改革开放、新型工业化、社会结构转型、全面协调可持续、和谐社会、发展机遇、和平发展、发展空间等术语的理论和实践价值。所以,充分地解释、提炼这些术语成为学术语言恰恰是中国社会学发展和积累的重要途径。

三　学术影响和意义

　　大凡读书人都明白一个道理:学问表面上是无所用的,但是根底里并非无所用，实有大用。在这一系列关于中国社会发展的研究中，景天魁希望的是：中国人要做中国学问，中国发展的故事里有着中国人的生存和生活道理。在本卷编者看来，这些研究的影响和意义在于开拓中国社会发展研究这一领域的同时还表明了中国社会发展的可能性。

第一，中国社会发展研究不仅在于诉说问题，还在于解释中国发展的可能性。

在目前国内外关于中国发展的议论中，中国崩溃论和中国"威胁"论两种最有影响，这些舆论的影响甚巨，它可以将中国社会发展过程中的一些具体问题无限扩大，比如，将群体性事件放大为社会运动，将社会阶层差别扩展为社会阶级矛盾，将局部的失序上升为整体的溃败，这些议论在传播过程中甚至有演变为社会偏见、虚假意识和意识形态的可能，由此可见，中国社会发展研究其实任重而道远，它必须回答中国发展的可能性，必须有力地回应崩溃论和"威胁"论。应该说，景天魁在开拓中国社会发展研究中所持的宗旨是非常明确的，力求不唯西、不唯书、不唯上、多唯实，希望通过实实在在的研究找出中国发展的可能性。这就像当初涂尔干试图为现代西方社会重建找出法团，找出西方社会发展规律一样，寻求中国社会的可能性。

第二，中国社会发展研究不仅限于描述发展现象，还在于构建中国社会发展理论。

在最近几十年中国经济社会的快速发展中，出现了各种发展现象，经济领域内的包产到户、乡镇企业、地方城市经营（地方法团主义）、国企股份制改革、文化产业、互联网经济，社会领域内的城乡合作医疗、低保制度、社区建设、社会工作发展，等等。但是，伴随发展的同时也出现了一些问题，比如贫富差距，环境污染，创新乏力，可持续发展，等等。如何综合地看发展与问题，如何切实地指导发展，就需要构建科学合理的中国社会发展理论。景天魁在检阅国内外社会发展理论的基础上，并结合中国的发展经验，提出了"超越进化的发展"的理论，可谓适时和中肯。之所以说适时，是因为中国社会的发展需要这种理论；之所以说中肯，则是在于这样的理论本身贴近中国发展现实。

第三，中国社会发展研究不仅在于着眼于中国的个性，还在于把握中国的普遍性。

马克斯·韦伯在《新教伦理与资本主义精神》一文中提出了社会科学研究中的一个公案，即偏居一隅的西欧现代资本主义本身是否具有普遍性的问题。对于韦伯提出的问题，塔尔科特·帕森斯提出了一个普遍主义与特殊主义的模式变项二分法，在帕森斯看来，传统社会主要是特殊主义取向，现代社会主要是普遍主义取向，由此可以再做出进步与落后的划分。这就是我们熟知的西方社会发展理论中的进化主义原型。哈耶克、帕森斯可以被认为是西方科学界进化主义的两个代表性人物，哈耶克代表了经济学，帕森斯代表了社会学。对此，不少社会学家认为是有问题的，比如艾森斯塔德虽然追随过帕森斯，运用功能论来分析过中国传统社会，但是他后来也更多强调现代性的多元。景天魁对西方社会科学中的进化主义不仅提出了质疑，而且鲜明地提出了"超越进化的发展"的新发展观，当然不能简单地理解这个提法，必须明确地指出，他所说的不是超越"进化"，而是超越"进化主义"。

景天魁对中国和西方的发展之普遍性问题保持了一种慎重态度。他认为，对中国特色的"基础理论"在何种程度上具有"普遍意义"的问题需要持慎重态度，其实还不在于"态度"慎重与否，根本在于概念的辩证本性，普遍和特殊之间的关系是相对的、相反转化的，如果遗忘了这个道理，不论是断言现代西方历史是普遍的，还是断言中国发展的普遍性，都违背了概念的辩证本性。如是说，只有看到中国的个性是相对的个性，中国的普遍性是相对的普遍性时，我们也许才会走在正确的道路上。

（本文合作者：梁光严、杨宜勇、吴敏、邓万春、白文飞）

作为公正的发展·底线公平
——景天魁的社会政策研究

苑仲达[*]

一 《景天魁文集》第六卷的写作背景和研究过程

自 1993 年[①]以来，景天魁紧紧围绕改革开放以来的民生问题，开展了一系列调查研究工作。民生研究既是他的社会学和社会政策研究的重要组成部分，也是他学术思想、理论体系、制度探索的主要面向之一。其中，"底线公平"是他基于长期的民生研究所提出的一个核心概念，并经过系统阐发和科学论证而逐步从概念提升为理论。此后，他将"底线公平理论"运用于和谐社会建设和社会保障事业的改革与发展研究，做出了突出贡献。

《景天魁文集》第六卷收录了景天魁关于作为公正的发展——底线公平论的主要研究成果。这些作品大多数创作于 1994—2019 年。2002 年 6 月，景天魁在吉林大学社会学系的演讲中首次提出"守住底线"，主张以此为社会保障的基本理念，并提出"作为公正的发展"概念。2004 年 7 月 8 日，在北京召开的第 36 届世界社会学大会上，他作了题为"论底线公平"的主旨发言，聚焦中国社会结构变

---

[*] 苑仲达，博士后，中国社会科学杂志社学术编辑。
[①] 1993 年，景天魁参与了黄平主持的联合国粮农组织委托课题，较早开展了对农民工流出地较大规模的实地调查。

迁中经济发展与社会公正的关系，首次提出并论证了"底线公平"概念。提出这个概念的背景，主要是改革开放以来我国社会保障制度的演变和发展。以这一概念为基础，景天魁在此后的研究中，系统论证了底线公平既是政府责任的底线也是市场发挥作用的边界，清晰界定并深入探讨了社会保障主体之间的责任共担关系，总结出底线公平的原则和机制、制度和体系、责任结构和实现条件，形成效率与公平相统一、刚性与柔性相结合、体系内外相协调的福利模式，从而使"底线公平"从一个概念发展为一个完整的理论。同时，他还运用底线公平理论，拓展研究了如何在底线公平基础上调整利益结构、实现协调发展、增进社会福利、加强社会管理等和谐社会建设的相关问题。

（一）倡导构建"基础整合的社会保障体系"

多年以来，基于中国改革开放的实践经验，聚焦社会保障和社会福利的普遍性问题，景天魁致力于探讨经济发展与社会公正的关系问题。

1996年，景天魁主持中国社会科学院重大课题"中国社会保障体系研究"。该课题的重要成果之一是提出了"基础整合的社会保障体系"理论，出版了《基础整合的社会保障体系》一书。[①] 在《"基础整合的社会保障体系"的概念框架》一文中，他对"基础整合"的目标、要求和意义三个方面做了详细阐述。2002年6月，景天魁在吉林大学社会学系的演讲中把"基础整合"概括为6个"基础"和6个"整合"：（1）以最低生活保障线为底线，整合多元福利；（2）以卫生保健为基础，整合多层次需求；（3）以服务保障为基础，整合资金、设施、机构、制度等多方面保障；（4）以就业为基

[①] 此前，景天魁主持的"中国社会保障体系研究"课题组发表了题为《中国社会保障制度改革：反思与重构》（《社会学研究》2000年第6期）一文。该文提出了"以民生为本的社会保障制度"的概念，认为"尽管社会保障制度在各个国家有不同的模式，但是将其共同的本质抽象出来，仍然只能是为适应基本民生需求而确立的民生目标的保障。在中国，以民生为本的社会保障制度具有三个基本特征：基础性、综合性和多元性"。

础，整合多种资源；（5）以社区为基础，整合政府作用和市场作用；（6）以制度创新为基础，整合城乡统筹的社会保障。进而，他把6个"基础"和6个"整合"概括为："守住底线，卫生保健；强化服务，就业优先；依托社区，城乡统揽。"① 其中，他第一次提到了"底线"和要"守住底线"，"以最低生活保障线为底线"。不仅如此，该文还深刻地指出"社会公正是我们提出的基础整合的社会保障体系的理念基础"。

（二）提出"作为公正的发展"概念

2002—2003年，景天魁将目光投向如何通过加强社会保障建设，发挥社会保障制度的社会功能，促进社会公正的实现。换句话说，这是他对怎样把社会公正体现到社会保障制度中的探索。"作为公正的发展"概念的提出，主要有以下四个方面的推动因素。

首先，深受1998年诺贝尔经济学奖获得者阿马蒂亚·森的著作《以自由看待发展》中提出的"作为自由的发展"（Development as Freedom）这一概念，以及阿马蒂亚·森"在重大经济学问题讨论中重建了伦理层面"（瑞典皇家科学院1998年诺贝尔经济学奖公告）的启发，景天魁将"作为公正的发展"界定为：（1）公正是社会发展的核心价值；（2）公正是社会发展的根本动力；（3）公正是社会发展的最佳状态。其次，以中国社会科学院社会学研究所加强社会政策重点学科建设为契机，景天魁组织了重点学科的同仁在烟台市调查并召开研讨会，出版了合著《社会公正理论与政策》（2004）。其中，他重点探讨了城乡关系如何成为一个社会公正问题，即以城乡关系这一具体的经验性、政策性问题来验证"作为公正的发展"概念。再次，《社会科学战线》杂志创刊25周年"专号"发表他的《作为公正的发展》一文。最后，应黑龙江人民出版社之邀主编构建和谐社会研究丛书，其中就有我们重点学科的同仁撰写的《统筹城乡发展》一书。

---

① 景天魁：《中国社会保障的理念基础》，《吉林大学社会科学学报》2003年第5期。

在此过程中，景天魁逐渐意识到"经济发展—社会公正—经济发展和社会公正的统一"存在一个逻辑上的或黑格尔式的正反合。他提出的"作为公正的发展"，正是旨在将"公正"纳入"发展"之中。然而，寓于"发展"之中的"公正"又是怎么体现出来的呢？带着这一疑问，他又从"作为公正的发展"转向了"底线公平"概念。

（三）凝练"底线公平"概念

景天魁在论述"底线公平"的文章①中曾多次申明，底线公平不是"低水平"的公平，不意味着一定是或只能是低水平的社会保障。② 所谓"底线"，在实质上是指政府责任和市场机制之间的界限或结合点。"底线"划分并体现了社会成员权利的一致性（底线以下部分）和差异性（底线以上部分）。而"底线公平"是一个确定和描写社会公平度的概念，它意味着所有公民在这条"底线"面前所具有的权利的一致性。③ 这要求社会保障制度建设中的"底线"应由社会政策的取向及其与经济发展的关系来确定，而非从保障水平高低的意义上来确定。根据这一原则或模式，我们不仅可以明确什么是与经济水平相适应的社会保障水平，而且可以科学合理地确定社会保障的适度水平。因此，它既是实现社会公平的重要基础，也是确定适度公平的重要依据。

同时，他所讲的"底线公平"，既不是泛指整个社会保障制度，也不局限于几项作为界定底线公平的标志性制度。底线公平所要达到的目的是，使中国在保持发展活力的同时实现社会公平；而欲实现该目的之关键在于找到政府责任和市场机制的界限，并使二者相互补充、各尽其责。另外，底线公平还试图明确社会保障主体之间的责任

---

① 景天魁：《论底线公平》，《光明日报》2004年8月10日。
② "底线"是这样一种"界限"，划在哪里，哪里就是"底线"，不论是划在"中部""下部"还是"上部"，划在哪里，只要是不可含糊、不可逾越的线，就叫"底线"。与它的具体"位置"无关，只与它的性质有关。在这个意义上可以说，"底线"是表示"性质"的概念。参见景天魁《底线公平理论与民生建设研究》（代序言），载于《底线公平福利模式》，中国社会科学出版社2013年版，第7页。
③ 李炜：《兼容贯通——景天魁的学术思想》，《高校理论战线》2007年第10期。

共担关系。总之,上述"底线"皆为一种相对关系,而非一个绝对数字。换句话说,"尽管底线公平也可以有量的刻画,但它不是一个固定的量,它表示一种责任关系,一种机制,一种适度性"。[①]

(四)将底线公平从概念提升到理论

2012年初,景天魁论述底线公平的专著《底线公平:和谐社会的基础》(2009)获得中国社会学界第一个基金会——陆学艺社会学发展基金会的优秀著作奖。在该部著作的颁奖词中,评委会对底线公平从概念到理论的过程做出如下概括:

> 《底线公平:和谐社会的基础》以中国社会结构变迁中经济发展与社会公正的关系为焦点,追问社会保障制度的理念基础,提出了"作为公正的发展"的"底线公平"概念。以"底线公平"为认识工具,在对调整利益关系、增进社会福利、实现协调发展及和谐社会建设的经验分析中,明确论证了"底线公平既是政府责任的底线,也是市场发挥作用的边界"的论断,界定并探讨了社会保障主体之间的责任共担关系,总结出了底线公平的原则和机制,逐步使"底线公平"从一个概念发展为一个理论。

底线公平理论是对经济发展与社会公正的关系问题所做的一个回应,是对社会保障和社会福利的基础理论的一项探讨。该理论的真正含义并不在于讨论保障或福利水平及其高低问题,而是瞄准了中低收入者群体。这一理论包括如下主要内容:

(1)基本原则:全民共享原则、弱者优先原则、政府首责原则、社会补偿原则、持久效应原则;

(2)制度体系:体现权利一致性的底线福利制度、体现需要差异性的非底线福利制度、兼顾权利一致性和差异性的跨底线福利制度,

[①] 景天魁:《三十年民生发展之追问:经济发展、社会公正、底线公平——由民生研究之一斑窥民生发展之全豹》,《理论前沿》2008年第14期。

每一项制度都包括基础部分与非基础部分；

（3）运行和调节机制：刚性调节机制、柔性调节机制、基于反馈调节的刚柔相济机制；

（4）底线公平福利模式的主要特点：一是只有满足穷人的利益，才能真正满足富人的利益；二是底线公平比"一般公平"更有利于实现社会公平；三是有重点的公平比所谓"全面公平"更有利于真正实现普遍公平；四是以增进普遍福利为目的的发展比单纯的经济增长更有利于经济的健康和持续发展；五是全民共富比一部分人富裕更能够真正富裕中国；六是面向绝大多数人的基本需要，才能真正体现以人为本。

（五）探讨底线公平与和谐社会建设的关系

自 2005 年起，景天魁尝试扩展"底线公平"的概念，致力于研究底线公平与和谐社会建设的关系问题，并寄望于以此增强该概念的解释力，进而将其发展成一个应用性更强的理论工具。景天魁认为，"底线公平"不仅是社会保障的理念基础，而且是社会主义和谐社会的一个重要理念基础。在他看来，社会保障的首要功能就是为社会公平提供制度基础。[①] 他的底线公平理论的扩展和运用，主要得益于如下四个主要因素：一是应邀到一些部门和地区讲课；二是参加国家"十一五"规划专家委员会的工作；三是 2005 年分别出席在阿根廷召开的世界社会科学理事会会议和在布鲁塞尔召开的欧盟经社理事会会议时，同各国家和地区与会学者的互动交谈与深入思考；四是 2006 年在中国社会科学院社会学研究所、北京香山讨论会、中国社会学会年会（太原）和中央国家机关工委等场合对其演讲的积极回应。

景天魁假设，如果以底线公平为基础可以较好地调整利益结构、促进协调发展、增进社会福利、加快社会建设，那就可以证明在底线公平基础上构建和谐社会是正确的、可行的。他对底线公平与和谐社会建设关系问题的讨论，正是从这四个方面展开的。首先，关于调整

[①] 李炜：《兼容贯通——景天魁的学术思想》，《高校理论战线》2007 年第 10 期。

利益结构。他在全国政协第十届三次全体会议上作的题为《理顺收入分配关系　建立利益协调机制》的大会发言和《以底线公平为基础构建和谐的利益关系格局》[①]一文中指出，以底线公平为基础既可以重点解决好那些最迫切需要解决的问题，也可以有效促进社会各阶层、各利益集团达成共识，还可以推动财政支出结构和政府职能的转变。其次，关于实现协调发展。他认为底线公平有助于我们找到解决由历史和经济结构失衡形成的利益关系问题的重点和切入点，并应把研究协调发展的主要关注点放在城乡关系、经济发展与社会发展的关系以及教育公平问题上。再次，关于增进社会福利。他强调只泛泛地一般地讲公平不行，要有重点，要对准目标群体，要特别关注和切实解决下岗失业职工、城乡贫困群体、老人、儿童、病弱者、残障者、失学者的基本需求问题。最后，关于加快社会建设。他提出要从底线公平入手，以解决社会建设关键性的财政支出结构问题、实现和谐管理与加强基层社区建设。基于对上述底线公平与构建和谐社会四个方面关系的探讨，他得出了"底线公平是和谐社会的基础"的重要结论。

以上交代了底线公平形成的历史背景和研究过程，下面谈一下景天魁在相关作品中对底线公平理论的主要论证。

二　《景天魁文集》第六卷的核心思想与内在逻辑

（一）"底线公平"的概念与理论

景天魁提出的"底线公平"概念及其理论，以一系列关乎全体国民共同福祉的民生问题为出发点和落脚点，通过深入剖析经济发展与社会公正之间的辩证关系，旨在构筑我国社会保障制度的理念基础，进而形成社会保障的调节机制和底线公平的福利模式。

[①] 载于中国社会科学院社会政法学部集刊（第一卷）《科学发展　社会和谐》，社会科学文献出版社 2007 年版。

沿着这一逻辑思路,景天魁从探索我国社会保障体系的基本结构入手开启了研究之旅。在《探索社会保障体系的基本结构》一文中,他以对浙江省的经验分析为例,针对长期以来由宏观经济结构城乡分立所决定的社会保障二元分治格局,主张建立城乡一体化的最低生活保障制度。他认为,"城乡经济水平差别与最低生活保障之间的关系,不是表现在能否建立这项制度,而是表现在保障水平上,即保障标准定多高。城市经济水平较高,保障标准可以定高些,农村经济水平低,保障标准可以定低些,但两者在制度上是一致的"。[1] 这样,景天魁就从浙江经验中,找到了对中国社会保障制度建设主要思想障碍的破解之道——人均收入水平低,只决定社会保障标准的高低,并不意味着全面的社会保障制度就不能建立。有胜于无!先把各项社会保障制度建立起来,以后再随着经济水平的提高而逐步提高保障标准。

由于最低生活保障着眼于解决绝对贫困而非相对贫困问题,因此其保障标准根据城乡居民基本生活需要而定得较低。在他看来,缴费性保障(如社会保险)与非缴费性保障(如社会救助)存在相互支持与相互渗透的关系,两者在改革发展过程中应当既相互协调又相互结合。在社会主义市场经济条件下,我国的社会保障必须从政府"一手包办"转变为政府、社会和个人"共同参与"的多元主体结构。

基于对我国社会保障制度的上述认识和思考,景天魁带领研究团队进一步探索了"基础整合的社会保障体系"的概念框架。他指出,"基础整合"的目标是将社会保障建构成一个整体的、相对独立的社会体系,而这一目标需要通过由制度分立向制度整合[2]的改革加以实现。"基础整合"的主要原则包括:在保障方式上,以社会救助为基点;在保障载体上,依托社区,实现系统整合;保障主体、筹资渠道、保障内容上的多元整合。"基础整合"的意义在于,为走出困境、发挥优势探索一条可行的出路,为确定政府在社会保障事业中的

---

[1] 参见景天魁在1997年台北市"中国现代化学术研讨会"上的会议论文,载于台北《现代化研究》专刊第十四卷。

[2] 所谓"制度整合",既要使不同制度的内容或规定之间协调和一致,也要使不同制度的内在机制和原则协调并相容。

角色和职责提供明确的根据,为探索真正适合中国国情的、可持续的社会保障模式提出可供参考的思路。①

然而,景天魁敏锐地意识到,中国社会保障研究面临着严峻的理念缺失和"赤字"问题,这不仅使学术界在社会保障制度建设的基本目标和原则等方面难以达成共识,而且导致政策制度的相互冲突和对具体工作理解的偏差。他在《中国社会保障的理念基础》中列举,诸多社会保障理论背后比较有代表性的理念主要有效率主义、平等主义和社会公正原则。有鉴于此,他进一步阐释了"基础整合的社会保障体系"的具体内涵,并将其概括为6个"基础"和6个"整合"。在中国的实践中,由于效率主义和平等主义的构想很难行得通,因此他主张高扬社会公正的理念,并将其作为基础整合的社会保障体系的理念基础。

在《底线公平与社会保障的柔性调节》一文中,景天魁开宗明义地指出,福利国家的改革之所以步履维艰,是因为其社会保障制度的刚性。而解决这一问题的有效办法,就是使之增加柔性的调节机制。作为社会保障制度理念基础的社会公平,是指社会为了实现已经确定的目标而制定一系列规定。而"底线公平"是全社会除去个人之间的差异之外,共同认可的一条线,这条线以下的部分是每一个公民的生活和发展中共同具有的部分——起码必备的部分,其基本权利必不可少的部分。所有公民在这条底线面前所具有的权利的一致性,就是"底线公平"。这样,他第一次清晰地界定了"底线公平"的概念。同时,他认为"底线公平"的制度性内容主要包括最低生活保障、公共卫生和大病医疗救助、公共基础教育(义务教育)。底线公平对于我国社会保障制度体系建设的意义在于,它构成了社会保障制度内部结构中的基础层次,并对更高层次的制度设计思路会产生较大影响。由于底线公平对调节幅度、社会保障增长速度的调控和社会保障多元主体的协调都具有积极影响,为此他建议以底线公平作为形成一种富有弹性的社会保障调节机制的基础。具体而言,它包括四种柔性

---

① 参见景天魁主编《基础整合的社会保障体系》,华夏出版社2001年版。

调节机制：一是责任共担和责任分担的协调机制，二是激励和约束的互补机制，三是对养老保险待遇和失业保险待遇的适当约束，四是需求与供给的平衡机制。另外，他还呼吁尽快在农村普遍建立最低生活保障制度，而政府应将公共基础教育也纳入社会保障范围之内。

在《再论底线公平》中，景天魁站在创新社会保障制度理念基础的高度之上，进一步回答了一系列重要问题：在中国可能实现什么样的社会公平？怎样达成社会公平的共识？如何在发展与福利、公平与效率之间寻求均衡？他认为，按照底线公平的概念，就是要确保底线部分，放开底线以上部分；底线是刚性的，底线以上是弹性的；底线部分主要是政府的责任，底线以上主要是社会、家庭和个人的责任；底线部分靠非市场机制，底线以上可以引入市场机制。这两层意思，构成了"底线公平"理念。而在我国，至少在目前乃至未来一个较长的历史阶段，底线公平不仅是确定适度公平的基础，而且是社会保障制度的基本理念。既然"底线公平"是一个确定和描写社会公平度的概念，那么这个"度"就可以从绝大多数人民群众的"基本需要"甚至是"基础性需求"[①] 来确定。由于"底线"划分了社会成员权利的一致性和差异性，因此底线公平可定义为所有公民在这条"底线"面前所具有的权利的一致性。他强调，解决政府调节和市场调节的关系是解决社会保障刚性问题的关键，而底线公平是确保社会保障健康持续发展最关键的机制。同时，底线公平的概念并不意味着是最低水平的公平，它是有重点的公平；它特别强调政府的转型、政府的责任，而"底线"就是政府责任的"底线"；它最符合以发展为第一要务的执政理念。一言以蔽之，底线公平是最容易做到、最必须做到、最能够显著提高社会整体的公平水平的一种"公平"。

在《"底线公平"至关重要》一文中，景天魁再次强调"底线公平"的概念是在中国大陆人均 GDP 达到 1000 美元后，中国经济和社会发展进入一个新阶段的背景下提出来的。而社会确立"底线公

[①] 主要包括：（1）解决温饱的需求（生存需求）；（2）基础教育的需求（发展需求）；（3）公共卫生和医疗救助的需求（健康需求）。

平"，既是防止失衡和动荡的需要，也是防止停滞、保持效率的需要。作为社会保障制度理念基础的社会公平，"底线公平"是社会意义上的公平，它强调政府和社会责任的"底线"。从制度政策角度来看，最低生活保障制度、公共卫生和医疗救助制度以及公共基础教育（义务教育）制度均是底线公平的重要体现。他提出"底线公平"的概念，是为了确立社会公平的基点，明确政府责任的"边界"。

《底线公平概念和指标体系》一文的发表，可谓景天魁将"底线公平"从概念提升为理论的一个转折点。在该文中，他从实践背景、制度背景、政策主旨和导向、学术焦点、方法难点和公平观分野等六个方面归纳了这一概念的规定性；论述了底线公平概念测量的简要性原则；建立了包括3个特征性指标、3个代表性指标和9个具体测量指标等三级指标的底线公平指标体系；总结了这一指标体系的特点和优缺点。同时指出，因为底线公平概念非但没有掩饰，反而揭露并对准了公平问题上的要害和根源，底线公平指标所测结果与其他有些指标相比，在同一种社会状况下所测得的公平度可能偏低；就我国目前所达到的公平程度来看，要想逼近底线公平所要求的目标值，就大多数指标而言，可能还需要二三十年甚至更长的时间。在此，他将"底线公平"的概念进行了操作化。

社会保障对于构建和谐社会的意义，则在《社会保障：公平社会的基础》一文中得到了深刻阐发。作者认为，是否建立完善的社会保障体系，是好的市场经济与坏的市场经济的分水岭；是否促进实现社会公平，是强的社会保障制度与弱的社会保障制度的分水岭。在市场经济条件下，社会保障的首要功能是为社会公平提供制度基础。追求适度公平是以推动社会和谐为己任的社会保障制度建设的关键，底线公平是政府与社会之间责任分工的依据。以此为基础建立社会保障体系，可以实现公平与效率的统一，形成柔性调节机制，增进社会福利，推动经济发展。以适度公平为原则的社会保障体系，非但不是经济增长的负担，反而正是推动经济发展的动力和源泉。在构建和谐社会之中，社会保障不仅仅是一种福利、一种经济制度，它还是一种责任体系、一种道义承诺、一种社会架构。为此，社会保障要从一种局部工作走向全社会的基础性建设，从而走向"大社会保障"的理念。

底线公平福利模式的提出，是景天魁以底线公平理论谋虑社会福利实践的典型例证。在《大力推进与国情相适应的社会保障制度建设——构建底线公平的福利模式》一文中，他深入探讨了我国应当选择什么样的社会保障模式、确立什么样的社会保障政策重点、确定何种先后次序等一系列重要问题。他认为，社会保障的目标模式应当满足三个要求，即适度性、适当性和适用性。因此，他主张依据体现底线公平的弱者优先、政府首责、社会补偿、持久效应的四个基本原则建立"底线公平的福利模式"。该模式的主要特点是：包容性强、覆盖面大、机制新、结构合理。与福利国家模式相比，它不以追求福利最大化为目标，而以经济发展与社会福利的均衡为目标。事实证明，它是一个福利水平适当、机制灵活、责任共担、切实可行、持续性强的福利模式。

而在《论底线公平福利模式》一文中，作者进一步指出：中国的社会福利发展已进入从小福利迈向大福利的新阶段，建设中国特色社会福利体系的关键在于选择一个符合中国国情的福利模式。从中国的历史经验看，过去的平均主义走不通，福利国家道路不可取，小福利模式已被突破，以底线公平理论为基础的福利模式是可行的选择。同时，该文系统论述了底线公平福利模式的价值理念、基本原则、制度体系、主要特征和实践意义。

在《底线公平：公平与发展相均衡的福利基点》一文中，景天魁揭示了公平和发展虽有相统一的一面，但又常常是相矛盾的，矛盾来自种种限制条件。在中国面临的一系列限制条件下，底线公平成为在社会保障和社会福利建设中实现公平与发展相均衡的福利基点。以底线公平理论为依据，可以建立体现公平与发展相均衡的制度机制。而底线公平福利制度模式，呈现出普遍性、实效性、均衡性、适应性和适当性特点。底线公平的福利制度乃至体系模式，可以形成有助于实现公平与发展相均衡的内生动力。教育为基、劳动为本、服务为重、健康为要，可谓中国福利模式的主要优势。尽管底线公平理论的适用性在时间和空间上都是有限的，但是它在十多年来我国社会保障和社会福利建设走向公平与发展相均衡的实践中得到了检验。

（二）底线公平与和谐社会建设

《底线公平：和谐社会的基础》是景天魁"底线公平"理论的一部集大成之作，《景天魁文集》第六卷第二编收录该书的部分主要内容并共分为六篇。其中，前两篇分别论述了经济发展与社会公正的关系问题和"底线公平"这一核心概念，其余四篇分别从调整利益结构、实现协调发展、增进社会福利和加快社会建设四个角度探讨了如何在底线公平基础上建设和谐社会的问题。

1. 经济发展与社会公正的关系

在第一篇中，景天魁主要探讨了经济发展与社会公正的关系问题。他对这一问题的讨论，是从回应费根命题开始的。2001年，美国的费根（Joe R. Feagin）教授在演讲中提出了"社会公正是21世纪社会学的主题"。对此，景天魁从社会公正应否、能否、怎样才能成为21世纪社会学的主题三个方面对这一命题做出了回应。他认为，社会公正应当作为21世纪社会学的主题是比较明显并容易证明的，而要把社会学关注的主题真正转化到社会公正上来却是相当困难且未可预知的。于是，他选择了一条从研究社会保障制度和政策入手，推动实现社会公正由伦理层次落实到制度和政策层次的路径。

接下来，他揭示了提出构建和谐社会理论的问题背景：其一，在经济规模、人力资源、开放幅度和增长速度等方面，我国的经济社会发展面临两难困境，主要涉及发展条件的公平问题；其二，基于对市场换技术、资源换速度、劳动换资本、环境换财富、未来换现实、人格换钱物发展模式的反思，实践层面的六个"转折"或"促使"预示着发展策略的调整势在必行，主要面向发展过程的公平问题；其三，与我国阶级阶层结构、城乡结构、地区结构、人口和就业结构变化相关的社会利益格局的演变，导致新的利益格局呈现出六个显著特点，主要针对发展结果的公平问题。在此基础上，他进一步给出了如下论证思路。

"作为公正的发展"，是景天魁提出的一个社会公正领域和社会发展理论的新概念，它意味着承认和实现合理的适当的差别、符合并满足绝大多数人的利益、有利于促进绝大多数人（原则上是全体社会成员）的生活改善和能力提高。他认为，社会公正不是作为外在相关性，而是作为内在规定性，决定着社会发展的性质和趋向。在这里，公正是社会发展的核心价值、根本动力和最佳状态。换句话说，"作为公正的发展"是以社会公正为目的、动力和模式的发展。针对"作为公正的发展"这一概念的规定性，景天魁考察了社会公正和社会发展在概念含义上的演变过程。一方面，他概括了公正在伦理学和价值观、权利和制度以及社会政策和社会发展指标三个层次的意蕴，阐明了"差异原则"、交叠共识对于发展的意义以及公正在功能上是对绝大多数社会成员生活改善和能力增进的满足，即现代意义上公正与发展的统一，从而再现了公正的含义是如何走进发展的概念含义之中的。另一方面，他回顾了从作为"增长"的发展到人的发展，再到可持续发展，乃至作为公正的发展的社会发展的概念演进，进而揭示了发展的含义是如何走进公正的概念含义之中的。由此，他对"作为公正的发展"这个基本概念做出了理论论证。同时，他还指出公平和效率之间的关系不是一成不变的，我国现阶段的经济社会发展要求逐步实现公平与效率的均衡。而通过展开关于公平与效率关系的三重论辩，他进一步证明了寻求公平与效益的均衡是符合国情的正确选择。另外，他强调和谐社会理论的创新性主要体现为改革观、矛盾观、思维方式、均衡观、富裕观、时代观和软实力的创新。而这一理论创新的意义在于，它对于我们应对新问题、迎接新挑战、解决新矛盾、开辟新局面具有"导向性"作用。[①] 我们要用"和谐"的办法来摆脱"两难"困境，走出新的发展道路。

2. 核心概念：底线公平

在第二篇里，景天魁紧紧围绕"底线公平"这一核心概念展开论述。一方面，他立足于国内，探讨了构筑社会和谐的机制问题。根据

---

① 2012 年，广东省委第十一次党代会首先确定"底线公平"为"加强社会领域基础性制度建设"的"导向"性原则之一。

我国经济社会发展已进入高速增长期和矛盾凸显期的现实状况,他指出在和谐社会的研究和实践工作中,我们既应当注重一些硬件建设和比较硬的制度建设,也应当关注比较软的机制建设。对于后者而言,促进社会和谐的机制大致可以分为三类,即寻求共同性的机制、寻求均衡点的机制和寻求协调的机制。由于这三种机制均存在"失灵"的可能性,因而他主张构筑底线公平机制。这种机制是在既难以找寻共同性和均衡点,也难以实现协调的情况下,能够最大限度地提高找到共同性和均衡点的可能性,促进各方协调的一种机制。对于底线公平的具体含义,景天魁是从社会保障领域谈起的。他深刻地洞察到,虽然多年来我国和许多西方发达国家都开展了一系列的社会保障制度建设,但是仍然尚未找到一个有效解决福利刚性问题的调节机制。当今世界现存"普惠型"、"补救型"和"积累型"三种福利模式,而无论照搬照套哪种既有福利模式,都不能完全适合解决中国的实际问题。相较之下,"底线公平"意在划定责任的底线,特别是在政府责任和市场机制之间找到一个界限,并使二者既各得其所又相互结合。对于如何确定底线,他提出政府需要确保人民群众生存、发展和健康三种基本需求,并且保障他们生存、教育和健康三项基本权利;除此之外的其他方面需求和权利,可以通过市场机制或政府与市场的合作来实现。这就解决了一个困扰西方福利国家已久的福利刚性问题。或可以说,底线公平的主要贡献在于它建立了一种政府和市场责任的底线,进而形成一种柔性的调节机制。底线以下是无差别的公平,是刚性的;底线以上是有差别的公平,是柔性的。而多年来的实践证明,底线公平调节机制不仅有助于提高找到共同性和均衡点的可能性,而且有利于促进各方协调。因此,他找到了一种调整经济发展、社会发展和社会稳定之间关系的机制,并使经济和社会达到了和谐的状态。

另一方面,景天魁着眼于国际,讨论了底线公平与东亚发展模式之间的关系问题。首先,对于是否存在东亚社会发展模式问题,他通过列举东亚经济发展模式政府主导、社会动员和出口导向的三个公认特征,以及东亚社会发展存在的重视熟人关系、秩序优先于平等、普遍重视教育和不大强调国家和社会的分离四个共同特征,肯定了东亚经济奇迹的存在，但对是否存在统一的、固定的东亚经济模式乃至社会发展模式存疑。因此，他希望通过扩大东亚社会的共同特征，逐步形成东亚社会发展的新范式。其次，对于如何扩大东亚社会发展的共同性，他借助对东亚与欧洲的比较，认为可以从建立东亚式的福利模式走向构建东亚的社会模式。同时，目前东亚是具备践行这一途径的基本条件的。然而，与欧洲福利国家模式相比，东亚福利模式在目标上应有所不同：一是成本要低，效益要大；二是能够促进公平；三是机制要灵活，持续性要强；四是其目标模式不是追求福利最大化。有鉴于此，他提倡构建与欧美国家福利模式有明显差别的底线公平福利模式，以便扩大东亚社会发展的共同性。而这一福利模式的现实意义在于，既要把握公平底线，也要警惕福利刚性。为此，他提出了从一个好的福利模式走向一个好的社会模式的殷切期望。其理由是，建立一个好的福利模式，可以建立起基本的社会认同；而在建立底线公平福利模式的过程中，可以形成政府和市场的良性互动关系；并且，形成政府和社会之间的良好合作关系；同时，可以促进社会发展和经济发展之间的均衡。于是，他得出结论："底线公平的福利模式可以成为形成东亚社会发展模式的基础，可以从建立这样一种福利模式入手。"[①]

3. 调整利益结构

在第三篇中，景天魁主要探讨了调整利益结构问题。首先，他提出要理顺收入分配关系，建立利益协调机制。鉴于理顺收入分配关系已经是社会各界强烈的呼声，收入分配领域的矛盾和问题已经充分显现，我国人均GDP已经超过1200美元且财政收入大幅增加，不同阶层、不同群体对收入分配的若干基本问题已取得了不少共识，他认为解决收入分配问题的时机已经成熟。虽然这项工作的难度很大，但是可以将理顺公务员工资关系、加大税收制度改革力度、整顿不同领域不合法的创收活动、推进社会保障制度改革与完善等作为理顺收入分

[①] 景天魁：《底线公平：和谐社会的基础》，北京师范大学出版社2009年版，第167页。

配关系的切入点。其中,最为关键的是在建立市场经济过程中,通过理顺收入分配关系,尽快形成一套促进社会公平的利益平衡和协调机制。

其次,他主张要调整利益结构,缩小收入差距。第一,由于调整利益结构是非常复杂艰巨的任务,因此要处理好经济与社会、政府与社会以及公平与效率的关系问题。第二,对于收入差距问题,我们不仅应当正确认识收入差距,而且需要逐步缩小收入差距。其中,比较迫切的几个问题包括:对暴富者非法或不合理收入的处置、税收制度改革、完善社会救助体系、扩大社会保险覆盖面和理顺公务员工资制度等。

最后,他强调要以底线公平为基础构建和谐的利益关系格局。他分析指出,我国社会利益关系具有利益关系的不公平性、利益差别的敏感性、利益矛盾的复合性、利益诉求的联动性、利益冲突的易发性和利益获取的即期性等显著特点。而形成上述利益关系特点的直接原因,可以从政府与市场、发展与公平以及利益关系转型与利益表达和调控机制重建几个基本关系中去寻找。为了调整利益关系、伸张补偿正义,他进一步呼吁建立面向民生的财政体制:一是要明确社会成本的概念,二是要理清公共支出与社会支出之间的关系以及后者占前者的比例,三是要促进社会支出的制度化、法制化。而建立面向民生的财政体制的另一个基础前提之一,就是研究社会支出的效益。他提出的"底线公平理论",恰恰能为社会支出提供科学依据。按照"底线公平"的概念调整不同阶层和利益群体的利益关系,尤其应当坚持弱者优先、政府首责、社会补偿、持久效益等四个原则。近年来,我国以底线公平为基础促进利益关系和谐的政策举措主要包括以下四类:一是体现弱者优先原则的相关政策,二是体现政府为第一责任者的相关政策,三是体现社会补偿的相关政策,四是对于解决民生问题具有持久效益的相关政策。依据底线公平理论,景天魁指出我国已逐步跨入面向民生的新发展阶段。在这一阶段,面向民生不仅未必会妨碍经济增长,而且有可能推动高质量的经济增长。底线公平理论从公平与效率、发展与福利的关系入手,"具体回答作为和谐社会一个基本特征的公平正义应该和可能是什么水平上的公平,是什么意义上的正义"①,并力求创造一种经济效益和社会效益俱佳的新的发展模式。这一模式有助于变"矛盾凸显"为"相对和谐",并形成和谐的利益关系格局。

4. 实现协调发展

在第四篇里,景天魁主要讨论了实现协调发展问题。第一,关于和谐社会的指标,他清晰揭示了社会指标的性质,重新厘定了其概念,深入剖析了它与其他指标之间的联系和区别。他认为,人们对"经济指标硬,社会指标软"的模糊认识,其背后所反映的是长期以来我国社会发展和经济发展不匹配,这是我国发展战略、发展模式、发展理念的一个集中表现。从理论上讲,一个社会指标的硬或软的衡量标准取决于它与社会发展目的的关系,及其与人民群众最终福祉的关系;就实践而言,社会福利中的社会保障覆盖面和社会保障支出在GDP中所占的比例均是社会指标中"硬指标"的典型例证。同时,他对将"社会指标软"归因于经济落后、经济发展与社会发展之间可以相互割裂、强调社会发展会影响经济发展等三种观点加以驳斥,并指出我们需要考虑社会发展指标与经济发展指标之间的关系,以及经济社会发展核心指标与其他各级指标之间的关系。

第二,对于社会公正与统筹城乡发展,他通过回顾城乡关系的演变过程,论证了城乡发展必然从分立走向协调,从不公正的发展走向公正的发展。在他看来,我国城乡关系之所以成为公正问题,是因为城乡之间不仅存在非常严重的差别,而且这一明显的问题已造成了相当紧张的状态。其主要表现为:城乡居民收入差距超过了警戒线、受教育机会不公平和健康权利不平等。于是,他主要从居民的收入和消费两个方面考察了我国的城乡差距,并指出农村的人、财、物三大要素较为匮乏是造成城乡差距越拉越大的基本原因。另外,通过对比中国当前面临的问题与欧洲国家早期现代化的过程,他提出利益结构的

---

① 景天魁:《底线公平:和谐社会的基础》,北京师范大学出版社2009年版,第225页。

固化、制度的惯性、市场机制的缺陷与公共财政的缺位以及产业关系的错位也是造成我国城乡差别的重要因素。在全面建设小康社会阶段，由于我国的城市化仍严重滞后于工业化，城乡关系明显失衡，因此他强调：一方面要充分重视对关于城乡统筹发展的认识问题，弄清工业和农业、城市和农村的发展是相互促进、互为条件的；另一方面要高度关注城乡统筹发展的实践问题，以建立城乡统一的劳动力市场为突破口，难点在于建立城乡统筹的社会保障体系，而重点是教育扶贫和科技投入，其策略是从城市一枝独秀转变为城乡协调发展、从农业支援工业转变为工业反哺和带动农业。同时，他还构想了促进我国城乡统筹发展的若干近期措施与远期目标。

第三，针对我国教育资源短缺与严重浪费的状况，他提出了底线公平的教育发展模式。他认为，"研究教育发展模式问题，需要科学地回答教育与经济、教育与社会、教育与文化的关系，以及教育自身的体制和相互关系"。[①] 鉴此，他不仅强调教育公平对于底线公平的意义，而且注重从底线公平角度探索教育发展模式。在他看来，对于教育事业的本质而言，公平就是效率；而对于公平而言，抽象地、一般地讲公平，是最差的公平，甚至是不公平；随着教育阶段的推移，教育公平性呈现为一个有差异的连续谱；在这个连续谱两端的结合或转换处，存在公平的底线。另外，底线公平的教育发展模式同样需要遵循弱者优先、重在基础、政府首责及合作共赢的原则。

5. 增进社会福利

在第五篇中，景天魁着重论述了增进社会福利问题。其一，对于最低生活保障制度，他指出我国的贫困群体主要由下岗失业人员、传统的鳏寡孤独等城市贫困人口和农村贫困人口组成，低保制度具有花钱少、效果好的特点，并重点分析了低保标准的确定及其与 GDP 增长的相关性、低保资金来源和责任分担等议题。作为整个社会保障制度的基础，低保制度的重要意义在于促进了人权意识的形成和公平意

---

① 景天魁：《底线公平：和谐社会的基础》，北京师范大学出版社 2009 年版，第 253 页。

识的增强、增强了被救助者的社会归属感、促进了政府由管理型向服务型的转变。

其二，他认为努力扩大社会保障覆盖面是我国的一项紧迫任务，其重点工作包括将农民工纳入社会保障体系、失地农民社会保障、灵活就业人员的社会保障和在农村普遍实行最低生活保障制度，而其重中之重是消除对扩面工作的思想障碍。

其三，他进一步提出加快完善社会保障体系是建设和谐社会的重要着力点，并针对在"十一五"期间如何完善社会保障体系提出了许多颇具前瞻性的建议。同时，他还强调要科学认识老龄化社会、正确看待面向老龄化问题的政府责任，并以底线公平的视角有效应对新农村建设中农民的自我发展能力、农村最低生活保障的资金投入、新型农村合作医疗制度的改进方向和提高农村义务教育质量等问题。

其四，针对社会保障制度的城乡统筹，他认为这一举措已势在必行且刻不容缓。为此，他主张应从建立城乡统一的最低生活保障制度、公共卫生和大病统筹制度、劳动力市场和促进就业制度、义务教育和职业教育体系以及财政制度等方面入手。另从城乡统筹的可行性来看，可以采取如下办法：制度统一，标准各异；统一规划，分步实施；积极探索，量力而行；财政分担，明确责任。进而他指出"城乡统筹，不是城乡划一，而是整体的保障体系，不同的保障水平，灵活的保障方式，多样化的保障模式"。[1] 巧合的是，此前所提倡的基础整合的社会保障体系恰好适合这一需要。总之，加快建立城乡统筹的社会保障新体系，对于落实"三个代表"要求、全面建设小康社会和社会保障制度的自身建设均具有重大的现实意义。

其五，对于农民健康问题，他提倡政府、市场、社会的互动。他强调对导致"看病难、看病贵"的成因，人们大致有三种看法：政府投入不足，医疗卫生系统"创收"和卫生健康公平性问题。其中，

---

[1] 景天魁：《底线公平：和谐社会的基础》，北京师范大学出版社2009年版，第303页。

不公平性是中国医疗卫生体系最突出、最关键的问题。这一体系的不公平问题,"是结构性问题,是政策取向性问题"①。有鉴于此,他不仅提出了一个基本假设,②而且对新型农村合作医疗进行了详尽的供求关系分析。从需求来讲,他主张将医疗需求限制在一个合理的范围内,而"合理的需求水平的确定,是通过政府、企业、医疗机构、社会组织、个人和家庭之间反复博弈所达到的一种均衡"③;就供给而言,造成"看病难、看病贵"问题的第一责任者是政府,主要承受者是农民。虽然新型农村合作医疗创造了全新的筹资模式和合作模式,但是它的成功运作亟须处理好市场机制与非市场机制的关系。对于市场的作用,他认为"对医疗体制改革既不要提'市场化',也不要提'公益化',而是该引入市场机制的地方就用市场机制,该坚持公益性的地方就坚持公益性,如果要讲'化',可以叫多样化的综合体系";而政府的职责,则"在于把各种资源整合起来,把各种机制协调好,满足不同层次的需要,保障人人享有基本的卫生医疗"。④需要说明的是,各利益相关方的公平博弈主要表现为:医疗体制改革由政府主导还是市场主导、重点发展大医院还是基层医院与卫生保健机构、合作医疗保险以大病统筹为主还是以门诊医疗为主。

其六,就残疾人保障来说,他认为抽象地讲平等是不够的,一般地讲人道也是不够的,而市场机制更是不太适用的。由于残疾人的生存保障、教育保障和健康保障状况基本上都处于公平底线以下,因此他主张以底线公平为残疾人保障的理论基础。另外,与一般的社会保

---

① 景天魁:《底线公平:和谐社会的基础》,北京师范大学出版社2009年版,第307页。

② 该假设是:"如果能够解决卫生资源配置、卫生筹资和卫生服务的公平性问题,那么,即使以现有的卫生保健资源,也可以实现人人享有初级卫生保健的目标。如果财政对卫生医疗的总支出(包括城乡)在现有基础上再增加50%,那么,在提高公平性(增加对农村的投入比例)和有效性的前提下,就可以在农村普遍实行新型合作医疗,进而为实现全民的基本卫生医疗保障打通道路。"参见景天魁《底线公平:和谐社会的基础》,北京师范大学出版社2009年版,第307—308页。

③ 景天魁:《底线公平:和谐社会的基础》,北京师范大学出版社2009年版,第309页。

④ 同上书,第318页。

障不同,残疾人保障的提供方式更强调自强和交换,并坚持物质保障与精神保障兼顾的原则。针对残疾人因社会分化而成为弱势群体,他建议以残疾人保障为推动和谐社会建设的途径。在他看来,"残疾人保障事业可以在最基本的方面,即政府与社会、政府与市场、人与人的关系方面有效地推动和谐社会的发展,推动整个社会建设"。①

6. 加快社会建设

在第六篇里,景天魁全面讨论了加强社会建设和管理问题。首先,他系统梳理了社会学有关社会管理的基本理论,其中包括:社会问题理论、社会冲突理论、社会流动理论、社会控制理论、越轨社会学理论、社会排斥理论、社会分层和不平等理论以及社会团结与社会秩序理论。另外,从政治学或管理学角度讲的善治理论,对和谐社会的建设和管理也有许多启发意义。就社会建设与社会管理之间的关系而言,后者是前者的重要组成部分。因此,"研究社会管理,就不能只是就管理谈管理,加强管理主要不是方法问题,而是应该把它纳入到整个社会建设之中,通过加强社会建设,来从总体上提高管理的有效性"。② 社会管理旨在达到一种社会和谐的状态,成本效益分析是实现和谐管理的一项基本原则;而按照底线公平理论进行管理,既有利于做到成本最小而效益最大,也有助于抓住社会管理的重点。基于底线公平理论,和谐管理的原则和方法可概括为以人为本、平等协商、公平效益、合作共赢、综合创新。

其次,他将研究视野转向了社区发育的逻辑。他认为,在中国改革开放和实现现代化过程中,如何对待文化的多样性是一个非常突出的问题。于是,他提出了五种假设,③ 并通过对一系列中国社区发展的案例分析,以找到实现和维护文化多样性的机制、办法和方案。紧接着,他深入分析了社区文化建设在社区发育中"源头""先导"

---

① 景天魁:《底线公平:和谐社会的基础》,北京师范大学出版社2009年版,第330页。
② 同上书,第360页。
③ 参见景天魁《底线公平:和谐社会的基础》,北京师范大学出版社2009年版,第366页。

"起点"的地位和作用，并摸索出一条"社区文化—社区组织—社区民主—社区自治"的社区发育之逻辑次序。根据这一规律性的认识，结合浙江省宁波市社区建设的实践经验，他指出：尽管社区诸要素之间在具体形态上往往存在复合、多向的关系，但是社区发育逻辑过程从大体上看在社区文化、社区服务、社区组织、社区民主、社区自治之间存在依赖关系。基于这一假设，他进一步提出了一个关于社区发育过程的准递归模型[①]。该模型不仅生动反映了社区发育过程中各个因素的逻辑次序以及它们之间的相互作用，而且系统描述了社区发育的动力和机制。

再次，他又把研究视线转移到社区自治与民间组织上来。一方面，对于社区自治，他强调了三个问题：一是怎么认识社区自治，应将其理解为一种社会生活结构、社会管理结构和社会政治结构，具体来说可以区别社区建设的过程与结果、社区建设的主体与社区本身的主体、社区建设的条件与目标、社区自治的概念规定与现实途径；二是怎么对待社区自治，应当主张"合作主义"而摒弃"分离主义"，并重点考虑将社区党建和社区自治、政权建设和社区自治、社会管理和社区自治相互结合而非对立起来；三是怎么推进社区自治，主要思路是社区文化→社区服务→社区组织→社区民主→社区自治。另一方面，对于民间组织，他主张其应与政府良性互动：一是民间组织参与公共事物治理，主要包括社会公共管理职能的发挥和参与利益协调机制的建设；二是政府对民间组织的引导与规制，内容涵盖政策与法律的规范和权力下放与有效监管；三是走新型合作道路，努力形成新的发展机制和发展动力，逐步探寻新的"合作主义模式"。

最后，他将着眼点落定在社会学与构建社会主义和谐社会关系的问题上。在他看来，构建和谐社会是理论与实践紧密结合的创新过程、艰苦的学术探索过程、中华文明自古以来的社会理想以及社会学固有的学术关怀和先在的天遣使命。他主张，构建和谐社会

---

① 详见景天魁《底线公平：和谐社会的基础》，北京师范大学出版社 2009 年版，第 375—378 页。

"一定要说到做到，即使没说到也要做到"，并将这种态度称为"谨言敏行"。① 在此基础上，他系统回答了构建社会主义和谐社会的许多重大理论问题。对于社会建设与其他方面建设之间的关系问题，他认为应当坚持经济建设和社会建设均衡发展，并把重点放在社会建设上，以此为经济建设、政治建设、文化建设提供宽松、和谐、有利的社会条件；关于社会主义和谐社会理论怎样定位，他指出这一理论如同邓小平理论回答了"什么是社会主义、如何建设社会主义"的问题一样，回答了"我们搞的中国特色社会主义要建设一个什么样的社会、如何建设这样的社会"的问题，它"是在社会主义完成了从空想到科学的发展的基础上，实现的从科学到实践的新飞跃"；② 至于如何创造社会管理的新模式，他提出完备的社会管理体制应当包括健全和完善的管理主体结构、制度体系、运作机制和社会设置等诸多要素，并需要在政府和市场的关系、政府和社会的关系、和谐的公共财政体系、和谐的利益调节体系、和谐的阶级阶层结构、和谐的中央和地方关系、和谐的政府和非政府组织的关系等理论问题上有所突破。

三　学术影响和意义

1995年以来，景天魁在社会认识方法论的整合下，努力尝试打破原有学科的局限，从"底线公平"入手开展民生问题研究，逐步实现了社会哲学、社会学和社会政策研究的兼容贯通。他主张学术研究要有穿透力，"要坚持社会学的综合性，就必须把哲学层次、具体人文学科层次、应用和技术层次贯通起来。上下通达，就有纵深感，有穿透力。这是一个极具诱惑力和挑战性的理想目标和更高境界"。③ 景天魁创立的"底线公平论"对构建中国特色哲学社会科学做出了

---

① 景天魁：《底线公平：和谐社会的基础》，北京师范大学出版社2009年版，第404页。
② 同上书，第405、407页。
③ 何民捷：《关注社会　关注民生——记中国社会科学院社会学研究所研究员景天魁》，《人民日报》2007年5月28日。

重大原创性理论贡献,并有力地推动了我国社会学与社会政策实践的发展进步。具体来说,主要体现在如下三方面。

(一)为我国民生问题研究奠定底线公平的价值理念基础

景天魁转向对民生问题的研究,缘起于其忧国忧民的初衷。他从哲学主动自觉地转入社会政策研究,不仅是"受责任心的驱使",更是自己"愿意老实地承认是受到良心的责备"①。他说:"我是个农民的儿子,从小看到最亲爱的母亲因病早逝,刻骨铭心。如今我对广大农民看不起病发自内心地同情、着急,希望能用我自己的研究成果为广大的老百姓排忧解难。"20多年来,这种强烈的社会责任感促使他主要致力于与老百姓切身利益密切相关的课题研究上。他从事社会公平与社会政策的研究目的很明确,就是"如何使社会政策更加完善、合理、公平,能够惠及每一个社会成员"。②

2001年,景天魁与杨团、唐钧等人合著了《基础整合的社会保障体系》一书。其中,他在"基础整合的社会保障体系的概念框架"一章论述了"基础整合"的概念含义,构建了"基础整合的概念框架",并探讨了"基础整合"的目标、要求和意义。景天魁提出我国的社会保障制度建设应把公平置于首位,并主张建立一个"基础整合的社会保障体系"。③"基础整合的社会保障体系"这一概念的提出,其意义不只是明确了制度整合的任务和原则,更重要的是它引发出的新问题远比它给予解答的问题多得多,而这才是这个概念的真正价值。

他认为,"社会政策研究的目标就是要找出规则的不完善之处,修订游戏规则,使之尽可能地惠及每一个社会成员,从而使政策的结果趋予更合理、更公平";而"通过理顺收入分配关系,建立起在市

---

① 景天魁:《底线公平理论与民生建设研究》(代序言),载于《底线公平福利模式》,中国社会科学出版社2013年版,第20页。
② 肖国忠:《景天魁:关注民生是义不容辞的责任》,《光明日报》2007年5月28日。
③ 于滨:《中国社会科学院社会学所所长景天魁谈:社保改革的难点与突破口》,《瞭望新闻周刊》2003年5月12日第19期。

场经济条件下,保证社会公正公平的利益平衡和协调机制,这就不仅仅是一般的制度和政策,而是最为根本的社会建设"。① 同时,他预见到公平性的问题是今后我国社会保障的核心问题。他指出社会保障的社会功能就是促进社会公平,并主张在"底线公平"的基础上建构社会保障体系。②

"底线公平"的概念凭借它所独有的特点和优势,已成为整个社会保障制度的理念基础。这在我国社会保障实现制度全覆盖以后,为进一步明确民生问题的价值取向做出了重要贡献。2012年12月,习近平总书记在中央经济工作会议上的讲话中说:"要按照'守住底线、突出重点、完善制度、引导舆论'的思路做好民生工作。"③ 2016年10月,我国民生工作的思路进一步调整为"坚守底线、突出重点、完善制度、引导预期"。④ "守住底线""坚守底线"已经成为民生建设的指导原则。

(二) 为我国和谐社会建设开拓理论视域与创新研究方法

作为怀有强烈社会责任感的社会学家,"把社会责任放在心上"是景天魁常说的一句话。"底线公平"的概念,最初是2002年景天魁在吉林大学演讲时谈到的。2003年,景天魁在《社会科学战线》上发表了《作为公正的发展》一文,不仅提出社会公正是社会发展的核心价值和根本动力,而且将社会保障与社会公正联系起来;2004年,他与同事在社会科学文献出版社出版了《社会公正理论与政策》一书;在同年召开的第36届世界社会学大会上,他在《论底线公平》的主题演讲中,正式提出了"底线公平"概念和将"'底线公平'作

---

① 吴志菲:《景天魁:探索社会和谐的奥秘》,《人才开发》2011年第8期。
② 刘洪清:《"底线公平"才能"和顺安康"——专访全国政协委员、中国社会科学院社会学所原所长景天魁》,《中国社会保障》2012年第6期。
③ 在2013年12月的中央经济工作会议上,习近平总书记重申了这一民生工作思路。
④ 习近平:《在党的十八届六中全会第一次全体会议上关于中央政治局工作的报告》(2016年10月24日)和《在党的十八届六中全会第二次会议上的讲话》(2016年10月27日),参见中共中央文献研究室编《习近平关于社会主义社会建设论述摘编》,中央文献出版社2017年版,第16、17页。

为社会保障的核心理念"的观点。此后,《光明日报》发表了其中概论的部分;《社会学研究》是年第6期发表了他的《底线公平与社会保障的柔性调节》一文,该文既受到全国约20家报纸和杂志的纷纷摘录和转载,也在从事社会保障研究的同行中产生了较大反响。

同样是在2004年,党中央提出了构建社会主义和谐社会的重大战略任务。景天魁觉察到,社会学研究可以在和谐社会建设中大有作为,于是他把关注点聚焦在社会公平问题上,提出了"底线公平"理论。底线公平理论既是一种公平理论,也是一种制度和机制设计,还是一种福利模式。他之所以开创了这一理论,是因为"希望国家制定在现有国力基础上最大限度地满足社会大众最基本需求的社会政策"。① 后来,他相继发表了《寻求公平与效率的均衡》《社会保障:公平社会的基础》《公平性:解决"看病难、看病贵"问题的关键》等多篇有影响的论文,主动为构建和谐社会出谋划策。② 这些学术文章被引用次数很多,产生了显著的积极影响。

随后,景天魁以"底线公平与和谐社会"为主题进一步拓展了理论研究。2005年2月21日,在由胡锦涛同志主持的中共中央政治局第20次集体学习会上,他与李培林一起在中南海怀仁堂以"努力构建社会主义和谐社会"为题进行了讲解。同年3月10日,全国政协十届三次会议全体大会上,他就构建和谐社会中的一些热点问题发表看法。当亲眼见到自己的研究可以直接服务于国家构建和谐社会的伟大事业,他觉得这是对自己最大的精神鼓舞和学术肯定。③ 他指出,"'和谐社会'的内涵很丰富,但通俗地说,就是社会学中所倡导的社会团结、社会公正"。④ 在理论层面,景天魁从调整利益结构、实现协调发展、增进社会福利和加快社会建设四个维度论证了"底线公平是和谐社会

---

① 新华网:《劳动者之歌:社会和谐发展的探索者——景天魁》,http://www.xinhuanet.com/politics/2007-05/27/content_6159349.htm,2007年5月27日。
② 何民捷:《关注社会 关注民生——记中国社会科学院社会学研究所研究员景天魁》,《人民日报》2007年5月28日。
③ 肖国忠:《景天魁:关注民生是义不容辞的责任》,《光明日报》2007年5月28日。
④ 贺伟:《建立和谐社会机制,至少要20年:景天魁委员用社会学的量度,初步估算通往和谐社会的路程》,《新华每日电讯》2005年3月8日第007版(两会特刊),第1页。

的基础";在方法层面,"底线公平"的研究成果则体现了景天魁所坚持的学术追求,即跨学科交叉融合、兼容贯通的研究道路。①

2007年5月27日,中央电视台《新闻联播》的"劳动者之歌"栏目播出《关注民生的社会学家景天魁》。在该节目中,中央电视台对中央马克思主义理论研究和建设工程社会学首席科学家景天魁的学术贡献给予了充分肯定和高度评价。比如,"为了国家的需要,他三次改变研究方向,他开创的社会公平研究为完善我国的社会保障体系提供了重要的理论支撑"。而对于他的"底线公平论",则特别强调:"2004年,景天魁在社会学界首次提出了'底线公平理论',明确了社会低收入人群在生活、教育、卫生等方面的基本需求公平底线。这一理论为国家制定社会保障政策奠定了理论基础。"对此,景天魁自己却说:"作为一个研究者,最大的成就就是看到自己的研究成果能够确实被用于解决老百姓这些困难,使他们的生活状况能够得到改善。"这足以展现他崇高的学术理想和深厚的民生情怀。

大体来看,《底线公平:和谐社会的基础》是景天魁系统论述底线公平理论的一部重要著作,《底线公平福利模式》(2013)是他继而基于底线公平的理论和原则,对十多年来社会福利和社会建设领域实践模式的探索与创新。正如前文所述,该模式具有独特的价值理念、基本原则、突出特点和实践意义,它为催生我国体现公平与发展相均衡的制度机制提供了深刻的理论启发。

(三) 为我国社会保障事业的改革与发展提供决策参考

20世纪90年代,随着改革开放的深入推进,景天魁就已意识到研究"如何在中国具体国情条件下实现现代化"是一个亟待解决的问题。②为此,他一手创办了中国社会科学院社会学研究所社会政策研究中心(后来升格为中国社会科学院社会政策研究中心),并一再

---

① 李炜:《兼容贯通——景天魁的学术思想》,《高校理论战线》2007年第10期。
② 任仲林、吴晓向:《与中国社会同行——记中国社会科学院学部委员景天魁》,《工人日报》2007年5月28日。

提倡学术与实验并举。多年以来，为了寻找解决民生问题的办法和出路，他尽可能地抓住各种机会参与社会实践，以形成并验证自己的研究成果。

2000年以来，景天魁多年致力于呼吁建立城乡统一的最低生活保障制度，并认为这是实现城乡统筹的"现成的着手处"[①]。在全国政协的会议、国家"十一五"规划专家委员会的讨论、中央马克思主义理论研究与建设工程的大会发言以及其他学术讨论和讲座等各种公开场合，他曾多次呼吁和提倡要基于城市最低生活保障制度而在农村也建立最低生活保障制度。

从2004年起，景天魁进一步关注农村困难群众的基本生活保障问题，并就民生问题进行了多次调查和深入研究。在第十届全国政协社会和法制委员会的大力推动下，"2007年7月国务院正式发布《国务院关于在全国建立农村最低生活保障制度的通知》，农村最低生活保障制度在全国范围内建立，农村贫困人口与城市贫困人口一样，基本生活得到保障，成为党和政府改善民生的一大德政"[②]。作为该委员会的一名委员，景天魁曾多次为加快建立我国农村最低生活保障制度建言献策。2007年中央电视台在报道中称底线公平理论"为国家制定社会保障政策奠定了理论基础"。

在2008年全国"两会"期间，景天魁指出解决我国收入分配问题已经进入了从源头上解决问题的制度建设阶段。他认为，"在收入分配问题上，人民群众并不是只想得到一点恩惠，而是想要进一步建设一个合理、公正的社会"。因此，他主张在增加对中低收入者特别是困难群体补贴和保障的同时，改变政府的财政支出结构、建立民生财政、优化社会支出在公共支出中的比例。[③]

[①] 除在一些会议上的发言外，正式发表的文字参见《城乡统筹的社会保障：思路与对策》（《思想战线》2004年第1期）、《底线公平与社会保障的柔性调节》一文所提政策建议（《社会学研究》2004年第6期）。

[②] 2007年12月底，第十届全国政协社会和法制委员会第六次全体会议通过的五年工作总结，关于"建立农村最低生活保障制度"的专题调研作了以上表述。

[③] 景天魁：《解决收入分配问题进入新阶段》，《文汇报》2008年3月19日，第4版（两会专刊）。

基于我国劳动者特别是农民工和农业劳动者收入水平偏低、在二次分配中政府与居民在收入和消费上反差过大两个事实,景天魁提出解决收入分配问题的重点在于把握好两条"底线":一条是以最低工资标准为主的一次分配底线,另一条是以最低生活保障金为主的包括最低医疗救助、最低养老金标准、最低助学金标准等在内的二次分配底线。他认为,把握好两条"底线"可以用最小的成本,收到最明显的促进社会公平、缓解社会矛盾的效果。[1] 他指出,"多年的实践证明,以底线公平为原则,目标群体明确,需求水平有限,对象范围可控,并未对财政造成巨大负担,却收到了有助于社会发展和社会稳定的明显效果"。[2]

2012年5月,时任广东省委书记汪洋同志在该省第十一次党代会开幕式所做的工作报告中强调:"建设幸福广东,必须强化制度保障。要以规则公平、机会公平、底线公平为导向,加强社会领域基础性制度建设。"[3] 这是以一个省委重要文件的形式首次明确"底线公平为导向"。由于景天魁是"底线公平"概念的提出者,因此《广州日报》的记者在开幕式后就向他致电。令他感到欣喜的是,"基础性制度建设"的提法不仅区分了"基础性制度"与"非基础性制度",而且意味着在同一项制度中也可以有基础性部分和非基础性部分之分。对"底线公平"这一"导向"的确立,也"正是底线公平理论在社会建设中最想强调的重点"[4]。同年,"底线公平社会保障体系"还被写进浙江省有关政府部门文件。

2012年8月7日,《中国社会科学院要报·思想理论动态》第54期上刊发《"底线公平"福利模式是我国可持续发展的基础》一文。文章指出,能否选择一种适合国情的福利模式意义重大,而"底线公

---

[1] 景天魁:《解决收入分配问题要把握好两条底线》,2008年7月3日在全国政协的发言。

[2] 同上。

[3] 汪洋:《坚持社会主义市场经济的改革方向 加快转型升级 建设幸福广东》,《南方日报》2012年5月16日。

[4] 景天魁:《底线公平理论与民生建设研究》(代序言),载《底线公平福利模式》,中国社会科学出版社2013年版,第17页。

平"福利模式恰可支撑中国经济社会可持续发展。该文报送后被中办调研室等上级部门调阅反馈,并为中央决策发挥了重要的参考咨询作用。另外,依据现阶段我国存在巨大城乡差距、地区差距、收入差距的基本国情、社情,景天魁提出底线公平方案可能是最积极稳妥、切实可行的方案。[1] 这为从根本上解决制度碎片化问题提供了有启发意义的思路和有参考价值的建议。

总之,景天魁创立的"底线公平理论"的主要贡献在于,既为我国民生问题研究奠定了公平正义的价值理念基础,也为我国和谐社会建设开拓了理论视域并创新了研究方法,更为我国社会保障事业的改革与发展提供了重要决策参考。习近平总书记于2016年5月18日在哲学社会科学工作座谈会上的讲话中强调:"要按照立足中国、借鉴国外,挖掘历史、把握当代,关怀人类、面向未来的思路,着力构建中国特色哲学社会科学,在指导思想、学科体系、学术体系、话语体系等方面充分体现中国特色、中国风格、中国气派。"而景天魁提出的"底线公平"概念、理论、原则、制度、机制和模式等正是一个有价值的探索和尝试。2017年12月,中共十九大报告指出我国社会主要矛盾发生转化,中国特色社会主义已经进入新时代,这要求哲学社会科学工作者应当有新作为。我们也应看到,"底线公平论"固然有其一定的地域适用性和历史局限性,但是立足于新的历史方位,它更有与时俱进的理论品格与革故鼎新的发展空间。这一理论的普遍意义和恒久价值,也尚待后来的研究者继续探寻、质疑、讨论和检验。

最后,谨以景天魁的一句话作为结语,并与学界同仁共勉:"我个人虽然平凡,但适逢伟大的时代;学识虽然浅陋,但我乐意为这个时代提出的课题奉献自己的一切。"[2]

(本文合作者:梅哲、黄佳豪、杨向前、张志英)

---

[1] 景天魁:《用底线公平来推动社会保障的"制度整合"》,《中国经济导报》2013年8月17日第B01版。
[2] 新华社记者刘奕湛:《社会和谐发展的探索者——景天魁》(新华社北京2007年5月27日电);吴志菲:《景天魁:探索社会和谐的奥秘》,《人才开发》2011年第8期。

普遍整合·福利中道
——景天魁的福利社会学研究

杨建海[*]

一 《景天魁文集》第七卷的研究背景与写作过程

《景天魁文集》第七卷收录了景天魁关于福利社会学以及相关问题的研究成果。从 1996 年开始以思考符合中国国情的社会保障制度体系为起点，景天魁一直在探索具有中国特色社会保障制度的价值理念问题。2004 年正式提出"底线公平"概念之后，他以"底线公平"为价值理念，尝试构建了"普遍整合福利体系"的理论体系和制度框架，并进而提出了建设"中国特色福利社会"的构想。这一时期的逻辑思路是：以"底线公平"的价值理念，用"普遍整合"的社会保障政策设计，建立有"中国特色"的福利社会。

一个学科的兴起，总要得到社会实践的推动，或者说是对社会需要的一种回应。中国经过多年的改革开放，经济上取得巨大成就，但在社会民生领域却存在重大问题，这些都需要社会学者予以解答甚至是（给出）解决（方案）。所以，十多年前就有社会学者提出，中国已经从"经济政策的时代"进入"社会政策的时代"。而景天魁认为，站在经济社会协调发展的角度，讲从"经济政策时代"到"社会政策时代"的转变的确有些道理，但是他隐约觉得"社会政策时

---

[*] 杨建海，北京工商大学副教授。

代"这种提法太过宽泛，想表达的重点也不很明确。于是，景天魁提出了自己的观点：中国已经走向"社会福利时代"。尽管他也认为这个提法"不大可能特别准确，也不大可能特别全面"，但是"社会福利时代"这个提法，明确地表达了社会追求的目标和价值，也表达了当前社会政策的重点。

作为对福利理解的一个误区，改革开放以前人们基本上避谈福利，好像谈福利就是讲享受。改革开放以后也很少谈及福利，好像谈福利就有影响经济发展之嫌。2009年在《福利社会学》一书的前言中，景天魁认为应该从过去那种忌谈福利、避谈福利、少谈福利的状况，走向视福利为权利、为责任、为基本要求、为发展目的这样一种新认识、新境界。但是，我们这个人口众多、社会差距大、人均收入水平偏低的发展中国家，福利从何谈起却是需要深入思考的问题。景天魁在总结以往经验教训的基础上，认为社会保障制度存在问题的根本原因是没有弄清楚政府与市场、基础与非基础、权利与义务的关系，也就是说没有找到国家与社会乃至个人的责任底线。因此，他开始了对"底线公平"理念的探索。

早在1996年，景天魁在主持"中国社会保障体系研究"的课题时，就已经开始思考底线公平的问题。经过4年的研究，他在《基础整合的社会保障体系》一书中指出，在中国建设社会保障也好，建设社会福利也好，必须在基础、基本层面，面向老百姓最基本的需求来解决问题。但是，他认为这种提法还是未能精练地回答建设中国社会福利制度的基本理论问题。

2002年应邀到吉林大学演讲中国社会保障的理念问题，他才逐步意识到要从社会保障最根本的社会功能出发考虑这个基本理论问题，也就是"在中国怎么实现社会公正，才可能怎么实现社会福利"。他当时提出要"守住底线"这一基本概念，已经触及了这个问题的根本。

到2004年在第36届国际社会学大会上景天魁发表题为"论底线公平"的演讲，正式提出了"底线公平"的概念，并把演讲的基本内容摘要发表在《光明日报》2004年8月10日的学术版。此后，以

2009年出版的《底线公平：和谐社会的基础》为代表，景天魁不断阐述和解释"底线公平"这一概念，并呼吁要按照"底线公平"的原则建设中国的福利制度。

在"底线公平"价值理念的指引下，景天魁开始分析进入21世纪以来的中国社会福利政策。他认为，经过不断加大社会福利投入，增设社会福利项目，扩大社会福利范围，提高社会福利水平，一个覆盖城乡居民的多层次、多机制、多样化的福利制度框架基本形成。与此同时，却也产生了制度分设、城乡分割、资源分散及管理分离等"碎片化"问题。因此，如何在普遍性福利的基础上实现社会福利的制度整合和体系整合，事关社会福利的公平、公正和可持续发展，这成为我国社会福利建设中亟待解决的重大理论和实践问题。

于是，依托国家社会科学基金重大招标项目"普遍型社会福利体系的基础和设计研究"，景天魁又提炼出了"普遍整合福利体系"概念。在2014年出版的《普遍整合的福利体系》一书中，提出了普遍整合社会福利的制度框架和政策建议，认为依靠福利项目不断扩大而形成的"普惠型"或"适度普惠型"福利，仅仅是社会福利覆盖范围的扩展，而不是完整意义上的社会福利体系，还需要在制度整合上下功夫，形成"大福利"框架，将所有的社会成员都纳入社会福利体系之中。

进而，景天魁接着思考如何建设中国特色的福利社会问题。他认为出于中国的国情，虽不能建设像欧洲那样的"福利国家"，但依照中国人的智慧，完全可以找到一条通向中国特色福利社会的道路，而这条道路就是"按照底线公平理论建设中国特色福利社会"。有关这方面的理论观点主要形成于2007—2016年。其中，对中国特色福利社会的蓝图构想，是在2009年4月19日国家图书馆"文津讲堂"的演讲中给出初步描述，而底线公平和福利社会的关系问题则是在2011年论证的，而后在2016年出版的《建设中国特色福利社会》里，系统地阐释了中国特色福利社会的基本概念、模式选择和体系建设，至此形成了中国特色福利社会理论体系，为党和国家在未来建设社会福利制度提供了决策的理论依据和政策工具。

二 《景天魁文集》第七卷的
核心思想和内在逻辑

在本卷，景天魁从研究福利社会学的源起和演变入手，重新定义了福利社会学并提出了当代福利社会学研究的主题。在此基础上，提出并系统阐释了"底线公平"理论，并以其为分析工具，构筑了底线公平福利社会和普遍整合的福利体系框架，最终提出了建设中国特色福利社会的构想。

（一）福利社会学

1. 传统福利社会学的产生

福利社会学的出现是现代社会发展的必然产物，是工业化、城市化的客观需要和必然结果。如果没有工业化、城市化，就不大可能有现代社会福利制度。因为工业化会造成像失业这样的社会问题，也会造成失业群体基本生活的困难，而这些困难是工业化背景下的家庭所无法应对的。所以，就需要社会来创造和提供应对社会风险的条件。这样一来，也就出现了福利供给责任开始从家庭承担向社会承担的转变，这应该是现代社会的一种必然现象。不论是否出现福利社会学，社会福利本身都要出现，而且都要从家庭福利转向社会福利。

但是，景天魁认为社会福利不仅仅是工业化和城市化的产物，还是政治和意识形态领域斗争的产物。否则，就既难以解释铁血首相俾斯麦为什么会去推动建立社会保险制度，也难以解释一些大资本家集团为什么会给劳动者提供失业保险，等等。其中蕴含着必然性，这个必然性也就是不同的政治力量对于社会转型的一个回应。现代福利制度经过一百多年的发展，已经日趋成熟了，各个国家已经形成基本的福利共识了，认为福利本身不是国家或政府对老百姓的一种恩赐，而是公民的一种基本权利，而且政府也承认这是一个不可推卸的责任。

2. 当代福利社会学的兴起

社会学总是与不同时代社会发展的主题紧密地联系在一起的。随着社会发展主题的变化，社会学的某些领域以及相应的分支学科就会受到重视。随着当今社会发展的时代主题的变化，特别是我国改革开放以来，经济快速发展，城乡差距、地区差距进一步拉大，中国迫切需要处理效率与公平问题，民生问题的解决迫在眉睫，这使社会福利越来越成为人们关注的重要现实问题，以研究社会福利为对象的福利社会学的地位得到凸显。正如在城市化、工业化过程中像城市社会学、工业社会学就会有很大的发展，可以获得很大的来自实践的推动力一样，随着当今社会时代主题的变化，社会学的相应领域也应得到重视。这意味着当今时代福利社会学也应该兴起了，也应该获得它应有的地位。

在《福利社会学》前言中谈到当今福利社会学的兴起时，景天魁指出，与传统福利社会学兴起的背景和意义有所不同，它不仅仅是工业化、城市化要求发展社会福利，关键是在当前和今后全球化时代的新社会风险，对于社会福利提出了更高的要求。首先，社会福利已经超出了国家范围，变成了全球性的共同问题，比如全球变暖、艾滋病传播和恐怖主义等。其次，全球不平等、穷国和富国的两极分化、不公正的国际政治经济秩序等，使得越来越多的人陷入生存危机。所以，必须针对全球性的不公平、不公正确立新的福利观念。再次，随着经济全球化、信息化的发展，人们的跨国流动的加剧，福利需求的满足越来越要求形成全球性的社会保障体系。最后，福利社会学的兴起，主要与中国、印度等发展中国家的发展过程相伴随，主要解决的不是先富国家的只占世界人口一小部分富人的问题，而是要解决占世界人口大多数的发展中国家人民的福利问题。所以，必须树立新的福利社会学发展理念，社会政策要一改过去只是作为经济政策的陪衬和附庸，转变为充分发挥社会政策在经济转型过程中的调节和平衡作用，实现社会政策和经济政策良性互动发展。

3. 当代福利社会学的主题

福利社会学并不是就福利谈福利，它的研究主题或者说重点，与其说是研究福利本身，不如说是研究福利与社会的关系。正因为如此，景天魁主编的《福利社会学》把主要笔墨放在社会福利与社会群体、社会福利与社会组织、社会福利与社会这些关系问题上。与此同时，景天魁也不是把福利研究当作社会政策研究的一部分，而是作为社会学的一个分支学科。在这个意义上，它在国内是第一本，特别对本书所体现的自觉性和系统性而言，就更是如此。

在这种情况下，如何解决福利和社会之间的关系，成为景天魁研究福利社会学的主题。简而言之，它的目的、目标既不是寻求福利至上的福利最大化，也不是走向发展主义的发展压倒一切，而是要找到社会福利和发展之间的均衡点，使它们能够成为相互协调、相互促进的关系，而不是强调了这个就危害了那个，更不是非此即彼的互相排斥关系。

这就意味着，正如景天魁在《福利社会学》前言所指出的，服务于中国特色社会主义福利社会建设的福利社会学，其研究主题应该有所转变。它既不是片面地研究怎样追求福利最大化，也不是研究怎样做到福利最小化；既不是孤立地研究怎样增进福利，也不是研究怎样降低福利；而是在整体上，即社会、经济、政治、文化、生态相互关联和统一的基础上，着重研究福利与社会的关系，探讨它们实现协调和均衡的机理，将福利发展真正建立在科学的基础之上。

（二）底线公平

底线公平理论是景天魁福利社会学的核心，它既是解决中国社会福利问题的基本原则，也是构建普遍整合福利体系和建设中国特色福利社会的基础理论。从1996年开始思考要用什么样的价值理念指导中国社会福利制度建设，到2004年正式提出底线公平的概念，再到普遍整合福利体系的提出以及后来的中国特色福利社会构想，20多年来景天魁始终在探索、实践和发展底线公平理论。

1. 底线公平的基本原则

为防止有可能出现的误解，景天魁多次在著作中强调，底线公平不是说的低水平的公平、低水平的保障。尽管"底线"和"低水平"容易混淆，但它们的含义大相径庭。保障水平高低，主要是由经济水平决定的。而"底线"讲的是政府和市场、政府和社会、政府和个人的关系里面的责任底线、制度底线、政策底线、道德底线。因此，底线公平的含义不是就福利水平、保障水平而言的，更不是就公平的程度而言的，而是政府不可含糊、必须坚持的界限，在社会福利、社会保障问题上主要是指政府责任的底线。

在对底线阐释的基础上，景天魁给出了底线公平的具体原则：第一是全民共享原则。就是实施"大福利"政策，把过去专门针对贫困户、残疾人等特殊群体的福利供给扩展到全民，同时供给内容包括健康、教育、养老等民生的基本需求。第二是弱者优先原则。因为社会保障、社会福利制度的根本职能是应对社会风险特别是基本生活方面的风险，而往往容易陷入生活风险的是那些弱势群体，因此弱者优先对福利制度而言是不言而喻的。第三是政府首责。政府的权利是人民赋予的，那么保障人民的基本生活就是政府的应有之义。再者作为唯一具有依法强制力的行政机构，面对老百姓的生活困难，政府更应是责无旁贷。第四是社会补偿原则。社会补偿的基本原理是占有和使用资源和机会的一方，要给没有占有和使用资源和机会的一方适当的补偿，这既是经济效益的最大化，也是社会公正的体现，所以在实施社会保障和社会福利时，要给予市场竞争中处于弱势地位的群体一定的补偿。第五是持久效应原则。社会保障和社会福利具有刚性的属性，如果不能持续，就会失信于民，所以在制定相关政策时既要考虑眼前的社会效益，也要顾及长远的经济能力。

2. 底线公平的理论实质

根据上述底线公平的基本原则，底线公平实质上是社会政策的性质与取向。在公民权利的意义上，它界定的是基本的、必须保障的无差别的权利，与非基本的、可以灵活对待的、有差别的权利的界限；在制度和机制的意义上，它界定的是刚性和柔性（制度和机制）之间的界限。因此，所谓底线公平，并不意味着公平程度"低"，保障水平也不一定是"低"，高低的问题是由其他一些因素决定的，其中经济发展水平起到决定性作用。"底线"是指所有社会成员在满足基本需要上的权利一致性。例如社会保障所关涉的三个"基本需要"：生存需要、健康需要和发展需要。通俗地说，就是吃饭、看病和上学

（接受教育），可以说这三个基本需要或者说基本权利是政府必须承担的起码责任，除此之外，政府则可以根据权利义务差别对待。从这个意义上来说，"底线"并不代表社会保障或社会福利的全部内容，它只是一个责任界限。

由此可见，底线公平理论不是低水平保障，也不能归结为"穷人社会学"。正是基于此，景天魁对底线公平理论的实质概括为：第一，只有满足穷人的利益，才能真正满足富人的利益；第二，底线公平比一般公平更有利于实现社会公平；第三，以增进普遍福利为目的的发展，比单纯的经济增长更有利于经济的健康和持续的发展；第四，全民共富比一部分人富裕更能够真正实现富裕中国。

3. 底线公平的制度结构

从底线公平的原则和实质可以看出，景天魁提出"底线公平"的原因，就是试图梳理清楚政府与市场、权利与义务、基础与非基础这三对关系的逻辑。循此思路，景天魁提出三项基本需要或权利，应该是政府必须承担的责任，并以此衡量上述三对关系的实现。这三项基本权利是最低生活保障、义务教育和基本公共医疗卫生。正如景天魁所言："这些事情政府哪怕砸锅卖铁都要保，都必须要做"，并称之为"权利一致性的底线福利制度"。也就是说，所有的人在这几件事情上都具有一致性的权利，这就是底线公平所体现的公平，也是无差别的公平，在此之外就是有差别的公平。

因此，对于一个存在明显的社会差距而又想实现社会和谐的社会而言，在以发展为第一要务的前提下要想取得经济发展与福利增进之间的平衡，就需要既能体现无差别的公平，也能体现有差别的公平，这样才是合适的制度设计，这也就是底线公平原则下的制度设计：第一，在制度设计上，区分了基础性部分和非基础性部分，底线公平的福利制度安排是这两种制度的整合，而不是一种单一的制度；第二，在机制设计上，区分了政府作用和市场机制的性质、界限和关系，限制了福利刚性，加进了柔性调节机制，从而可以做到福利水平与经济发展水平基本相适应；第三，在理念上，底线公平既包括无差别的公平，也包括有差别的公平，而不是一般的公平、绝对的公平和抽象的公平；第四，在体系上，底线公平的福利体系或福利社会，是与中国的经济、政治、文化模式相协调、相适应的制度体系。

4. 底线公平的调节机制

由于底线公平分清了政府与市场、权利与义务、基础与非基础的区别，那么底线公平作为一种原则对福利制度的调节也应该基于不同的性质给予不同的调节方式。由是，景天魁将"底线公平"对福利制度的调节机制表述为：

一是刚性调节机制。"刚性机制"强调政府在满足社会成员的底线福利需求时负有不可推卸和不能回避的"底线责任"和"首要责任"，这种责任既是一种政治责任，也是一种经济责任，更是一种道义责任。这一机制主要针对诸如最低生活保障、义务教育、基本医疗卫生等国民基本需要而言。

二是柔性调节机制。"柔性机制"强调非底线福利责任主体的多元化，充分发挥市场机制、慈善机制、互助机制、自助机制在非底线福利供给中的作用。比如，各种补充养老、补充医疗、高等教育等，多以政策激励或优惠来吸引民众参与。

三是刚柔相济机制。"刚性"与"柔性"相互结合，二者结合有三种基本形式，即"刚性主导型"、"柔性主导型"和"刚柔平衡型"。可以通过强制与自愿相结合、基础部分与非基础部分相结合，实现刚性与柔性相结合。比如基本养老和医疗保险中的社会统筹和个人账户部分，明显的是刚柔相济的调节方式。

当然，和任何理论都不可能完美一样，受时代和发展阶段的局限，底线公平理论也存在一些不足和值得进一步探讨的问题。一是底线公平理论的适用性可能存在局限。公允地说，对我国目前发展不均衡、不平衡的阶段而言，基于保障基本的底线公平理论的适用性是确凿无疑的，但是未来进一步发展、进一步富裕的中国，底线公平的理论土壤就可能削弱。二是底线公平理论可能还缺乏经验数据和量化指标的支撑。以基本医疗保险为例，到底政府和市场的责任边界在哪里，各自的出资比例多大为最优状态，这些都需要实证数据的研究。三是底线公平理论不易于宣传，不如幸福、普惠、绝对公平等那样具有口号上的吸引力，也容易引起群众的误解，这些都需要进一步推广、宣传才能使之成为中国社会福利制度的价值理念。

（三）普遍整合的福利体系

众所周知，经过几十年的发展探索和制度改革，我国的社会保障制度已经在2012年实现了制度意义上的全覆盖，基本上形成了应保尽保、惠及全民的社会保障体系。但在感慨取得巨大成就的同时，更应该清醒地认识到我国社会保障制度的实施效果不尽如人意。我国复杂的历史和社会经济原因，使我们在制度建设过程中造成的制度"碎片化"，由此导致制度的保障性、公平性和可持续性严重不足，未能充分发挥社会保障制度应有的保障、调节和激励功能。那么，需要构建一个什么样的社会保障或福利体系，才能保障这个存在职业区隔严重、各地发展程度差异巨大、阶层群体分化明显等问题，且仍处于社会主义初级阶段国家的民生问题呢？景天魁在《普遍整合的福利体系》中，对上述问题有针对性地给出了解答。

1. 医治福利碎片化需要对制度进行普遍整合

针对制度分设、城乡分割、资源分散以及管理分离等碎片化问题，景天魁从"广义福利"的概念出发，在总结福利体系建设的西方和东亚经验，梳理分析当前我国社会福利制度的特征及其存在问题的基础上，提出了普遍整合福利模式的概念。所谓普遍整合，就是社会福利的普遍性与整合性的有机结合，整合是普遍基础上的整合，普遍是实现了整合的普遍，两者缺一不可。其中，"普遍性"是整个社会福利体系的基础和前提，"整合性"是整个社会福利体系的核心和关键。"普遍性"体现在社会福利对象的全民性、社会福利内容的全面性、社会福利形式的综合性、福利提供主体的多元性和福利供给方式的多样性。"整合性"体现在社会福利管理机构的整合、社会福利制度体系的整合、社会福利政策体系的整合、社会福利信息系统的整合以及社会福利监督体系的整合等方面。

普遍整合是将普遍需求的基本福利和分割设置的福利制度整合起来。所谓普遍福利，类似于发达国家所使用的普惠福利概念，它以公民的基本权利为基础,强调公民基本福利需求的全面性,不仅包括教育、养老、医疗、救助等基本保障,还包含就业、收入、住房、社会服务等项目的保障。而建立在普遍福利基础之上的普遍整合福利体系,则是在保障公民基本福利权利的前提下,通过对社会福利的制度体系、管理机构、信息系统等进行整合,使碎片化的福利制度成为一个统一的福利体系。

2. 以三步走的方式论证普遍整合的福利体系

该书的体系架构由"模式构建"、"制度建设"和"民意基础"三部分组成。模式构建部分主要阐释了普遍整合福利体系的理论基础,以此为基准指出了普遍整合福利体系的基本特征,进而阐述了普遍整合福利体系的制度结构和运行机制。制度结构包括体现公平的底线福利、促进效率的非底线福利和二者兼顾的跨底线福利;制度建设部分偏重于实践操作,主要探讨福利制度如何实现普遍整合的问题,著者从制度设计,实现条件、路径和步骤等方面,对养老、医疗、救助、教育、就业、收入保障等项目进行了制度整合的设计;而民意基础部分则是在对各阶层民众分层抽样调查的基础上,总结了民众对各项福利制度进行普遍整合的态度、愿望及建议。

从逻辑结构来看,这种分层推进的架构安排使各部分相得益彰,而又在环环紧扣中层层递进。总结西方普遍主义福利国家发展经验和东亚福利制度整合实践,意在为建设普遍整合的社会福利体系找到可资借鉴的思想资源;反思我国社会福利制度的发展历程及其存在的问题,是为了说明我国建设普遍整合社会福利体系的必要性;阐释普遍整合福利体系赖以建立的科学基础,主要说明建设普遍整合福利体系的可行性;调查社会各阶层对普遍整合福利体系建设的意见、建议和要求,是为了明确建设普遍整合福利体系的民意基础。

3. 底线公平是社会福利体系建设的理论基础

景天魁在2004年正式提出底线公平概念之后,多次论证底线公平是我国建设社会保障制度的理论基础,并进而于2009年以专著的形式系统阐释了底线公平理论。底线公平理论的提出,一是基于对抽象公平理论的反思而提出的具体理念,二是为破解我国社会保障制度的难题而探索的新机制。所谓底线公平是强调对人的基本需求的满足和保障。因为温饱需求、教育需求和医疗保障需求三种基本需求是社会公认的底线，在福利需求上具有普遍的一致性，可以说是社会成员福利需求的"最大公约数"。但是，我国目前的社会保障制度安排明显具有碎片化、职业区隔甚至是特权化的特征，这种制度安排显然违背了底线公平原则，在缺少社会公平正义的同时也降低了社会保障应有的制度效益。造成这种后果的根本原因，正如景天魁所指出的，主要是在制度设计上，既没有充分考虑我国的社会经济特点和结构性特征，也缺乏具体适用的理论基础。

以城乡居民养老保险制度为例，目前分档次缴纳养老保险费，并采取个人账户式基金积累的模式，是典型的工业化思维，而工业化思维对应的是社会保险制度，大家知道社会保险制度是以就业为基础的。实际情况是，参加城乡居民养老保险的人员基本处于未就业或半就业状态，多数不是从事正规的职业。按照这种逻辑分析，当前的这一养老保险制度显然与其参保对象大多从事非正规就业的国情不相适应。如果这种保障模式不作调整，可以预见的是，在未来的二三十年，当前的制度也会和当初的"老农保"一样，沦为鸡肋。因此，对类似制度安排进行调整势在必行，而调整需要有一种适合中国国情的理论基础和一套可行的制度设计方案。

正是基于对我国福利制度实践的分析，景天魁认为解决我国社会保障面临的诸多制度性难题，普遍整合的福利体系是一套可行的方案。因为以底线公平为基础的普遍整合福利体系，一方面提出了一种本土化的理论体系，它为整合我国碎片化的福利制度提供具体的理论指导；另一方面是在制度安排上，普遍整合的福利体系既能满足社会成员普遍性的福利保障，又能满足社会成员的差异性福利需求，从而提供了一个适应国情、适合人情（适度水平）、适应社情（社会结构）的制度设计。所以这种在普遍基础上进行整合的社会福利体系，对医治当前碎片化的福利体系，保障国民的多层次福利需要，并对缩小贫富差距、增加社会认同、实现社会和谐，最终实现社会的公平正义想必是一剂良药。

（四）中国特色的福利社会

在 2009 年国家图书馆举办的"文津讲坛"上，景天魁大致勾勒了中国特色福利社会的体系框架。他从"大福利"的概念出发，引出了中国特色福利社会的基本原则、制度特征和实施步骤。所谓"大福利"，它与专门面对特殊群体的"小福利"有所不同，是面向所有社会成员的多方面福利需求，其中包括就业保障、生活保障、安全保障、养老福利、健康福利、教育福利、住房福利等。为解决如此全面的福利需求，景天魁提出中国特色福利社会的基本原则应坚持：保障对象以弱者优先，保障次序以紧迫为先，保障机制上刚性满足基本需求，保障水平上分类差别对待，并为此提出了中国特色福利社会应该具有适度、适当、适用的目标特征，最后在保障体面生活、实现满意生活、追求幸福生活的道路上逐步推进。

1. 概念、目的和意义

随着中国社会保障制度的逐步完善，一些学者开始提出建设中国特色福利社会的问题。在众多学术思想资源中，景天魁较为系统地梳理了中国特色福利社会的理论体系，并结合我国悠久的思想资源、对社会建设目标长期探索的理论成果、从事的小康社会与和谐社会建设的丰富经验，形成了中国特色福利社会的定义：中国特色福利社会，是全体人民都能够各尽所能，都对社会作出自己的贡献，同时能够公平地享有社会福利，合理地分享经济和社会发展成果，经过全体人民的不懈努力，逐步实现"幼有所育、学有所教、劳有所得、病有所医、老有所养、住有所居、弱有所扶"等民生目标的社会。它的特点是普惠性福利与工作福利相结合、权利与义务相结合、无差别的公平与有差别的公平相结合。从以上定义可以看出，中国特色福利社会是对我国几十年来进行民生建设的总结和发展，是对新时代民生建设的指导和探索。

关于建设中国特色福利社会的目的，景天魁在谈及为何要提出建设中国特色福利社会问题时指出，一是对普遍福利时代来临的理论回应，二是实现民生社会建设目标的保障。自 2003 年在农村地区推广建立新型合作医疗制度以来，我国的社会保障制度建设开始跨越城乡二元分隔这道高墙，迈出了从特殊福利到普遍福利的具有开创性的一步。而后，随着社会保障覆盖面快速扩大，民生建设步伐开始跨过地域、跨过行业进入惠及全国人民、普遍福利的时代。在这一背景下，学术界展开了对于中国社会建设目标的讨论。可以说中国特色福利社会也是对于中国进入普遍福利时代的理论回应之一。与此同时，中国提出民生社会建设的目标，就需要论证社会建设的目标是要建设一个什么样的社会？什么样的民生建设才是符合中国国情和中国特色的制度目标？这都需要一系列价值理念和制度体系来支撑，所以中国特色福利社会研究也就应运而生。

正如景天魁在《建设中国特色福利社会》开篇所指出的，"中国特色福利社会"是"中国梦"的民生内涵，也是"中国梦"的社会表达和政策落脚点。所以，建设中国特色福利社会具有重大意义。一是从社会福利发展的普遍规律看，建设中国特色福利社会是实现社会福利现代化的必然趋势；二是从一些国家经历"中等收入陷阱"的教训看，建设中国特色福利社会是中国超越"中等收入陷阱"的必由之路；三是从中国特色社会主义事业的总体布局看，建设中国特色福利社会是中国特色社会主义社会建设的长远目标；四是从缩小贫富差距、实现共同富裕来看，建设中国特色福利社会是坚持社会主义本质的根本要求。

2. 福利模式选择

既然选择了建设具有中国特色的福利社会，那么就面临具体福利模式选择的问题。然而，尽管世界上有多种福利模式可供借鉴，但福利模式的选择远不是那么简单的事情，因为任何一种福利模式都牵涉经济、政治、社会、文化等诸多因素。景天魁指出要做到与经济条件相适合、与政治制度相适应、与文化特点相适宜、与社会和心理状况相适当，就必须确定恰当的标准、可行的路径、正确的方针和政策，这些都需要有所创新。因此，景天魁认为选择中国的社会福利模式，不是将重点直接放在福利模式本身，而是重点研究影响福利模式选择的制约因素；不是脱离这些影响因素抽象谈论福利模式的优劣，而是追求福利模式与这些制约因素相适应、适合、适宜和适当。

影响福利模式选择的制约因素很多,景天魁认为不可能做到面面俱到,所以只选取几个重点约束因素:一是社情和人情,二是经济和社会风险,三是文化传统。对于基本的社情和人情,景天魁认为我国还存在收入低、城乡差距大、城市化落后于工业化等特点,并且还有福利供给严重错位、脱节等现象,比如福利需求主要集中在农村,但供给主要集中在城市等问题。对于经济风险,景天魁从吸取最近两次全球性金融危机的教训出发,提出了"大福利构想",旨在建立一个相对独立于经济体系的社会体系,以实现社会体系的自稳定、自协调机制,抵御金融危机为社会福利带来的冲击。在文化传统方面,景天魁认为中国的福利思想源远流长并且种类多样,从大同社会理想到历代的救灾救济思想和实践,无不构成了建设中国特色福利社会的思想源泉。

在这些约束因素的基础上,景天魁认为一个好的福利模式要能保持四个基本均衡:经济发展与福利支出的均衡,福利支出中的基础部分与非基础部分的均衡,福利机制中的刚性与柔性的均衡,福利责任结构中的政府与市场、家庭、个人之间的均衡。而什么样的福利模式才能实现以上四个均衡?景天魁的答案是以底线公平为原则的福利制度。

这是因为上述四个特点及其基本含义,与"底线公平"理论非常契合:就社会福利的公平性来说,底线公平的实质是重点保障大多数人的利益,优先满足基本需要,重在雪中送炭,而非锦上添花;就社会福利的有效性来说,占人口大多数的中低收入者的基本需要属于弹性小的福利需求,这部分需求必须得到满足;就社会福利的合理性来说,像中国这样的发展中的人口大国,福利需求总量远远大于福利供给能力,政府的福利责任必须既是明确的,又是有限的。既然底线公平可以实现社会福利的公平、有效、合理,那么底线公平理应成为福利模式可靠的理念基础。

具体而言,以底线公平为原则的中国特色福利社会包括:体现权利一致性的底线福利制度,反映的是无差别的公平理念,主要包括最低生活保障制度、公共卫生和基本医疗制度、义务教育制度和公共福利服务等；体现需要差异性的非底线福利制度，反映的是社会福利的效率理念，主要包括各种形式的"个人账户"制度、完全积累制度和商业保险制度等；兼顾权利一致性和差异性的跨底线福利制度，反映的是公平和效率的协调统一，包括医疗保险制度、养老保险制度、失业保险制度，以及社会互助、社会服务制度等。

3. 底线公平福利模式的预期效果

第一，能够以较少的成本获得较大的福利。底线公平理论不是只建立几个类似最低生活保障那样的制度，也不是主张只维持低水平的公平，而是按照底线公平的模式和道路，建立合理的责任结构，实现需求和供给的均衡调节，从而真正实现全面的、高水平的公平。

第二，可以最大限度地防止福利依赖，在促进社会公平的同时保持社会活力。一是在工作福利方面，要坚持凡是有劳动能力的人必须以参加劳动作为取得享受福利的条件。二是缴费与享受适当挂钩，即凡是有缴费能力的人，必须以缴费为享受福利的条件。三是保障基本生活。对无劳动能力、无缴费能力的人，要举政府和社会之力，保障其基本生活需要得到满足。对于非基本需要部分，要运用柔性调节机制，在承认差别的情况下区别对待。

第三，可以促进实现经济发展与社会公平的均衡。一是供需均衡。在这里不是片面地以需定供，而是在充分调动各种社会资源的前提下，量入为出。二是央地均衡。要中央与地方按比例分担财政责任，避免了福利过度依赖中央或地方。三是权责均衡。不要轻易制定全面免费制度，尽可能地实行权利与义务相结合。

第四，底线公平福利模式有助于加强社会的基础建设。当人们都能够各得其所，相对公平地获得各种福利待遇时，自然就会大幅度地增强全社会的认同感、归属感和幸福感。

（五）福利中道论

纵观景天魁关于福利社会的论述可以看出，中国特色社会主义的福利社会，不同于福利国家的"高福利"制度。第一，它不追求所谓"福利最大化",不片面强调福利水平,而是从中国的具体国情出发,既保持经济发展的强大活力,又让广大人民普遍从经济发展中获益,及时提高生活品质,提升生活满意度和幸福感;第二,它不追求绝对平等和抽象公平,而是追求底线公平,即在追求基本公共福利和公共服务均等化的同时,承认个人、群体和阶层之间按照贡献等合法因素的不同,而导致的合理的、适度的福利差别,目的是激励每个人积极性、创造力的充分发挥,并视此为保持社会健康永续发展的前提;第三,它不追求片面的、不计长远后果的经济增长,而是坚持经济、政治、文化和社会的协调发展,维持生态平衡,通过提倡健康的、体现中国文化特点的生活方式,实现人与自然的和谐。

从这些中国特色福利社会的特性和特征来看,中国特色福利社会的目标是在实现福利普遍化的同时,追求福利的适宜化和科学化。梳理其价值理念的来源,它既吸取了西方福利发展的经验,又延续了中国福利观念的传统。在思想观念方面,有来自中国传统的观念,如仁爱、互助、救济等,也有来自外来的观念,如权力、制度、责任等。在制度的影响因素方面,有中国自己的特色,如政绩、责任、差序等;也有经济的因素如负担、动力、供给等,政治的因素如恩赐、政绩、权力等,和文化的因素如幸福、心态、义务等。可以说,这是在中西古今的反复激荡、冲突、吸收、融合中创造出来的社会福利理念。因此,景天魁借用中国传统的"中庸"思想,把这种既延续了中国福利观念的传统,又吸取了西方福利发展的经验,并且适合中国现实国情的福利理论称为"福利中道论"。

"中道"就是"中庸之道",主张顾及两端,而不走极端;允执其中,而协调各方;追求均衡,而保持各自优势。所以"福利中道论"的实质就是福利性质上的两面性(虽然福利的提供可以是无偿的,但福利的来源不是无偿的,它是劳动创造的产物),福利作用上的兼顾性(既要公平也要效率),福利影响上的双向性(福利既影响经济,经济也影响福利)。这是因为中国传统思维不是非此即彼,而是亦此亦彼;不是二元对立,而是多元包容;不是走极端,而是兼顾两端,允执其中。比如福利是好的制度,但是福利水平超出了经济承受能力，反而会成为消极的制度，因为过高的福利会降低社会活力，影响经济发展等。因此，鉴于社会福利的两面性，社会福利与经济发展之间影响的双向性，坚守福利中道就是坚守经济发展与福利增进之间的均衡，坚守福利体系内部及其与各种外部条件之间的均衡，通过协调达到均衡，均衡状态的福利才是适当的福利，才是中国特色的福利之道。

还需说明的是，"福利中道"和"底线公平"理论有相类似之处，它不是讲福利的水平问题，也不是说在福利上要坚持中等水平，而是指福利与其他制度的"关系"问题，它是对政府与市场、个人与社会、公平与效率等基本关系的一种理解，也就是在处理有关社会福利的各种关系时，不能走极端，要在经济与福利、劳动与福利、公平与效率之间求得均衡、协调、适当。

如果说，底线公平理论是社会政策层面的理论，那么，福利中道论则是福利社会学层面的理论。后者并不是对前者的替代，更不是对前者的否定，而是以前者为基础，是对前者基本原则的坚持、扩展和提升。因此，后者更具学理性——更关注从社会福利与社会群体、社会福利与社会组织、社会福利与社会发展这些关系角度考察社会福利本身的性质、作用和功能，从社会福利与经济、政治、文化与社会的关系中寻求实质性的均衡。

三　学术价值和社会影响

2004年8月10日，景天魁在《光明日报》发表《论底线公平》一文，正式开启了对底线公平及以其为理论基础的福利社会的探索之旅。至今，已经出版和发表了大量相关专著和学术论文，根据中国知网的搜索结果，下载率和被引用率都非常之高，说明底线公平理论的提出及其对中国福利社会的阐释和构建，引起了较大的共鸣和响应，在引起学界关注和跟踪研究的同时，相关政策领域也逐步接受了底线公平理论和底线公平的福利社会体系框架。

就其发表的学术论文而言，截至2019年底，具体的下载和被引用量如下：《社会福利发展路径：从制度覆盖到体系整合》，下载948次，被引用24次；《底线公平概念和指标体系——关于社会保障基础理论的探讨》，下载1477次，被引用57次；《民生建设的"中国梦"：中国特色福利社会》，下载779次，被引用14次；《社情人情与福利模式——对中国大陆社会福利模式探索历程的反思》，下载715次，被引用18次；《论底线公平福利模式》，下载1462次，被引用77次；《底线公平：公平与发展相均衡的福利基点》，下载445次，被引用13次；《应对金融危机的"大福利构想"》，下载374次，被引用10次；《从小福利迈向大福利：中国特色福利制度的新阶段》，下载1808次，被引用101次；《建设中国特色福利社会的意义》，下载735次，被引用17次；《"底线公平"的社会保障体系》，下载963次，被引用63次；《大力推进与国情相适应的社会保障制度建设——构建底线公平的福利模式》，下载1576次，被引用78次；《以底线公平为原则调整社会利益关系》，下载558次，被引用20次。

此外，除出版十余部专著之外，"底线公平"理论还大量在新闻媒体刊发，主要有《光明日报》《北京日报》《河南日报》《中国社会报》《中国社会科学院院报》《苏州日报》等新闻媒体，与此同时景天魁还在多个学术讲坛发表演讲。这既对"底线公平"理论的传播有重要的推动作用，也证明了"底线公平"理论具有广泛的认可度。

在景天魁的推动和引领下，国内众多学者也开始运用"底线公平"理论对相关福利制度进行研究。例如邓大松的《公共财政视角下中国城乡差距实证研究——基于底线公平理论》（《石家庄经济学院学报》2016年第2期）、毕天云的《论底线公平视阈下的中国社会福利制度体系》（《学习与实践》2011年第1期）、高和荣的《底线公平：社会保障制度建设的内在根据》（《社会科学辑刊》2016年第5期）、王欢的《底线公平视角下深圳基本医疗保险公平性研究》（《中国卫生经济》2011年第9期）等。这些研究成果的不断涌现，说明了底线公平理论对中国福利制度具有很强的适用性、应用性和解释性。

以底线公平为理论基础，景天魁又提出了"普遍整合福利体系"和"普遍整合福利模式"概念。这是基于对中国社会福利项目不断增加和普及面扩大，但社会福利碎片化现象却越来越突出的现实，景天魁运用底线公平理论系统地论述了"普遍整合福利模式"的理论基础、基本特征、制度构成和运行机制，这对推进中国社会福利模式研究的理论创新、为党和政府制定和实施社会福利政策提供了新的观点和科学依据。

此外，景天魁的研究系统梳理了社会福利体系建设的西方和东亚经验，为中国社会福利体系建设创新提供了有益的国际经验；研究社会福利体系普遍整合的科学基础，为党和政府制定适合中国国情的社会福利政策提供决策参考、典型案例和实证数据；深入调查和了解广大民众的社会福利需求，为党和政府制定和实施符合中国国情的社会福利政策提供民意基础；全面探讨了实现社会福利体系普遍整合的制度设计，为推进各项社会福利制度的普遍整合提供了具有现实性、针对性和可操作性的对策建议。

与此同时，景天魁在研究社会福利理论时着重对西方福利国家及其理论进行了剖析，指出西方福利国家的理论和实践只能学习不能照搬，并且指出以我国13亿人的智慧，完全有信心也有能力，构建出符合中国实际、具有中国特色的福利制度，于是"中国特色福利社会"理论也就应运而生，以此理论为指导描绘了中国社会福利体系建设的蓝图。该成果发表后在社会各界也引起了良好反响。而底线公平原则被广东省委作为加强社会建设的导向性原则写入党代会的报告中，并在一些省部的相关文件中有所体现。此外，有关福利社会研究的其他一些成果曾被民政部和一些地方政府所采纳，成为促进民政事业发展和地方政府解决就业等社会福利问题的政策依据。

景天魁在国内学术界开启了有别于其他研究视角的福利社会学探索，在此研究基础上创造性地提出了"底线公平"理论，使这一概念成为解释中国福利社会和建构中国福利体系的有力理论工具，进而形成了"中国特色福利社会"理论，最后又把这种理论思想体系概括为更具中国特色的"福利中道论"。可以预见，这种以"底线公平"为价值基础、以"福利中道"为理念灵魂的思想体系和制度架构，势必会成为未来中国民生建设的理论依据和政策导向。

参考文献

景天魁主编：《基础整合的社会保障体系》，华夏出版社 2001 年版。
景天魁：《底线公平》，北京师范大学出版社 2008 年版。
景天魁：《底线公平：和谐社会的基础》，北京师范大学出版社 2009 年版。
景天魁等著：《福利社会学》，北京师范大学出版社 2009 年版。
景天魁主编：《当代中国社会福利思想与制度》，中国社会出版社 2011 年版。
景天魁：《底线公平福利模式》，中国社会科学出版社 2013 年版。
景天魁主编：《普遍整合的福利体系》，中国社会科学出版社 2014 年版。
景天魁主编：《建设中国特色福利社会》，中国社会科学出版社 2016 年版。
景天魁：《论底线公平》，《光明日报》2004 年 8 月 10 日。
景天魁：《底线公平与社会保障的柔性调节》，《社会学研究》2004 年第 6 期。
景天魁等：《建设中国特色福利社会的意义》，《学习与实践》2009 年第 9 期。
景天魁：《民生建设的"中国梦"：中国特色福利社会》，《探索与争鸣》2013 年第 8 期。
［德］克劳斯·奥菲：《福利国家的矛盾》，郭中华等译，吉林人民出版社 2006 年版。
［英］莱恩·多业尔、伊恩·高夫：《人的需要理论》，汪淳波、孙宝莹译，商务印书馆 2008 年版。
彭华民：《社会福利与需要满足》，社会科学文献出版社 2008 年版。
［英］保罗·皮尔逊：《拆散福利国家——里根、撒切尔和紧缩经济学》，舒绍福译，吉林出版集团有限责任公司 2007 年版。
［英］保罗·皮尔逊编：《福利制度的新政治学》，汪淳波、苗正民译，商务印书馆 2004 年版。
［美］乔万尼·阿里吉：《亚当·斯密在北京——21 世纪的谱系》，社会科学文献出版社 2009 年版。
时正新：《中国社会福利与社会进步报告》，社会科学文献出版社 2001 年版。
［挪威］斯坦恩·库恩勒等编：《北欧福利国家》，复旦大学出版社 2010

年版。

［美］罗伯特·索洛等著：《工作与福利》，刘文忻等译，中国社会科学出版社 2010 年版。

苏振芳：《构建与我国社会福利事业相适应的福利模式》，《福建论坛》2006 年第 10 期。

习近平：《承前启后　继往开来　继续朝着中华民族伟大复兴目标奋勇前进》，新华网，2012 年 11 月 29 日。

徐学陶：《社会福利：台湾的经验》，台北：松慧有限公司 2009 年版。

阎青春：《我国人口老龄化的状况及老年人社会福利政策》（第二届中国老龄国情与养老服务业发展论坛上的发言）2009 年 12 月 1 日（会议资料）。

张正中总编：《社会福利模式：从传承到创新》，台北：中华救助总会、财团法人中华文化社会福利事业基金会 2011 年版。

詹火生、古允文编：《社会福利政策的新思维》，台北：财团法人厚生基金会 2001 年版。

张秀兰：《金融危机与中国福利国家的构建》（第五届社会政策国际论坛论文集（上），2009。

郑秉文：《从福利国家走向债务国家——欧债危机对中国养老金制度提出的改革清单》，《战略与管理》2011 年第 9/10 期。

郑功成：《中国社会保障 30 年》，人民出版社 2008 年版。

郑功成主笔：《中国社会保障改革与发展战略——理念、目标与行动方案》，人民出版社 2008 年版。

中国发展研究基金会：《中国发展报告 2008/09：构建全民共享的发展型社会福利体系》，中国发展出版社 2009 年版。

中国社会科学院社会政法学部课题组：《中国社会服务体系建设课题研究报告集》（2010 年讨论稿）。

周建明主编：《社会政策：欧洲的启示与对中国的挑战》，上海社会科学院出版社 2005 年版。

［英］Peter Taylor-Gooby 等著：《压力下的福利国家：变革与展望》，刘育廷等译，台北：松慧有限公司出版 2006 年版。

（本文合作者：崔凤、高和荣、赵茜、陈为雷、游春）

IV

总　　结

增强中国社会学的学科自信
——"学科自信：走进世界的中国社会学"
学术研讨会综述

苑仲达[*]

当今世界正处于百年未有之大变局，中国发展仍处于并将长期处于重要战略机遇期。中国社会学得逢其盛，繁荣可期。正当此时，中国社会学人一方面高度关注中国经济社会发展中的重大理论和现实问题，另一方面致力于充分凝练中华民族5000多年历史文化中独特的学科体系、学术体系、话语体系。有鉴于此，2019年9月7—8日，中国社会科学院社会政法学部、社会学研究所和陆学艺社会学发展基金会在北京举办"学科自信：走进世界的中国社会学"学术研讨会，旨在立足于中国社会发展的历史与现实，推进与国际社会学乃至世界多元文化的对话与会通，提升中国社会学的国际话语权，既不断增强中国社会学学科自信，又努力促进中国社会学走进世界。根据会上发言情况，择其要点综述如下。

一 探讨中国社会学学科自信问题的学术意义

正如中国社会科学院学部委员、社会学研究所研究员景天魁指出，我们第一次以专题讨论的形式谈论社会学学科自信的问题，吹响了增强中国社会学学科自信的号角，这是对费孝通先生1997年所提

---

[*] 苑仲达，博士后，中国社会科学杂志社学术编辑。

▶▶▶　中国社会学学科自信

出"文化自觉"的积极响应。中国社会学学科自信的问题从西方社会学传入中国就已形成，迄今已存在120年了。清末民初时期，中国人的民族自信丧失殆尽，民国时期也解决不了这个问题。新中国成立后，社会学停滞发展27年，也没有机会解决这个问题。中国社会学从恢复重建到今天40年了，由于一直忙于与西方"接轨"，也没有提出过解决这个问题。如果我们不承认中国自古就有自己的社会学传统，那么我们就难以建立起与西方平等对话的中国特色、中国风格、中国气派的社会学。我们开展关于中国社会学学科自信的研究，上要对得起祖宗，下要对得起子孙，这既是一个根本性的问题，也是一个历史性的责任。

中国社会科学院学部委员、考古研究所研究员冯时认为，"学科自信"的问题，其实也是一个"文化自信"的问题；"走进世界的中国社会学"，强调了一个"中学西渐"的问题。我们过去强调"西学东渐"，但是在有着5000多年文明史的背景下，我们是可以理直气壮地谈"中学西渐"的，因为我们历史上向外传播的东西太多了。

中国人民大学社会与人口学院教授、社会学理论与方法研究中心主任刘少杰强调，追根溯源是学科确立学科自信的基本行为，它在哲学社会科学各学科、各流派中是一种普遍表现。比如，西学言必谈古希腊，中学言必谈先秦。中国社会学对学科源头已有追问，也有很多关于中国社会学史、西方社会学史的研究。中国学者谈西方社会学始于孔德，谈中国社会学始于20世纪二三十年代由西方留学回来的中国青年学者开展的社会学调查研究。无论对西方社会学的认识，还是对中国社会学的认识，都是一种自我限制，甚至是带有自残性质的认识。正是这样的认识，使中国社会学的学术事业、调查研究、理论追求、学科自信都受到了严重影响。对西方社会学认识的短视与片面表现为：既间隔了西方思想史对西方社会学深远而直接的影响，也忽视了孟德斯鸠、卢梭、马克思等人的社会学贡献，更淡化了非实证社会学的思想理论研究。对中国社会学认识的近视与狭隘表现为：仅仅承认由西方社会学移植而来的思想理论，放弃了对中国学术传统的继承与发扬，学科自信和理论自觉通常会流于空谈。中国社会学对本学科历史发展的自我限制，是中国社会学学科不自信的一个非常重要的原因。

吉林大学哲学社会学院院长田毅鹏教授指出，我们谈学科自信的前提是学科失信的问题。中国的学术在古代是成体系的，是按照经史子集的体系建构起来的，且具有极强的绵延性。中国社会思想的体系是有自己的脉系的，但这个脉系在"西学东渐"之后被打破了，其结构和体系完全被肢解了。中国的传统思想和学术按照西学的逻辑进行了重组，重组之后我们会有一些意外的发现，但是有很多东西在这个重组的过程中被损耗掉了。

山东大学哲学与社会发展学院社会学系主任林聚任教授认为，增强中国社会学学科自信，既是中国社会学的本土化以及学科体系、学术体系、话语体系的构建问题，也是这个学科走向成熟的重要标志和创新发展的必由之路。

二　树立中国社会学学科自信的前提基础

中国人民大学社会学理论与方法研究中心洪大用教授认为，社会学作为对中国哲学社会科学发展起着重要支撑作用的一个学科，在学科建设、科学研究、人才培养和社会服务等方面取得了显著进展，已经成为影响广泛并日益制度化的学科。在此发展过程中，我们的学科自信日益增强。第一，学科自信源于我们对于西方社会学的"去魅"，这是长期文化和学术交流的一个客观结果。我们已经非常明确社会学的本质就是关于社会的一种学说，是用科学的方法来探究社会现象规律性的一门经验性学科。对于这样一种学科的建设，我们有自己的文化资源和实践基础，我们可以做到有自信的"平视"，而无须仰视和盲目崇拜西方社会学。第二，学科自信源于我们对西方社会学自身不足的不断认识。现有的西方社会学，不仅在解释包括中国在内的发展中国家的崛起方面显得捉襟见肘，其对技术进步、环境变化、全球社会和全球挑战的回应也是比较老套、苍白的。西方社会学不是包治百病的万能药。第三，学科自信源于中国社会学的不断积累和快速发展。中国社会学自身取得的显著进步是我们增强学科自信的重要源泉。我们对中国社会学史、中国社会思想史的研究在不断加强，这样更加促进了社会学与中国文化的融合，夯实了中国社会学持续发展的根基。第四，学科自信源于中华优秀传统文化的博大精深和持续坚韧的生命力。中华文化总是在社会与环境的发展变化中不断丰富自己、发展自己，形成了独具特色的关于个人、家庭、社会、组织、制度、福利、国家、发展等方面的丰富思想。对于中华优秀传统文化的深入发掘和传承弘扬，实现创新性发展和创造性转化，必将焕发中国社会学的勃勃生机，彰显中国社会学的鲜明特色。第五，学科自信源于中国人民在社会变革实践中的伟大创造。只要我们不断强化实践自觉，直面中国社会巨变，在中国变革自身的逻辑中寻找理论灵感，我们就一定能够创造出新时代的中国社会学，并为世界社会学发展作出贡献。第六，学科自信源于我们始终坚持马克思主义指导，特别是坚持以马克思主义中国化最新成果为指导。只要我们在学术实践中坚持以习近平新时代中国特色社会主义思想为指导，增强"四个自信"，我们就会更加坚定学科自信，更有成效地推动中国社会学取得兼具中国特色与世界影响的新发展。

在中国社会科学院科研局/学部工作局局长马援看来，中国社会学恢复重建的40年，恰恰是改革开放以来社会变革最剧烈的时期，这为社会学发展提供了最宝贵的土壤，也提出了最丰富的课题和最深刻的挑战。跟上时代发展的步伐，解决时代提出的问题，体现社会学的经世致用功能，是中国社会学恢复重建40年来最鲜明的特点。在此基础上，中国社会学能够建立起具有本学科特色的理论概念、研究方法、话语体系。

哈尔滨工业大学人文社科与法学学院教授王雅林指出，具有现代形态的社会学形成于西方，西方社会学包含西方率先走向现代社会所凝聚起来的思想学术成果，这是可资我国社会学发展借鉴的学术资源，我们完全另起炉灶是不可能的。然而，西方社会学的总体脉络主要是按照科学主义、工具理性和某些自然科学的方法，在欧洲的文化背景下建立起来的，其各个流派总体上是以现象与本质、主体与客体

"二分"为基础的。在对社会结构体系的认识上,"生活"被抽离化、外在化,形成了一个被称为"遗忘生活"的理论体系。这表明已有的占支配地位的社会学概念解释框架,已与当今时代的发展诉求很不合拍,不能为今天的社会实践提供合理解释。在解释中国发展的议题上,恰恰是中华传统思想文化可为中国社会学理论体系创新和本土化发展提供文化脉络和学术资源。因此,对中华传统文化价值的衡量,不能以是否符合西方社会学理论框架为准绳,而要以能否有助于回答新时代之问、创新地构建本土化学术话语体系为标准。"本土化"是一个很重要的概念,它强调的是一种理论观照现实的方式。从人类历史上看,"轴心时代"产生的"直至今天仍是我们思考范围的基本范式"的精神巨人的伟大思想,包括中国的老子、孔子、庄子等诸多学说构成的人类"群星璀璨"的时代景观,正是基于世界各地不同的本土语境而向人类奉献出的各具特色的理论思想。而今,中国社会学本土化的发展,即构建中国化的社会学学科体系、学术体系、话语体系的目标,就是要形成"中国社会学"学术生态体系。在学术思想开放的条件下,我们有两大优势,一是改革开放40多年取得伟大成就的"中国经验""中国实践";二是中华民族5000多年创造的辉煌文化和积累的学术资源。

清华大学社会科学学院社会学系原主任沈原教授认为,学科自信是一个很重要的历史范畴,它在学科发展的不同阶段有不同的含义。在学科恢复重建之初,学科自信最主要是不要自卑。到了学科制度构建成型、学科队伍发展壮大之时,学科自信的意思是不要自大。

而冯时一针见血地指出,对于有着数千年文明的中国而言,我们反复叮嘱自己要"自信",这本身就是一个奇怪的问题。但是确实有历史背景,晚明以后的"西学东渐"只是对西方文明的借鉴;自1840年国门被西方列强的炮舰打开后,国人开始怀疑和否定本土文化,我们渐趋失去"自信"。如果我们数千年文明和如此大的国度都没有对自身文明的认知,那么我们怎样凝聚在一起不断发展?如果我们自认数千年的文化不好,那么我们何谈自信?我们拥有其他文化无法比拟的优秀成分,这是我们的自信基础。

▶▶▶　中国社会学学科自信

　　北京大学社会学系原主任谢立中教授认为,"中国本土社会学"的概念是有特殊含义的。在西方社会学引入中国之前,在中国历史上由荀子等古代中国学者加以构建,由严复、梁启超等近代学者以"群学"名称加以确认的一套研究人的社会关系、社会行动、社会制度、社会规范的学说,是一套源自中国本土的、与后来引进的西方社会学完全不同的社会学。我们说"中国没有社会学,西方才有社会学"的时候,这个"社会学"是指现代科学意义上的一门关于"社会现象"的学科。这种现代科学意义上的"社会学",在中国古代是不存在的。景天魁提出,我们可以把中国社会学区分为"本土社会学"和"现代社会学"。前者按照严复的说法可以叫作"群学",后者是现代科学意义上的社会学。景老师认为,"社会学"的"学"可以有别的含义。所谓"学",可以指"学术""学问""学科"。倘若称其为"科学"的话,那么"科学"的含义也应该是不一样的。科学、学术既有中国浑然一体的综合形态,也有西方分门别类的分析形态。西方学术长于分析,中国学术长于综合。我们对"社会学"的理解,既可以是关于社会的所有学说,也可以是特指以经验事实为基础的关于社会的经验科学。如果社会学的"学"泛指"学问",那么可以把所有关于社会的学说都叫作"社会学";如果现代社会学是以经验事实为基础的科学,那么我们中国古代的一套关于社会的学说是不符合这个标准的,它按照孔德的分类属于"形而上学"。从中国古代的学问里,能否形成一套与西方近代意义上经验科学不同的经验科学,目前还是一个疑问。即使我们把现代社会学理解为经验科学,那么我们从中国古代的那套学问里可否提炼出与西方经验科学和"形而上学"不同的中国化的经验科学?如果可以这样,那么确实有两套社会学,一套是西方话语体系的西方社会学,另一套是我们中国话语体系的社会学。由此,"中国本土社会学"的含义就可以进一步扩展,也会有很多进一步的工作可做。

　　在刘少杰看来,我们把中国社会学的源头追溯到先秦是合理的。社会学与其他学科一样,就学科化而言都是近现代的现象,但是任何一个学科都没有把自己的历史仅仅限制在近现代。我们经常看到古代法学、古代政治学，无论是古希腊的还是中国先秦的，但是唯独在中国的社会学文献中看不到古代社会学，这是对我们古代学术渊源的切割和藐视。中国近代社会学，对古代学术已经给予了高度重视。比如，严复、康有为和梁启超对群学的承继，梁漱溟、费孝通等人对儒学与中国社会的认识。同时，群学的感性教化已经深深印记、融会在中国社会之中。将先秦以来的社会学思想搁置一边去理解中国社会，就一定会走向浅薄和平庸。以先秦群学作为中国社会学的最初形态，是有其充分依据的。群学研究的宏阔视野与深远意义在于：第一，突破传统局限，以充分的文献根据和深入的理论分析向国内外展示了先秦群学是中国社会学的第一形态。第二，对先秦以来的中国社会学的历史变迁、学派分化和思想发展做出系统梳理和概括总结，这是既有必要性又有开创性的。如果没有这样的功夫，中国社会学就难以达到自信和自觉。第三，群学研究为当代中国社会学继承传统、形成特色、增强自信，从学术底蕴和思想理论等方面提供了有力支持，因为大部分中国社会学研究者对从先秦到晚清的群学思想是陌生的。第四，对在传统与现实、理论与经验的复杂关系中，认识和理解中国社会历史变迁，具有重要的学术价值和现实意义。如果对中国社会、中国学术史、中国历史没有从概念、理论上清楚的自觉，我们想对当今中国的现实——无论是哪个层面上的社会矛盾或社会问题——有清醒的认识，都是难以做到的。对中国几千年的文明史、学术史、社会学史做出细致的梳理，也能使我们进一步理解中国当前的矛盾和任务。

中国社会科学出版社社长赵剑英强调，以群学为源书写中国社会学史，努力构建中国社会学的学科体系，体现了高度的理论自觉和强烈的学术担当。基于"中西会通"的原则，努力创建区别于西方的中国社会学，本着"古今会通"的原则，深入挖掘荀子的群学思想，并构建群学的概念体系和命题体系，可以为重新书写中国社会学史奠定坚实基础。

林聚任指出，中国社会学需要回应的是"中西古今"问题。这个问题既涉及空间问题，又涉及时间问题，实际上是把中国社会学追根溯源的问题框定在时空背景下来理解。学术话语与时空场景关系密切，这表明了关注时空问题的重要性。关于学科自信，我们需要理论基础和实践基础。从理论基础来说，涉及学科话语体系、理论体系的构建问题。任何一个体系的发展、理论的创新，都需要进行话语的构建。在当前既有的西方社会学话语体系下，我们面临着如何构建自己话语体系的问题。理论基础所解决的是如何通过构建自己的话语体系来形成自己理论上的学科自信，话语权的提升和话语体系的构建是在理论层面形成学科自信的重要基础。从实践基础来说，我们面临着如何把社会学研究放在中国社会发展的时空中去解决学科自身发展的问题，中国改革开放以来40多年的发展经验和发展模式为构建中国社会学的学科体系打下了良好基础。

三 增强中国社会学学科自信的路径选择

吉林大学哲学社会学院教授、东亚社会学会会长邴正指出，中国社会有其自身独特的结构、特征、发展道路和发展模式，我们仅有西方学术渊源的影响是远远不够的，还要立足于中国实际，总结出具有中国特色的社会发展规律和特点，探索出属于我们中国的社会学理论、框架、体系。

对于增强中国社会学学科自信，马援提出如下三点建议：一是社会学学科需要加强对当代问题的关注，研究真问题、大问题；二是鉴于目前我国社会学这门学科的独特性、独立性不强，因此亟待加强社会学学科自身建设，尤其是大力倡导理论创新，加快构建当代中国社会学的学科体系、学术体系、话语体系；三是大力倡导老老实实做学问。如今做学问的条件比以往要好得多，因此极有可能形成更多更好的成果。

王雅林认为，构建中国社会学的学术话语体系，需要有高度的主体意识、创新意识和学科自信，现在已由倡导阶段进入具体的学术实践和探索日程。学术话语体系的构建由范畴概念、理论命题、主旨意趣和独特体悟方式组成，其中最为基础的是我们要对基本范畴概念作出合理的定义和解释。想要做出合乎当代中国实践的解释，需要注重以下三个方面：第一，对"社会"概念的解释。建立一个生活本体论的"社会"概念解释框架，可以反映历史的脉络、社会存在的根据和社会发展的深层动力。第二，把"生活"提升到一个基本范畴的地位。由于当代的社会发展和社会理论对"生活"概念的需要、理论对实践的需要，与本身的理论建构形成巨大的反差，因而需要把"生活"概念范畴化。第三，构建"中国话语"可以采取三种途径，即本土概念的现代转换、西方概念的本土会通和对"草根"话语的提炼。

田毅鹏强调，对于作为"舶来品"的社会学如何恢复自信，我们可以从两个层面进行反思：一是找回中国传统学术思想的东西。我们不是用它来挑战西学，而是解释自己。二是必须解决学科体系和话语体系问题。依据不同的标准，我们可以看到学术思想、学科体系不同的风景。按照现代学科体系、学术体系建立的标准，将孔德作为这个学科的奠基人，我们承认这样的体系；但是换另外一种角度观察，我们可以看出新的起点。我们提出中国社会学学科起源的问题，并不是要替代而是要建立一种对话的机制。虽然西方的现代学术具有先在性，即时间在先、理论在先、体系在先，但是今天我们已经到了一个与这种体系对话的阶段，我们具备了对话权。因为很多西方的学术，还在"欧洲中心论""美国中心论"里打转。当中国人既掌握了中学又掌握了西学之后，我们一定会为世界学术的繁荣发展做出更大贡献。

林聚任建议，中国社会学可以采取如下措施实现学科自信：在理论层面，需要构建自己的话语体系，具体做法是注重挖掘利用中国自身的话语资源、积极构建有效的话语影响路径、培养独立的话语意识。在经验层面，既应在中国成功的实践经验基础上，构建具有中国特色和中国立场的有生命力的话语体系，从而逐步确立起中国的话语地位，又应立足于本土社会，发掘可利用的社会文化资源，加快实现中国社会学理论体系的创新性发展。总之，中国社会学话语体系的构建，既是一个理论自觉的过程，也是一个话语构建的过程。

四 发挥交叉学科建设的功能作用

中国社会科学院民族学与人类学研究所所长王延中研究员指出，从社会学的视角看待民族问题，就会理解民族问题是社会问题的一部分，因此对民族问题的研究，不应离开社会学的学科依托。民族学研究既是多元性的，也是综合性的。"民族学"曾被称为"民族问题研究"，指代一个研究领域。而这个学科不是简单的基于民族学的研究，如民族经济问题的研究基于经济学、民族政治问题的研究基于政治学、民族社会问题的研究基于社会学。将民族学作为一个研究领域来看的时候，其学科背景和话语体系的内部差异就非常大，远远大于其他学科的一致性。其他学科无论叫作什么"学"，至少在理论和方法上是自洽的。而虽然民族学的理论和方法也是一致的，但在研究问题的角度上差异很大。民族问题的研究不是单一学科的研究，而是需要各个学科和领域共同研究的。因此，社会学也应当加强对民族问题的研究，用社会学的整体视角来看民族问题，这是社会学的一个优势。

冯时认为，从商代的甲骨文和西周的金文来看，荀子的群学并不是凭空产生的。虽然目前我们可以将群学作为中国社会学的起源，但实际上我们还可以向上寻找。因此，建议我们应当客观认识中国文化的三个方面，即"格物致知"的认识论、"天人合一"的宇宙观与"中和守正"的哲学观，从而进一步坚定中国的文化自信。

中国传媒大学政治与法律学院社会学系主任冯波教授指出，中国社会学、人类学的学科自信，一定是从学术自信、理论自信而来。中国社会学、人类学的学术自信、理论自信与中国社会的实践密切相关。在中国社会实践的土壤上，才能长出属于中国社会学、人类学的学术果实、理论果实。投入中国社会实践，建构中国社会学、人类学的学术思想和理论，是中国社会学人、人类学人的使命与责任。

本次会议由中国社会科学院社会政法学部主办、中国社会科学院社会学研究所承办、北京市陆学艺社会学发展基金会协办，由中国社会科学院社会学研究所所长、中国社会学会副会长陈光金研究员，社会学研究所副所长王春光研究员等主持。中国社会科学院学部委员、社会政法学部主任李培林研究员，韩国社会福利学会会长、崇实网络大学校长郑茂成教授特意致信向会议举办表示祝贺。来自中国社会科学院、清华大学、北京大学、中国人民大学、吉林大学、山东大学、哈尔滨工业大学等的70余位专家学者和在校师生参加会议，围绕如何增强中国社会学学科自信、提升该学科的国际话语权等议题展开了广泛交流与深入讨论。

在"学科自信：走进世界的中国社会学"讨论会上的答谢词

景天魁[*]

　　正在我的学术研究做得兴致正高的时候，通知我退休。我想这是天意。提醒我该刹车了，该注意休息了，不能玩命了。可是，如果再给我一定的时间，我还希望有一个最重要的阶段——总结阶段。

　　中国学者历来有视学术为生命的传统。在日寇疯狂轰炸重庆时，人们蜂拥躲进防空洞，梁漱溟却搬一把椅子端坐在操场中央。他认为他承担着中国文化托命之责，坚信中国文化不会亡！宋代张载将文人使命概括为"为天地立心，为生民立命，为往圣继绝学，为万世开太平"。有这种情怀，就不会计较小利；有这种胸襟，就不会在意毁誉荣辱。

　　我们这次讨论会，以全国性学术会议的形式专题讨论"学科自信"，这在社会学界大概是第一次。本来，中国社会科学院社会学研究所的领导提出要为我召开一次"荣休会"。我说我退休是一件很平常的事，不好意思劳驾各位专门来开会，不如找一个大家感兴趣的题目，开个学术讨论会吧。找个什么题目？经过在群里认真讨论，确定了"学科自信：走进世界的中国社会学"这个题目。今天，有36位学者就这个论题发表了真知灼见，给了我很大启发，很大鼓舞。我感到，这次会议切中了中国社会学发展的一个根本性问题，吹响了增强学科自信的号角，这是对费孝通先生22年前即1997年提出"文化自

---

　　[*] 景天魁，山东大学兼职讲席教授，中国社会科学院学部委员、社会学研究所研究员。

在"学科自信：走进世界的中国社会学"讨论会上的答谢词

觉"的认真而郑重的响应。这么评价，并非言过其实。因为"学科自信"问题，在中国已经存在 120 年了，一直没有解决。西方社会学传入中国之初就产生了这个对中国社会学来说具有根本性的问题，民国时期没有解决；20 世纪 50 年代以后社会学被取消了 27 年，更加不可能解决；社会学恢复重建以后，急于与西方"接轨"，"学科自信"问题提不上日程，也难以解决。

1997 年，费孝通提出"文化自觉"，现在，中央提出"文化自信"，其中就包括中国社会学的"学科自信"。终于迎来了解决这个问题的百年未遇的良机。我们难以想象，中华文明如此悠久且绵延不绝，中国社会无比复杂且繁盛不衰，中国人最为重视社会关系，中国学术最富有人文底蕴，偏偏在这片沃土中就产生不了社会学？中国在世界社会学史上就只能毫无地位？英国的拉德克利夫·布朗承认"社会学的老祖是中国的荀子"，我们非要心悦诚服地到法国的孔德那里去认祖归宗？民国时期，我们的一位老前辈，时任清华大学教务长的著名社会学家潘光旦先生，就批评当时的教育是"忘本的教育"，他说："三十年来所谓新式的学校教育的一大错误就在这忘本与不务本的一点上。"[①]

这几年，我们团队梳理出了群学概念体系，现在又在梳理群学命题体系，总结出中国社会学的元典形态、制度化形态、民间化形态、内向化形态和转型形态，这里面就包含着解释中国社会结构演变过程的密码。面对如此丰厚的历史资源，我们不尊重之、发扬之，如何面对列祖列宗？所以，我多次说，做中国社会学史研究，就是要"上对得起祖宗，下对得起子孙"，一定要把群学丰富的内容展现出来。我们把它整理出来了，摆在大家面前了，那就任人评说吧。学术研究不怕有分歧，不怕有争论，怕的是不讨论。等我们的《中国社会学史》多卷本完成以后，希望再开讨论会，请大家多多批评、多多指正。这样，学科自信问题就有希望得到真正解决。

衷心感谢各位朋友莅临这次会议，感谢社会学所的主动提议和具

---

① 《潘光旦文集》第八卷，北京大学出版社 2000 年版，第 555 页。

体承办、陆学艺社会学发展基金会的积极协办。由于今晚长安街因举行阅兵演练而戒严，有几位准备发言而未能发言，发言的也限于时间没有充分展开。请大家谅解！好在我们这次会议有《社会学研究》《探索与争鸣》《人文杂志》《哈尔滨工业大学学报》《北京工业大学学报》的负责人，还有中国社会科学出版社、社会科学文献出版社的负责人，《中国社会科学报》等报刊的编辑的光临和支持。各位会后还可以根据发言录音形成论文，已经写成论文的再继续充实，我们争取公开发表和出版。

谢谢大家！

2019 年 9 月 7 日